国际城市管理协会
icma.org

地方政府财政状况评价

卡尔·诺伦伯格　修订

斯坦福·M. 格罗夫斯
莫林·戈德西·瓦伦特　编写

李晓峰　译
孙　开　校译

中国财政经济出版社

图书在版编目（CIP）数据

地方政府财政状况评价/（美）格罗夫斯（Groves，S. M.），（美）瓦伦特（Valente，M. G.）著；李晓峰译. —北京：中国财政经济出版社，2012. 10
书名原文：Evaluating Financial Condition
ISBN 978 -7 -5095 -3724 -4

Ⅰ. ①地… Ⅱ. ①格… ②瓦… ③李… Ⅲ. ①地方财政 - 财政状况 - 评价 Ⅳ. ①F810. 7

中国版本图书馆 CIP 数据核字（2012）第 122143 号

图字 01 -2012 -4831

责任编辑：蔡丽兰　孙　腾　　　　责任校对：杨瑞琦
封面设计：郁　佳

中国财政经济出版社 出版
URL：http：//www. cfeph. cn
E - mail：cfeph @ cfeph. cn

社址：北京市海淀区阜成路甲 28 号　邮政编码：100142
营销中心电话：010 - 88190406　北京财经书店电话：64033436　84041336
北京财经印刷厂印刷　各地新华书店经销
787 × 1092 毫米　16 开　17. 75 印张　365 000 字
2012 年 10 月第 1 版　2012 年 10 月北京第 1 次印刷
定价：42. 00 元
ISBN 978 - 7 - 5095 - 3724 - 4/F · 3053
（图书出现印装问题，本社负责调换）
本社质量投诉电话：010 - 88190744

本书由大连市人民政府资助出版

The Book is Sponsored by Dalian Municipal Government

国际城市管理协会

国际城市/地方管理协会（以下简称 ICMA）是对地方政府行政及事务官员进行专业教育的机构。ICMA 的目标是在世界范围内发展和培养专业化的地方政府管理者，以实现良好的地方治理。为推进这个目标，ICMA 通过培训、信息服务和出版刊物，发展和推广了大量有效的地方政府管理方法。

ICMA 的着眼点和行动包括：公共管理教育；为会员提供无偿认证和道德标准服务；信息交换服务；地方政府研究和发展；数据收集和整理；技术支持以及一系列出版物（包括《公共管理》杂志、新闻通讯、管理报告以及论文）。正如本书所倡导的那样，ICMA 一直致力于地方政府管理层次的提高，并对所有地方政府和教育机构开放。

若需进一步了解 ICMA 提供的关于地方政府的刊物和服务信息，可以写信到 ICMA 出版部门索取，地址：777 North Capitol St. N. E. , Suite 500, Washington, D. C. 20002。若要订阅刊物，请拨：800/745 – 8780（美国境外，请拨 770/442 – 8631, 分机号 377），或在线订阅 http：//bookstore. icma. org。

IBSN：0 – 87326 – 135 – 6

序

当前，欧债危机不断发酵，世界经济复苏乏力，我国经济走势也面临着相当多的不确定性因素，政府财政压力增大。这预示着当今世界，我国也不例外，已经进入一个风险时代。

财政风险是诸多风险中公共性最强，最具危害性的一种。如果说经济风险、金融风险、自然风险等还可以由财政去防范和化解，最后兜底，那么，财政风险则只能由自身扛着，一旦演变为财政危机，就会像洪水一样肆虐整个社会，危害民生。欧债危机，实际上就是涉及欧洲多国的财政危机。对我国来说，这是一个及时的警示。地方财政是整个国家财政的基础。基础不牢，地动山摇。地方财政风险的防范与化解对我国来说具有特别重要的意义。

与过去相比，我们对地方财政风险的认识大大提高了，地方政府的风险意识也大大增强了。但防范地方财政风险仅靠主观意愿不行，还需要有科学的方法。除了依据本地实际探索创新之外，借鉴和学习国外的一些做法也是必要的。由大连市财政局李晓峰同志翻译的《地方政府财政评价》一书，就是一本很好的教材。与其他国外教材不同，该书的作者不是书斋里的教授，而是具有长期地方政府工作经历的地方财政管理管家，该书的内容不是抽象的理论，而是从美国地方政府财政（相当于我国的基层财政）的长期管理实践中提炼出来的管理技术。从书名和内容来看，似乎该书讲的不是地方财政风险，但实质上阐述的就是监测地方财政风险的一套实用工具和方法。如制定规则约束公共服务消费过程中的行为，同时将提供公共服务的水平与自身财政状况相匹配，实现在一定时期内合理债务水平下的量入为出。为此，需要完整、准确地掌握当前和未来一定时期内地方政府财政状况，并做出正确的评价，正如本书原著作者所言“欲知所往，必知所处。”

如何从整体上把握地方政府的财政状况、运行状况和受托责任情况，提前发现可能存在或即将面临的风险，以及自身控制之外的环境风险，该书提供了监控其财政状况的精细的切入点、分析工具和实用方法。这为监测和揭示地方财政风险提供了有效的技术支撑。

该书在国外颇具影响力，1980 年发行第一版，摆在读者面前的是第四版，并根据实际情况做了大量的修订完善。它的翻译出版，为我们打开了观察和认识美国地方财政管理的一扇窗户，不仅有助于改进和提高我国地方政府公共管理，尤其是地方政府的公共财政管理水平，而且在学科建设上，也有利于深化政府财政与政府会计制度研究，对推动我国这方面的研究与改革有借鉴意义。

译者李晓峰是从事地方财政管理的干部，被选派到芝加哥伊利诺理工大学

MPA 进修，正是由于他对地方财政管理实践的感悟，才意识到该书的价值，并利用在美国学习的机会，用课外时间完成了该书的翻译工作。很凑巧的是，该书的作者、译者都是具有丰富的地方财政管理经验的专家，这在实践层面上使译者与作者之间产生了共通性，为该书的准确翻译奠定了基础。译者精益求精，以严谨的态度，回国后又多次对译著做了修订，终于将该书呈现在读者面前。

该书内容充实，观点明确，文图表述和概念论述准确，特别是按时间序列对部分财政状况监控因子进行了全面分析，逻辑严谨，可操作性强。总之，该书对我国地方财政管理的研究工作者和实际工作者，均有参阅价值，值得一读。

是为序。

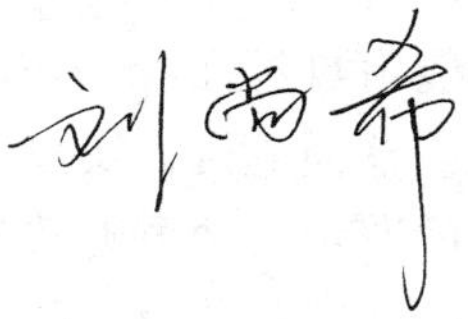

2012 年 8 月于北京

目　　录

译者前言 …………………………………………………………………（v）
中文版前言 ………………………………………………………………（ix）
关于第四版 ………………………………………………………………（x）
前言 ……………………………………………………………………（xi）
标准普尔题注 ……………………………………………………………（xiii）
鸣谢 ……………………………………………………………………（xiv）
概要 ……………………………………………………………………（1）
一、什么是财政状况？ ……………………………………………………（1）
二、计量财政状况的障碍因素 ……………………………………………（3）
三、什么是财政趋势监控系统？ …………………………………………（4）
四、财政趋势监控系统是如何工作的？ …………………………………（6）
五、如何使用本书 …………………………………………………………（10）

第一部分　监控因素 1—6：财政监控因子 ………………………………（15）
第一章　收入 ……………………………………………………………（17）
第 1 节　人均财政收入 ……………………………………………………（19）
第 2 节　限制性收入 ………………………………………………………（24）
第 3 节　政府间收入 ………………………………………………………（28）
第 4 节　弹性收入 …………………………………………………………（31）
第 5 节　一次性收入 ………………………………………………………（34）
第 6 节　税收收入 …………………………………………………………（38）
第 7 节　未征集财产税 ……………………………………………………（42）
第 8 节　使用费收入保证率 ………………………………………………（45）
第 9 节　收入亏空或盈余 …………………………………………………（49）
第二章　支出 ……………………………………………………………（53）
第 10 节　人均财政支出 …………………………………………………（55）
第 11 节　功能化支出 ……………………………………………………（59）
第 12 节　人均政府雇员 …………………………………………………（63）
第 13 节　固定支出 ………………………………………………………（66）
第 14 节　附加福利 ………………………………………………………（69）
第三章　财政运行状况 …………………………………………………（73）
第 15 节　赤字或盈余 ……………………………………………………（75）

第 16 节　企业基金营运状况 ……………………………………………………（78）
第 17 节　基金余额 ……………………………………………………………（81）
第 18 节　流动性 ………………………………………………………………（84）
第四章　债务 ……………………………………………………………………（88）
第 19 节　流动负债 ……………………………………………………………（90）
第 20 节　长期债务 ……………………………………………………………（93）
第 21 节　偿债支出 ……………………………………………………………（98）
第 22 节　重叠债务 ……………………………………………………………（101）
第五章　无资金保障负债 ………………………………………………………（104）
第 23 节　养老金负债 …………………………………………………………（105）
第 24 节　养老金资产 …………………………………………………………（109）
第 25 节　离职后福利 …………………………………………………………（111）
第六章　资本设施状况 …………………………………………………………（114）
第 26 节　维护活动 ……………………………………………………………（115）
第 27 节　资本费用支出 ………………………………………………………（118）

第二部分　监控因素 7—11：环境因素 ………………………………………（121）
第七章　地区需求和资源 ………………………………………………………（122）
第 28 节　人口 …………………………………………………………………（124）
第 29 节　人口密度 ……………………………………………………………（128）
第 30 节　18 岁以下和 64 岁以上人口 ………………………………………（131）
第 31 节　人均收入 ……………………………………………………………（134）
第 32 节　贫困家庭及公共补助接受者 ………………………………………（137）
第 33 节　财产价值 ……………………………………………………………（140）
第 34 节　前五位纳税者 ………………………………………………………（144）
第 35 节　家庭房屋所有权比率 ………………………………………………（147）
第 36 节　空置率 ………………………………………………………………（150）
第 37 节　犯罪率 ………………………………………………………………（153）
第 38 节　就业基础 ……………………………………………………………（156）
第 39 节　企业活动 ……………………………………………………………（159）
第八章　政府间约束 ……………………………………………………………（162）
第 40 节　法定行为 ……………………………………………………………（163）
第 41 节　财政权力约束 ………………………………………………………（166）
第九章　灾难风险 ………………………………………………………………（169）
第 42 节　灾难风险 ……………………………………………………………（170）
第十章　政治文化 ………………………………………………………………（173）
第十一章　外部经济环境 ………………………………………………………（174）

第三部分　管理实践和政策法规 …………………………………（175）
一、财政管理实践评估 ………………………………………（176）
二、持续的营运赤字活动 ……………………………………（177）
三、递延当前成本的活动 ……………………………………（180）
四、忽视全程成本行为 ………………………………………（181）
五、政策法规评估 ……………………………………………（182）

附录 A　监控因子选择和数据工作表…………………………（189）
一、数据工作表设计 …………………………………………（189）
二、数据来源 …………………………………………………（190）
三、数据收集 …………………………………………………（191）
四、时间构架 …………………………………………………（191）
五、通货膨胀调整 ……………………………………………（192）
六、总结 ………………………………………………………（192）

附录 B　财政政策……………………………………………（217）
一、弗吉尼亚州菲尔法克斯县 ………………………………（217）
二、马里兰州黑格斯敦市 ……………………………………（217）
三、艾奥瓦州厄班达尔市 ……………………………………（218）
四、得克萨斯州达拉斯市 ……………………………………（219）
五、加利福尼亚州圣路易斯奥比斯波县 ……………………（221）
六、科罗拉多州朗蒙特市 ……………………………………（223）
七、华盛顿州贝尔维市 ………………………………………（224）
八、北卡罗莱纳州卡里镇 ……………………………………（225）

附录 C　分析技术……………………………………………（229）
一、通货膨胀调整 ……………………………………………（229）
二、收入和支出预测技术 ……………………………………（233）
三、财政影响分析 ……………………………………………（236）
四、确定地方政府服务成本 …………………………………（238）
五、分析储备 …………………………………………………（241）

附录 D　财政趋势分析和预测案例…………………………（243）

精选参考书目 …………………………………………………（257）

译者前言

欲知所往，必知所处。

——卡尔·诺伦伯格

作为一生致力于公共管理的政府官员，目前，卡尔·诺伦伯格博士是威斯康辛-奥什科什大学公共管理系副教授，美国公共管理学院研究员。他在芝加哥伊利诺大学获得公共管理博士学位，1975年任科罗拉多州市政预算官员协会主席，1994—1995年任国际城市管理协会（ICMA）主席。

卡尔·诺伦伯格博士具备正直人品、诚实性格和丰富的城市治理和咨询经验，并专注于组织构架、私有化和人力资源等领域的研究和实践。如在其任艾奥瓦州马斯卡廷等地方政府行政长官时，他顶着巨大压力，实施了重要的地方政府组织构架转型；在其任科罗拉多州恩格尔伍德等地方政府财政主管期间，实施了一系列稳定地区财政状况的政策和措施。

20世纪70年代中后期，全球性经济危机的弥漫使地方政府面临越来越大的财政危机，一场以新公共管理运动为代表的地方政府改革浪潮开始兴起，它的核心理念就是在公共管理体系内引入市场机制和竞争理念，把政府运作当成企业来对待，注重借鉴私营部门经营之道；同时，大力推行以结果为导向的政策并实施绩效评价制度。在这种背景下，城市行政首脑将自身定位于某种形式的首席运营官，地方政府定位于公共产品的供应者，而不必是直接生产者；通过出售等私有化方式将原先由政府承担的部分职能直接交给私人承担，或通过公开竞争、委托等方式承包出去；或将一部分政府职能通过补助、提供捐助等方式由非营利组织承担，或设立自治性教区、邻里等社区机构，赋予它们部分政府职能；对必须由政府提供的公共产品实行目标管理，并尽可能地引进竞争机制，提高公共产品的质量和供应水平。

新公共管理运动体现在公共财政管理上的一个重要转变，是改变了以往公共产品必须由公共部门提供的观念，把私人部门引入公共产品的供应领域；另一个直接的转变是推动了绩效预算的进一步发展，在政府会计领域引进管理会计的若干手段，如规划、控制等，并要求地方政府建立完善的政府会计体系，规范会计处理和报告程序，按照权责发生制会计原则提供完整、可靠的相关财务信息，真实地反映地方政府财政状况。本书作为评价和反映地方政府财政状况的工具，是新公共管理运动应用于地方政府财政管理的具体体现之一。

本书对于地方政府进一步推动财政的精细化管理具有重要意义。财政精细化管理，就是要树立精益思想和治理理念，抓住管理的薄弱环节，避免大而化之粗放式的管理，提高财政管理的效能。从核心理念看，财政状况评价应属于财政精细化管理的一部分。财政精细化管理的精髓在于“精益”二字，财政状况评价的数量化刻画了当前地方政府财政状况，发现其中存在或即将出现的问题，并结合地方政府所处外部环境因素，采用对比或序列等方式分析其形成原因，有针对性地提出财政政策，很好地体现了“精益”二字的内涵。

本书为在我国试编权责发生制政府综合财务报告提供了一个重要的分析手段。显然，单单编制政府资产负债表、收入费用表等各类表格并不是目的，如何整理、分析各类报表，提炼出完整反映地方政府当前财政状况的有用信息才是最终目的。虽然西方国家地方政府与我国地方政府情况不尽相同，但在地方政府财政状况方面，本书依然可以提供一个重要的参考系，提供一个分析当前及今后一定时期财政状况的方法。

为了便于读者更好地理解本书内容，译者认为有必要对本书中若干重要概念做一解释。

（一）财政因素与监控因子。为检测和评价地方政府提供公共服务的可持续能力，美国地方政府财政官员协会（GFOA）联合相关会计公司，在大量调查和实践的基础上构建了一个地方政府财政状况预测体系，确立了基本构架和工作表格。在此基础上，国际城市协会提出了完整的地方政府财政趋势监控系统（FT-MS）。

财政趋势监控系统把从地方政府预算和年度综合财务报告中抽取的信息，同人口、经济方面数据相结合，产生了一系列监控因子；将这些监控因子以时间为序列进行分析，可用于监控财政状况变化并警示地方政府当前及今后一定时期内的财政问题。它由 11 个财政因素构成，代表了影响地方政府财政状况的 11 个基本力量，与之相关联的是 42 个监控因子，它们从各个不同角度对前 9 个财政因素进行了计量，后 2 个财政因素无数量化监控因子，主要进行文字分析。这 11 个财政因素和 42 个监控因子，以及基于其关联关系的管理实践和政策法规构成了完整的财政趋势监控系统。

（二）基金。本书中所称基金是指具有特定用途、专款专用并且独立核算和报告的政府财务资源。它实质上是西方政府的营运资金主体，与我国现行预算会计中基金概念并不一致。美国政府会计准则委员会（GASB）推荐地方政府设立公共基金、权益基金以及受托基金三类基金，其中：公共基金也称政府基金，主要用于政府从事社会公共事务管理和国家安全等行政事务方面开支，包括普通基金、特种收入基金、资本项目基金、偿债基金和特赋基金；权益基金主要用于处理政府延伸提供的货物或服务活动，包括企业基金和内部服务基金；受托基金主要用于处理政府或政府单位以信托人或代理人身份，接受个人、私人机构、其他政府单位或其他政府基金保管或监管资产而设置的基金，包括信托基金（如养老金基金）和代理基金。

西方政府基金会计要素通常涉及资产、负债、净资产或基金余额、收入和支出。公共基金和可支用受托基金会计确认基础为一般为修正的权责发生制，资产和负债要素只包括流动资产和流动负债，固定资产和长期负债需单独反映，基金余额基本等于可动用财力；权益基金和不可支用受托基金会计基础为权责发生制，资产包括流动资产和固定资产，负债包括流动负债和长期负债，基金余额不等于可动用财力。

（三）“营运收入”和“营运支出”。本书多个监控因子中出现“总营运收入”、“净营运收入”以及“总营运支出”、“净营运支出”等概念，充分体现了西方按照企业化思维经营政府的理念。“总营运收入”是指公共基金中普通基金、特种收入基金和偿债基金收入总和，“净营运收入”是“总营运收入”中，扣除用于资本建设和其他专项目的收入；“总营运支出”是指公共基金中普通基金、特种收入基金和偿债基金支出合计，“净营运支出”是“总营运支出”中扣除资本项目支出部分。它们分类口径与我国政府收支分类口径有较大差别。

按照我国财政部的解释，地方政府收入支出主要包括以下四个方面：一是公共财政预算收支，包括税收收入、专项收入、行政事业性收费、罚没收入等政府收入，以及一般公共服务、公共安全、教育、卫生等政府支出；二是社会保险基金预算收支，包括养老、医疗、失业、生育等社会保险类收入和支出；三是政府性基金预算收支，包括水利建设基金、土地出让金、新增建设用地土地有偿使用费等专项政府性基金收入和支出；四是国有资本经营预算收支，包括国有企业利润、产权转让等收入和支出。从两者直观比较看，分类体系和内涵不同，核算的收入和支出各不相同；同时，考虑到我国收支分类口径尚处在不断调整和完善过程中，本书统一采用“营运收入”、“营运支出”的译法。

（四）公共受托责任。公共受托责任产生于民主政治中的委托代理关系，按照格林（Glynn，1985）定义，公共受托责任是指那些起草或执行政策的人有义务就他们的行为向他们的选民做出解释，通常人民认为：公共受托责任是指受托管理公共资源的机构报告管理这些资源及其有关的规划、控制、财务的责任，具体讲，地方政府公共管理部门应保证公共资源得到公平、有效地配置和使用，各项收支合法，并按照公认的政府会计准则编制财务报表和依法公开。

对任何一个想系统地了解地方政府财政状况的人来说，21 世纪对他们提出了前所未有的挑战。在当前欧洲债务危机愈演愈烈以及美国陷入经济持续低迷之际，各级地方政府迫切希望掌握自身的整体财政状况、运营情况和公共受托责任情况，提前发现可能存在的问题以及自身控制之外的各类风险。当孤立地进行财政数据分析时，很容易得出错误结论。如果想发挥财政数据对决策者的全部潜在影响力，必须结合环境进行综合分析，为此，本书不仅按时间序列区别和分析了地方政府财政状况的关键性数量监控因子，而且还包括部分有选择的环境和组织监控因子，以及如何解释这些监控因子的建议；同时，本书提供了分析和评价财政政策的方法，建立了数据来源、收集、预处理以及归类、使用全过程相互关联的数据表格；第三，本书还提供了良好财政政策的实例，以及采用计算机技术进行预测的案例。

最后，请允许译者就本书的来龙去脉简单介绍一下。2007 年，经大连市市委组织部、大连市财政局同意，译者被派至美国芝加哥伊利诺理工大学（IIT），进行为期一年的公共管理硕士学习。期间，罗兰德·凯利尔（Roland Calia）教授将本书作为"政府高级财政学"教材推荐给我们，作为预测、分析和评价地方政府财政报告参考。考虑到我国尚无此类专门论述地方财政管理的书籍，而且本书具有一定的理论性和较强的实践性，对于改进和加强我国地方政府财政管理具有很好的借鉴意义，译者决心将本书介绍到中国来。

当然，决心是一回事，实际翻译又是另一回事。在非常繁忙和紧张的学习之余，为了完成这个艰巨、枯燥的任务，译者制订了详细的翻译计划，采用工程学的甘特图控制进度（详细到每一天翻译几页）！最终，利用 5 个月的时间马不停蹄地完成了本书手译稿，并赶在归国前完成了校对、录入计算机工作。回国后，译者在进一步研习经济学、财政学、会计学等中外著作基础上，进行了第二遍翻译。又历时一年半时间，稿初成，交东北财经大学孙开博士进行译校，并按其意见进行了修订。之后，财政部科研所刘尚希研究员对本书进行了审阅，本书按其意见进行了修订。

本书由大连市人民政府资助出版。

最后，对支持和帮助我的大连市委组织部、大连市财政局各位领导，表示衷心感谢，没有你们的支持，译者也不可能出国学习，不可能有本书的翻译和顺利出版；同时，感谢中国财政经济出版社总编贾杰先生、国际合作部蔡丽兰女士、编辑孙腾等对本书顺利出版做出的贡献！最后，对一直支持我的家人表示感谢，没有你们在背后对我默默的支持，也就不可能有本书的成功出版！

谢谢大家！

二〇一二年七月，大连

中文版前言

1975年，当我作为科罗拉多州恩格尔伍德县财政主管时，由于缺乏足够准备，经历了一场令所有美国城市地方政府陷入严重困境的财政危机。此经历令我意识到，掌握自己控制之外的财政状况十分必要，因此，我强烈支持建立良好的财政政策，并对经济问题进行预判和计划。

从长远考虑，需要评估地方政府当前的财政状况。换句话说，要想知所往，必须知所处。1980年，我参加了国际城市管理协会（其出版和发行了《地方政府财政状况评价》），并于2004年荣幸地受邀作为本书第四版的修订作者。

2004—2008年，我作为公共管理硕士项目学术主管就职于伊利诺伊理工大学IIT。在此期间，我特别荣幸地执教了8批参加为期一年的强化硕士学位课程学习项目的中国干部学员，并见证了这二百多名学员对于公共管理经验学习的专注以及和他们希望尽快提高自身能力的迫切心情。在此期间，我把本书作为评价地方财政状况的新工具尽力推荐给我的学生们，这也让他们渴望将本书翻译成中文并在中国出版。作为评价财政状况的诸多工具之一，我真诚地推荐本书并希望它能对您有所裨益。最后，感谢李晓峰使我梦想成真！

卡尔·诺伦伯格

关于第四版

在过去50年内，ICMA出版了很多经典之作，其中就包括《地方政府财政状况评价》一书，现在已经是它的第四版。在近25年工作的基础上，卡尔·诺伦伯格教授在一大批睿智并富有经验的实践者的帮助下，重新修订了新版的财政趋势监控系统。

1980年，本书第一版在国家科学基金支持下出版发行。新版保留了自第一版以来，地方政府一直使用的财政趋势监控系统构架。自此以后，无论是经济繁荣还是低迷，增长还是下降；无论是使计划和预算过程包括无限数据成为可能的技术进步，还是适应政府会计标准委员会建立的新财政报告标准，追踪和监控地方财政活动趋势并据此设定管理政策的智慧，得到了再三验证。

第四版增加了几个新的财政监控因子，替换了一些被认为不太有效的财政因子，并增加了由威廉·莫尔编写，使用Microsoft® Excel进行简单趋势分析的附录。作为实现良好财政管理的必要因素，市政主管和财政主管可以直接阅读本书概要和第四部分——管理实践和政策法规，以快速浏览和把握财政趋势监控系统的基本内容。

作为《地方政府财政状况评价》的补充材料，ICMA引进了Indikit系统——一个可以自动计算大部分常用监控因子的在线工具。Indikit系统对缺乏财政分析专家的小型地方政府特别有效。

ICMA感谢所有对新版《地方政府财政状况评价》提出宝贵意见的使用者，我们真诚地希望本书能够帮助新一代市政主管，为地方政府带来高效和谨慎的财政管理工作。

小罗伯特·J. 奥尼尔

首席执行官

国际城市/地方管理协会

前 言

对任何一个想系统地了解地方政府财政状况的人来说，21 世纪对他们提出了前所未有的挑战。1984 年，随着《独立审计法案》通过，政府会计标准委员会（GASB）诞生，它推动了通用会计准则（GAAP）在公共部门的大大普及。与此同时，每年数以千计的地方政府按照 GAAP 要求发布书面年度综合财政报告（CAFA），并参加政府财政官员协会（GFOA）年度杰出财政报告奖评比。而且，按照 GASB 第三十四款（基础财政决算——管理讨论和说明——州及地方政府）要求，新的州及地方政府财政报告样本将会提供更详细的地方政府信息，但同以前相比，除了极少数富有经验的政府和分析者外，大部分地方政府都不能达到这个要求。

如上所述，在会计和财政报告上取得的进步同技术进步是相互匹配的。例如，通用软件和计算机技术的混合应用，即使是最小的地方政府，也可以高效地进行各类财政数据收集、维护和分析。而且，随着网络的广泛应用，地方政府可以方便地获取国内同级政府财政数据。事实上，GFOA 最近批准的一项推荐准则，要求所有地方政府 CAFA 和预算文件均可在线浏览。

当然，如果信息和分析工具不投入到实践中应用，它将毫无价值。然而，地方政府行政长官在这点上面临特殊挑战。尽管在评价企业财政状况关键因素方面存在某些共识，但在评价地方政府财政状况方面却没有任何共同点。不仅仅两个领域之间的关键数据截然不同，而且两者的周边环境和决策框架有根本不同。那么，公共管理部门的财政经理们如何有效地评价政府财政状况呢？

国际城市/地方管理协会出版的《地方政府财政状况评价》一书，为填补此项空白作出了重要贡献。本书（现已是第四版）不仅区分了关键的数量性监控因子，而且还包括部分有选择的环境和组织监控因子，可以认为它们是真正意义上的地方政府财政状况综合评价体系中的一部分。本书同时还提供了如何解释这些监控因子和因素的有益建议。

特别值得赞赏的是，本书重点放在了按时间序列对部分监控因子进行分析。当孤立地进行数据分析时，很容易得出错误结论。如果想发挥数据对决策者的全部潜在影响力，必须结合环境进行综合分析。如 GFOA 在最近推荐的另一项准则中所承认的那样：趋势分析要想发挥如此作用，就必须紧密联系环境。

与仔细选择的同级政府经验相比较，地方政府可以获得一些额外收获。为此目的而寻求同级政府数据的地方政府，可以咨询 GFOA 财政监控因子数据库，其部分数据，来源于财政报告奖项中获得 GFOA 优秀成果奖的 CAFA 报告。

决策质量同其所依赖的信息息息相关。因此，必须对政府财政状况持续地进行监控并定期进行评价，以确保一级政府的决策是建立在足够信息基础上、且在财政上是负责的。行政长官必须带头进行监控及定期评价。当公共部门管理者履行管理城市这种重大职责时，ICMA 出版的《地方政府财政状况评价》一书可以为他们提供切实可行的帮助。

斯蒂芬·J. 戈蒂耶
政府财政官员协会技术服务中心主管

标准普尔题注

无论是对地方政府关键决策者、纳税人，还是信用评级机构、债券持有者或其他机构，评价一个地方政府的财政状况，在当今的信息社会至关重要。

在地方政府财政管理方面，本书构建了重要且富有价值的知识框架。其中很多分析技术也反映了债券评级机构使用的方法，并可以帮助地方政府分析和解释财政、经济和人口的发展趋势。正如本书所述，趋势分析可以让地方政府真正理解和评价其财政状况，更重要的是，它提供了更有效的长期规划基础。趋势分析可以提供潜在的或即将出现财政问题的警示信号，因此，一个可以有效监控财政趋势的系统或模型是非常有价值的资源。

尽管这里讨论的很多技术需要地方政府某些部门一定程度上的自律，但这些努力是值得的。这个系统一旦建立起来，可以为决策者提供更多的信息。这不仅仅是因为本书推荐的过程是一个有效的信息管理工具，而且还因为它可以提供在整体上提高政府财政管理和政府决策过程的知识构架。无论是平衡预算，实施长期规划，还是公开发行债券，都将证明本书是无价的。

卡尔·雅各布
标准普尔集团（纽约）
公共财政事业部　城市及地方信用评级部门主管

鸣　谢

很多人为第四版《地方政府财政状况评价》作出了自己的贡献。特别感谢政府财政官员协会（GFOA）技术服务中心主任斯蒂芬·戈蒂耶先生，为本项目花费了大量时间。伊利诺伊大学芝加哥分校里贝卡·亨德里克教授，为本书的修订提供了咨询服务。加州州立大学长滩校区威廉·S. 莫尔先生为本书纂写了附录 D“简单趋势分析和预测”部分。国际城市管理协会（ICMA）管理人员玛丽·玛瑞克和内森·布鲁奈特给予了本研究项目无私帮助。作为本版特别设计的在线补充工具，俄勒冈州里兹波特市市政主管詹姆斯·M. 哈夫先生，提议并完成了 Indikit 系统。

两个委员会对新版财政趋势监控系统所有监控因子的重新评价作出了重要贡献。以下人员作为电子咨询委员会成员，为早期监控系统设计想法提供了无私帮助，对监控因子的选择提供了可行建议，并对本书修订版的出版发行提出了宝贵建议（以下是与本书出版时有关的委员会成员）：约翰·昆尤，明尼苏达州米尼通卡，市政主管；米歇尔·C. 贝斯特尔，科罗拉多州戈登市政主管；肖恩·克罗宁，马萨诸塞州布鲁克兰市行政助理；伯特·威萨宁，ICMA 工作人员；詹姆斯·G. 威尔斯，明尼苏达州安沃格拉夫海斯行政长官；琳恩·A. 贝克，科罗拉多州泰鲁瑞德市财政主管；卡尔·F. 瓦伦特，马萨诸塞州韦斯顿县主管；莫林·戈德西·瓦伦特，马萨诸塞州萨德伯里行政主管；特里·L. 诺瓦克，东华盛顿大学；斯蒂芬·J. 戈蒂耶，GFOA 技术服务部主管；海曼·格罗斯曼（退休），标准普尔集团；劳拉·特里格斯，弗吉尼亚州亚历山大市财政副主管/审计员；詹姆斯·A. 哈夫，俄勒冈州里兹波特市政主管；詹姆斯·L. 韦斯特布鲁克，北卡罗莱纳州阿什维尔市政主管；帕梅拉·A. 赛弗特，北卡罗莱纳州夏洛特市政主管；克雷格·克利福德，亚利桑那州斯科茨代尔会计和预算主管；约翰·E. 阿诺德，堪萨斯州托皮卡首席行政长官；劳拉·J. 希尔，特拉华州乔治敦市行政长官；斯坦福·M. 格罗夫斯，加利福尼亚州海沃德市政主管助理；大卫·巴斯，加利福尼亚州莱克福瑞斯特财政主管；威廉·S. 莫尔，加州州立大学长滩校区。

2002 年，以下人员作为 GFOA 特别工作组人员提出会计、审计和财政报告准则初步意见，并得到 GFOA 委员会赞同和批准，同时，他们建立发展了 GFOA 财政监控因子项目，期间邀请诺伦伯格先生质询并作为观察员参与其中（以下是与本书出版时有关的委员会成员）：迈克尔·A. 杰尼托，纽约州莱城主计长；罗伯特·B. 斯科特，得克萨斯州卡罗尔顿财政主管；琳恩·A. 贝克，科罗拉多州泰鲁瑞德财政主管；泰米·E. 克莱顿，阿拉斯加州马塔努斯卡—苏斯特纳自治市和帕尔默财政主管；莱纳·H. 埃利斯，俄勒冈州波特兰会计主管；约翰·D. 肯尼迪，马里兰州主会计长助理；凯文·C. 迈伦，威斯康星州麦迪逊地区技术学院财政主管；菲比·S. 塞尔登，伊利诺伊州芝加哥市主计长；以及马克·J. 沃尔什，加利福尼亚州索诺马总审计师/主计长助理。

第一版

本书的第一版在国家科学基金（NSF）赞助下，由ICMA出版发行。第一版的作者是斯坦福·M. 格罗夫斯和莫林·戈德西·瓦伦特。第四版保留了第一版的大部分内容和框架。

从业者咨询委员会为本书的第一版提出了指导方针，它们的成员有（以下是在1980年第一版出版时工作人员）：小约翰·马策，加利福尼亚州贝弗利希尔斯县市政主管，联合主席；布莱恩·拉普，加利福尼亚州圣克拉拉县行政副长官；唐纳德·伯克海默，华盛顿城市管理委员会行政主管；拉里·布里克，马里兰州罗克维尔市政主管；安东·加德纳，弗吉尼亚州阿灵顿县财政分析部主管；托马斯·霍伊，哥伦比亚特区资源综合管理部主管；威廉·霍尔特，加利福尼亚州拉米拉达行政主管助理；威廉·莱丁格，弗吉尼亚州里奇蒙德市政主管；杰克·里森登，弗吉尼亚州里奇蒙德财政主管；理查德·米尔布罗特，加利福尼亚州南塔霍湖市政主管；托马斯·米伦贝克，得克萨斯州加尔维斯敦市政主管；卡尔·诺伦伯格，明尼苏达州里奇菲尔德市政主管；托马斯·奥布莱恩哥伦比亚特区财政和计划主计长；丹尼尔·波特，俄勒冈州华盛顿县行政主管；理查德·拉索，康涅狄格州西哈特福德财政主管；约翰·史蒂夫，得克萨斯州阿马里洛市政主管；詹姆斯·G. 威尔斯，明尼苏达州普利茅斯市政主管；海尔·沃尔曼，华盛顿特区城市学院公共财政高级研究合伙人。

其他专家和咨询人员

本书使用的技术是建立在政府财政官员协会（GFOA）同Peat Marwick Mitchell & Company会计公司联合开发的一套财政预测方法基础上，这项工作也得到了国家科学基金的资助。在第一版编辑期间，Peat Marwick Mitchell & Company会计公司同ICMA工作人员紧密合作，为本书的出版作出突出贡献，特别是在整体构架和工作表格设计方面，这些部分在本版大部分都得到了保留。

以下个人和组织在前期文字准备以及相关人员培训工作中，同样作出了重要贡献：阿什利经济学会的汤姆·阿什利；纽约大学的罗伯特·伯恩；管理分析中心的詹姆斯·克利夫兰；大华盛顿特区研究中心的菲利普·迪尔伯恩；标准普尔集团的海曼·格罗斯曼；俄亥俄州立大学的阿斯特里德·梅尔热；穆迪投资者服务中心的杰克逊·菲利普斯；康耐尔大学的理查德·施拉姆；以及执行技术协会的爱德华·雅利什。

以下个人和组织对第一版进行了审阅并提出了宝贵意见（1980年第一版出版相关人员）：韦恩·安德森，政府间关系咨询委员会；罗伊·巴尔和拉里·施罗德，雪城大学；C. 迪恩·贝勒，弗吉尼亚州普林斯威廉县总务主管；肯尼思·布莱克曼，加利福尼亚州圣罗萨市政主管；迪恩·布劳克，弗吉尼亚州弗吉尼亚比奇市政主管助理；托马斯·邓恩，加利福尼亚州胡桃溪市政主管；威廉·达顿，南加州大学；兰迪·汉米尔顿，金门大学；阿尔·哈维，提尔拉·沃达，佛罗里达州；罗杰·赫曼，俄亥俄州赫曼协会；托马斯·勒科克，加利福尼亚州桑尼维尔市政主管；卡罗尔·路易斯，康涅狄格州立大学；帕特·麦克唐纳，弗吉尼亚州菲尔法克斯县；詹姆斯·莫卡里斯，加利福尼亚州圣胡安卡皮斯特拉诺县卡皮斯特拉诺谷水务局主管；林恩·纽哈特，霍夫曼·艾斯塔斯，伊利诺伊州；特里·诺瓦克，华盛顿州斯坡坎市政主管；尼克·波普瑞特，瓦卡维尔，加利福尼亚州；以及邓肯·罗斯和阿兰·索尔斯坦，加州州立大学富勒顿校区。当时，特鲁迪·米勒博士是该国家科学基金项目主管。

还有一些人对第一次修订提供了帮助（以下是1986年本书第二版出版相关人员）：林达·戴维森，佛罗里达州波卡拉顿主计长；小威廉·A. 肯尼迪，马萨诸塞州市政协会副会长；克利福德·P. 麦丘，佛罗里达州南迈阿密财政主管助理；特里·诺瓦克，华盛顿州斯波坎市；迈克·斯拉凡和哈尔·斯坦伯格，Peat Marwick Mitchell & Company公司；卡罗尔·惠特科姆，弗吉尼亚州麦克林恩社区系统和服务公司；以及林恩·A. 贝克，马萨诸塞州康科德主管会计。

最后，以下人员对第三版的提高和修订提出了宝贵意见（以下是1994年本书第三版出版相关人员）：约翰·A. 格兰杰，宾夕法尼亚州托瓦曼森市政主管；林恩·A. 贝克，马萨诸塞州康科德主管会计；格兰·卡弗里，马萨诸塞州柯尔兰·卡弗里协会；哈罗德·E. 伯尔特，密苏里州哥伦比亚县财政主管；雪莉·里克斯，密苏里州哥伦比亚县预算办公室主管；以及卡尔·F. 瓦伦特，马萨诸塞州尼达姆县行政长官。

概　　要

本书主要为地方政府管理层提供一种监控本地区财政状况的方法。地方政府当局可以在以下几个方面使用本书：

- 检测地方政府的财政状况——影响力及其障碍因素；
- 辨析已存在或孕育中的财政问题；
- 寻求补救措施。

对财政状况的评价是通过财政趋势监控系统（FTMS）来完成的，它可以区分和组织影响财政状况的因素，并对这些因素进行量化分析。为更好地利用财政趋势监控系统（FTMS），本书包括了一系列工作表及其说明。表格的数据，主要来源于地方政府财政报告（例如，年度综合财政报告 CAFR），美国联邦统计局（U. S. Census Bureau）及其他渠道。

完成财政趋势监控系统（FTMS）测算并不需要专业电脑技术，简单的电子表格程序（如 Microsoft® Excel）就可以帮助本书读者很好地完成这些测算，并方便快捷地绘制出财政趋势监控系统（FTMS）的趋势图。这些图是财政趋势监控系统（FTMS）的系列优点之一。附录 D 提供了如何使用普通电子表格程序（Microsoft® Excel）做简单趋势分析和预测的说明。

财政状况分析完成后，应编制报告并提交给地方政府管理层、公众、专业委员会、政府工作人员、债券评级机构以及其他对地方财政状况感兴趣的团体。为使监控更有效和准确，监控因素数据需要每年进行更新。使用电子表格程序自动计算财政监控系统（FTMS）可以使更新更快捷。

一、什么是财政状况？

“财政状况”一词具有很多含义。从狭义的会计学角度来讲，财政状况是指一级政府在 30—60 天之内，筹集足够现金并保证所有支出的能力，可以将此类财政状况定义为“现金偿付能力”。

财政状况也可以理解为在正常财年内（通常为 1 年），一级政府筹集足够收入，满足其预算支出且不产生预算赤字的能力，通常将其定义为“预算偿付能力”。

从广义上讲，财政状况是指在相当长的期限内（通常 5 年以上），一级政府支付其全部交易成本的能力。全部交易成本，既包括预算年度范围内的正常支出，也包括那些发生在未来某些年且必须的特殊支出，如养老金以及其他各类退休金分红。尽管这些支出成本最终会体现在年度预算中或以其他方式体现出来，但短期（1—5 年）财政分析可能并不会体现出来。这种收入和成本之间的长期平衡能力需格外予以关注，本书将其定义为“长期偿付能力”。

最后，财政状况还可以指，无论在数量还是在水平上，一级政府满足其市民公共服务需求（如健康、公共安全、社区福利等等）的能力，本书将其定义为“服务水平偿付能力”。一个缺乏服务水平偿付能力的地方政府可能在财政状况的其他所有方面都很好，但却不能提供足够的公共安全和消防服务。反之，如果地方政府试图提供足够的服务，它又可能陷入到现金、预算或其他长期偿付能力问题当中。

事实上，很少有地方政府陷入诸如负债违约或短期债务偿付困难等棘手的财政危机中，因此，本书对财政状况采用广义定义，即包含所有 4 种类型的偿付能力。

对管理层的忠告：

在财政趋势监控过程中，有 4 点需要行政长官或财政主管格外予以注意：

- 监控因子的选择；
- 适当调整监控因子的定义以适应社区或地方政府自身情况；
- 理解各监控因子的重要性；
- 对研究发现应及时建立应对措施。

若要对财政监控系统有一个总体性的概括了解，可以先阅读本部分及第三部分，管理实践和政策法规。

本书适用于任何满足以下一个或几个条件的地方政府：

- 处于某些明确的财政问题困扰中，并希望从更广的视角来思考和解决这些问题；
- 感觉某些财政问题正在孕育发酵过程中，但很难从根本上发现它们，并希望建立解决这些问题的对策措施；
- 财政状况较好，但需要一个系统的方法来监控其变化并预测未来的财政问题。

总之，财政状况可以广义地定义为：一级政府为其公共服务提供可持续财政支持的能力，更确切地说，财政状况是指一级政府能够维持已有的公共服务水平，经受住地方和地区经济衰退的考验，且能够满足自然增长、下降和变化的需求的能力。

1. 维持已有的公共服务水平

具有良好财政状况的地方政府可以为已有的公共服务提供可持续的财力支撑。除了由地方财政收入提供财力支持的基本服务之外，已有的公共服务还包括当前由各类外部资金（如联邦政府补助）提供支持的服务。当前服务水平还包括公用设施的维护（如街道、建筑的保养维修）以及保障设施的初始投资并使其处于可用状态。最后，虽然部分未来负债，如养老金、退休金分红、债务、租购协议等，并不涉及当前立即的资金支出，但提供持续服务仍需要做好资金的储备。

2. 经受地方和地区经济衰退的考验

具有良好财政状况的地方政府有能力经受本地、地区或全国性经济萧条的考验。20 世纪 90 年代早期公司破产、失业率上升、税收流失以及由于利率下降而导致的地方政府投资收入下降等，就是经济萧条和衰退的例子。21 世纪早期的经济衰退是另一个很好的例子：经济衰退对地方政府的财政状况可以产生重大影响。

3. 满足人口自然增长和下降的需求

人口，即使是维持数量稳定，也会产生财政压力：人口数量保持稳定但结构发生变化，例如人口不断变穷或变老，足以对地方政府财政状况产生重要影响。一个人口日渐老龄化的地区需要政府出台新的政策，并伴随较大的启动成本；同时，如果年龄较大纳税者的收入主要依赖于养老金和社会保险，他们一般对增加税收持反对态度。另一方面，在年轻居民不断增长的地区，同样会导致政府支出在部分领域的增加，如教育和娱乐。

因此，管理层必须明白的基本问题是：地方政府能否为已有服务提供可持续的财力支撑？在紧急财政状况下，是否有充足储备或其他工具可以避险？是否有足够的财政弹性，以允许地方政府对环境变化进行适应性调整？如果地方政府能够适应这些挑战，它就处于良好的财政状况。反之，它就正在经历或即将出现财政问题。

二、计量财政状况的障碍因素

地方政府是否处于良好的财政状况？要回答这个问题，首先要能够计量财政状况。如果财政状况的定义仅限于现金和预算清偿能力，虽然可以很好地缩小问题范围，但在关于政府长期清偿能力方面的结论将不够完整。尽管长期清偿能力和服务水平清偿能力给出了一个更确切的财政状况定义，但也带来了一系列问题，它们涉及公共实体的本质、地方政府财政分析状况和地方政府会计系统的特点。

1. 公共实体的本质

可以较为简单地确定私人公司是否处于良好的财政状况。基本测试就是衡量盈利能力，也可以粗略地看成效率测试。对公共部门而言，盈利不是目的，效率也仅仅是目标之一。一个公共实体的目标包括“健康和福利”、“政治满意度”以及其他一些主观的衡量特性。必须承认的是，财政状况——服务水平清偿能力的不同定义，使其计量变得更具不确定性。

2. 地方政府财政分析状况

一般来讲，公共财政的从事者和研究学者主要关心现金和预算清偿能力，很少关注长期和服务水平清偿能力。除非他们要研究投资某一地区，而且这种研究往往也局限于债务偿还能力上。最近两个世纪以来，尽管很多学者大大拓宽了他们的研究领域，但在评价某个地方政府财政状况方面，本书的财政趋势监控系统（FTMS）依然是最综合和最实用的办法。

地方财政分析的另一个焦点是缺少地方政府财政特征的规范标准。例如，标准单位资本费用支出比率是多少？以及标准政府储备水平、标准政府债务数量等等。信用评级行业有许多评价地方政府财政状况的基准，但在使用这些基准时，必须综合考虑更多的主观指标，如地方政府税基的多样性，邻近地区市场相似性等。人们曾经尝试通过不同政府间平均值或不同地区之间的比较来制定一个标准。但不同地区之间的差异性太大了，如面积、地理、人口、收入结构以及提供服务的模式（授权和责任）等，由于每个地区的独特性和缺乏足够的客观数据，大部分地区之间的比较没有获得权威认可。

3. 地方政府会计系统

长期以来，地方政府会计系统一直是建立在“可审性”和不同政府账户间现金流高透明性的基础上。地方政府会计系统严格按照法律规定，记录和反映了每笔现金从国库流入到流出的轨迹。因此，人们一直认为基金会计要比成本会计和长期财政状况计量重要得多。

结果，绝大部分地方政府预算只是体现了收入和支出，且大部分州政府要求地方政府以一种或几种方式平衡其预算，同时，绝大部分地方政府也会提供包括一系列财政报表和情况说明的年度决算。这些报告尽管提供了某一特定年份内地方政府现金流入和流出的信息，但却无法提供长期财政状况评价的必要信息。

概括说来，首先当前的财政决算和预算没有详细说明每项服务的成本，更没有说明递延至将来的全部年度服务成本；其次，没有说明无资金保障养老金负债和雇员福利基金负债积累情况，也没有说明由于通货膨胀导致的购买力下降或由于日益增多的州或联邦强制命令而导致的资金使用弹性下降；第三，也不能说明道路、建筑以及其他固定资产的损毁情况，更不用说由于人口和经济变化而导致的收入和支出变化比率了；最后，它们的报告期限仅是一年，没有从多年的角度说明有利和不利情况的变化趋势。

三、什么是财政趋势监控系统？

评价一个地区的财政状况是一个很复杂的过程，它涉及诸多监控因素。这些因素包括国家经济、州及地方政府行为、人口水平和社区人口构成、地方商业氛围以及地方政府内部财政关系。不仅仅因为需要对这些因素评估，而且也因为其中许多因素很难区分和量化。

因素与因素之间的相互关系更增加了评价的复杂性：有些因素比另一些因素更重要，但这种重要性只有找到全部因素后才能最终确定。例如，绝对收入可能比过去更高，且收入的增长率要超过支出增长率，然而，如果地方政府没有注意到过去 10 年内通货膨胀几乎使购买力下降一半，以及随之而来的道路维修等问题，他们可能麻木地认为地方财政状况依然很健康。

面对评价的复杂性，缺乏完整的会计数据，以及缺少公认理论和规范标准，人们或许要问，合理的地方财政状况评价可能吗？

答案是确定的。尽管存在各种障碍，地方政府官员依然能够收集到大量的有用信息，即使这些信息仅仅是需要知道的信息中的一部分。正如医学科学，尽管同还需要了解的东西相比，人们已经了解的人体知识不够多，但这也不能阻碍医生利用他们所掌握的技术和知识诊断和预防疾病。

财政趋势监控系统（FTMS）区分了影响财政状况的因素，并通过合理排列使它们便于进行分析和计量。财政趋势监控系统（FTMS）是一个政府管理工具，它把从地方政府预算和财政报告中抽取的信息，同人口、经济方面数据相结合，产生一系列财政监控因子。将这些因子进行时间序列分析，就可以用于监控财政状况变化并警示地方政府未来的财政问题。

本书描述的财政监控因子涉及 42 个独立问题，其中包括外部收入、基金余额、流动性、无资金保障负债以及企业活动。设计财政趋势监控系统的目的是帮助地方政府了解影响其财政状况的因素并量化相关财政监控因子。这些量化财政监控因子可以帮助地方政府：

- 更好地了解政府自身财政状况；
- 在未恶化之前发现隐藏或即将出现的问题；
- 为（县议员、市长等）官员、公众、信用评级公司以及其他需要了解政府财政信息的团体直观说明政府财力和存在的问题；
- 将长期统筹引入年度预算过程；
- 为政府首脑制定财政政策提供一个原点。

财政趋势监控系统还有如下特点：

- 提供一个量化大量重要财政信息的手段；
- 依赖于政府已记录的数据或其他合理可用数据；
- 专供机构内部使用，且不需要复杂的数学知识或计算过程（个人电脑就可以进行运算并绘制趋势图）；
- 可以从更长远的角度看待某一特定年份的有关问题，并允许地方政府顺势而为；
- 同信用评级机构经常使用的基准相衔接。

财政趋势监控系统也有其局限性，它不能解析为什么会出现问题，也不能提供某个简单的数字或索引信息来衡量地方政府财政健康状况。它所能提供的是辨别问题的方向，分析问题的线索，以及提前采取行动的时间。在地方财政事务管理中，本系统鼓励从长远的角度来拟定各项政策。

四、财政趋势监控系统是如何工作的?

财政趋势监控系统（FTMS）基于11个财政因素，它们代表了影响地方政府财政状况的基本力量。与之相关联的是42个财政监控因子，它们从各个不同角度对9个财政因素进行了计量。这些财政监控因子用于监控财政因素内部变化，更概括来说，用于监控整体财政状况的变化。这11个财政因素会同42个财政监控因子，以及基于其相互关系的管理实践和政策法规，构成了整个财政趋势监控系统。

1．财政状况因素

图1方框部分表明了11个财政状况因素，每个因素用方括号进行了详细说明。

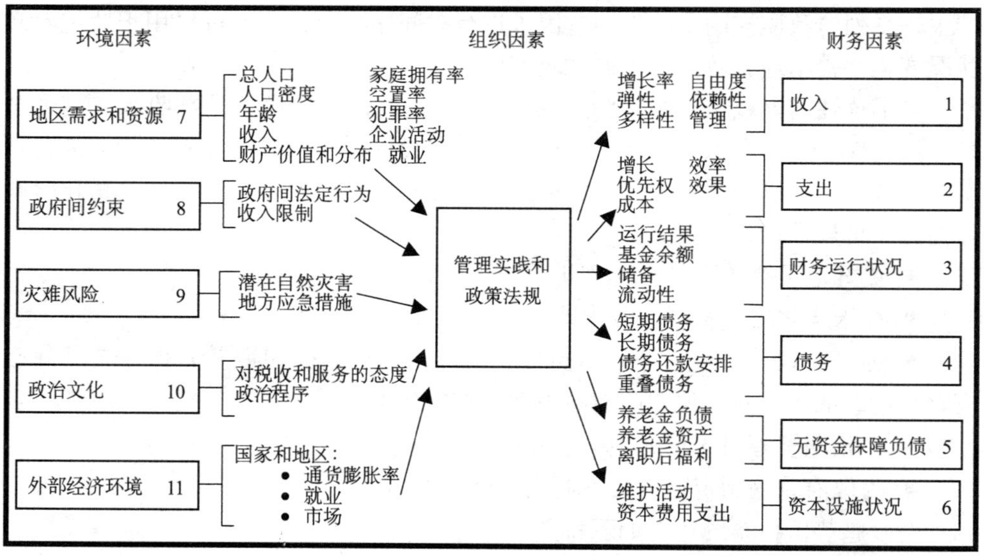

图1　影响财政状况的因素

各项因素可以概括为环境因素、组织因素和财政因素三大类，将它们综合考虑，就成为评价财政状况中组织和解决各类复杂问题的行动指南。

按图中箭头所示，环境因素决定了管理实践和政策法规的组织环境，依此类推，管理实践和政策法规又决定了财政因素状况。它们之间互为因果，依次互相影响以及传递信息。换句话说，政府组织环境如同滤网，将环境因素滤过后，其结果就是一系列刻画政府内部财政状况的财政因素。这种安排关系是作为有代表性的内在逻辑依据进行看待的，也是本书中我们主要目的之一。然而，要牢记的是，它们之间并不仅仅局限于这种关系。

每个因素，以及管理实践和政策法规的组织环境分别在本书的第 1、2、3 部分进行了单独讨论。以下按这三大类内容对这些因素进行简述。

环境因素：顾名思义就是影响地方政府的外部力量。它可以通过两种方式影响地方政府。第一，它们产生需求。如人口增加需要政府增加警察数量，新增补助项目需增加新审计进程。第二，它们提供了资源。如人口增加，在增加公共安全需求的同时，也增加了税收。

总之，环境因素产生了需求，提供了资源，或二者兼而有之。在环境因素影响财政状况分析的过程中，随之而来的问题是：环境因素提供的资源是否足以满足它们孳生的需求?

组织环境：管理实践和政策法规就是政府对变化的环境因素采取的应对措施。理论上，假如地方政府对环境变化采取了正确的应对措施，如减少服务，增加效率或税收等，就可以保持良好的财政状况。该假设的前提是：管理当局对各种环境变化有足够的提前判断和准确理解，知道且愿意采取正确的应对措施。

显然，这些假设太乐观了，尤其是在当前存在政治约束、财政分析不完善以及会计系统信息不足的条件下。在分析组织环境对财政状况的影响过程中，潜在问题是：管理实践和政策法规是否使政府对变化的组织环境采取正确的应对措施?

财政因素：用于反映地方政府财政状况的财政因素，在很大程度上是环境和组织相互作用的结果。如果环境需求超过其提供的资源，且组织未能采取正确的应对措施来平衡需求和资源，相应信号就会在现金、预算或长期偿付能力上体现出来。换句话说，在财政因素上体现出的信号，只不过是未解决问题本身的最终体现罢了。在分析财政因素对财政状况的影响过程中，潜在问题是：当前政府是否足以支付各项营运成本，或者说政府在收入不足以弥补其服务成本时，是否可以将成本推迟到将来?

2. 财政监控因子

财政趋势监控系统（FTMS）最基本的工具是财政监控因子，它们提供了量化因素变化的办法。图 2 说明了 42 个财政监控因子及其相关联的因素。因子后面的“↑”“↓”用于表明上升或下降。如果发现某一财政监控因子按照指示的方向变化，就表明该因子存在潜在问题并需进一步研究。某些财政监控因子，同时具有上升或下降的箭头，这说明无论该因子朝何种方向变化，都需要进一步研究。

在 11 个因素中，有 9 个因素与财政监控因子相关联，而“政治文化”和“外部经济环境”没有财政监控因子相关联。相关替代评价问题有助于澄清这两个因素对财政状况的影响。尽管某些财政监控因子只体现在一个因素中，实际上它们可以应用于多个因素。例如，政府间收入，既可以衡量地方政府对补助的依赖程度，体现在因素 1——收入中，也可以作为因素 8——政府间约束考虑的因

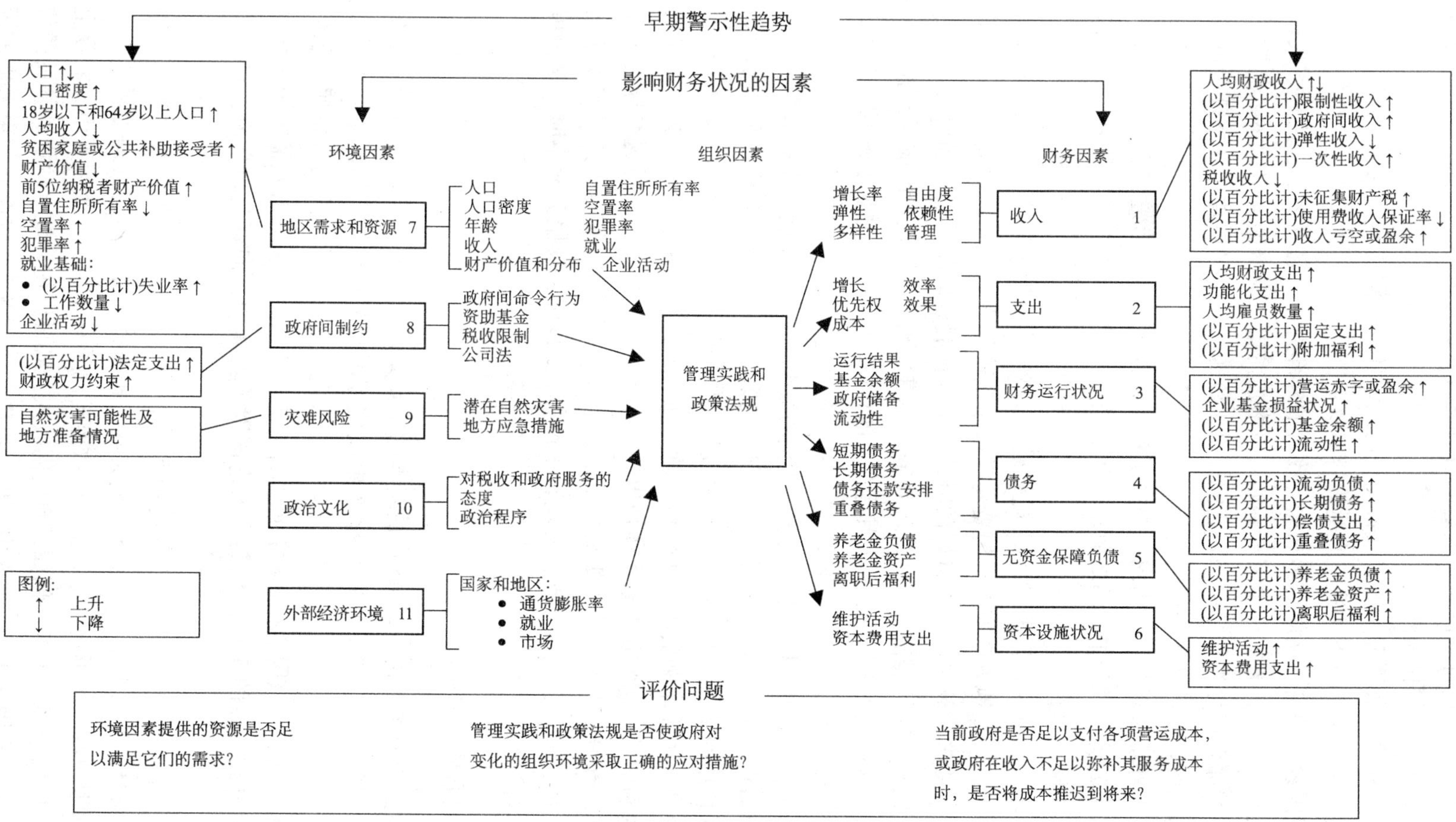

图 2 新财务趋势监控系统结构

子。类似因子放在了最符合逻辑或最适宜的因素下。

本书第1、第2部分详细讨论和解释了每一个财政监控因子。同时还对数据收集和使用进行了列表说明。第3部分对管理实践和政策法规进行了说明，它们一方面受环境因素及其因子的影响，另一方面又作用于财政因素及其因子。

3. 作图

在每个财政监控因子数据收集并计算后，可以作图以形象地表明地方多年财政发展趋势，而且，在同官员、公众、雇员及潜在的投资者交流过程中，图也是一个形象有力的工具。当前，电子表格和专业作图程序使制作各种各样的图变得相当简单。附录D对利用Microsoft® Excel进行简单趋势分析和预测进行了说明。

4. 财政趋势监控系统研究人员

构建财政监控因子的绝大部分初始工作都可以由行政助理、会计师、会计、行政首长办公室内部工作人员或财政部门主管来完成。

最初分析至少应包括3年或5年的财政历史数据。然而，如果地方政府连3年的数据都没有，那么哪年有数据，就从该年开始进行分析，且当年数据应记录下来，以备将来使用。

初始分析需要的时间取决于地方政府财政记录的质量、分析者的个人背景和相关知识以及选择分析因子的数量。一个具有会计学和操作电子表格程序知识的专业人员，在具有经过审计的连续财政数据以及至少20个财政监控因子（这是对中等规模地方政府财政状况进行平衡和综合分析的最低要求）的情况下，大约2个星期就能够完成初始分析。

一旦初始分析完成，以后年度更新一般只需要几天的时间。使用个人电脑的电子表格软件，可以大大减少对每个财政监控因子进行计算、作图以及打印分析和其他描述性说明花费的时间。因此，分析队伍中应具备一名熟悉电子表格程序的专业人员。

财政趋势监控系统分析可以在一年中随时进行，但最好是在预算准备前进行，此时工作人员已准备好构建财政监控因子的大部分信息，而且分析可以为预算决策提供有用信息。其次是在审计报告完成后、上年度财政数据出炉时进行。而且，财政趋势监控系统分析可以让人们从更高的角度来审视审计报告。

研究和构建财政监控因子是一项相对直接的任务。对行政首长或财政部门主管来说，要格外注意以下4点：

- 选择好要构建的财政监控因子；
- 调整财政监控因子的定义以更好地适应本地区和政府自身特点；
- 理解财政监控因子的重要性；
- 对分析发现要及时采取应对措施。

最后两点尤为重要，必须认真对待，灵活处理。进行财政趋势分析的人员要联系每个趋势理解因子的前因后果、各趋势之间的相互关系，并熟悉政府组织和运行情况——包括近期的政治、管理和财政历史。同时，财政趋势分析要在主要负责人、行政助理、预算官员或财政部门主管的指导下进行。

进行财政趋势分析的人员应牢记 3 点：

• 单个财政监控因子不能提供结论。所有选择进行研究的因子都应当与辖区内其他政治和管理特点同时进行研究；

• 如果地方政府对分析期限内会计基础和报告进程进行了调整，财政监控因子也要进行相应调整；

• 信用评级公司应用基准（见单个因子描述）不是通用标准，只能作为指南，且必须结合本地区特点进行评价后方可应用。

五、如何使用本书

第一步：在整体上把握财政趋势监控系统（FTMS）

要从整体上理解本系统，请阅读概论剩余部分，然后阅读第 1、2、3 部分，对各类财政因素、监控因子以及管理实践和政策法规形成一个总体印象。

第二步：选择要构建的财政监控因子

首先，区分适合本地区的财政监控因子。本书的 42 个财政监控因子，是建立在大量可分辨的公共财政文献基础上并在全国范围内讨论形成的。选择这 42 个财政监控因子，是因为它们具有最广泛的实践应用基础，且绝大部分地方政府能够具备构建这些财政监控因子的数据和技术。

进行财政分析并不需要构建所有的财政监控因子，因为其中一些可能对本地区不适用或不必要。例如，如果本地区没有债务，则债务财政监控因子就不需要考虑。另一个需要考虑的问题是获取数据的可能性，例如，第 26 个因子（维护活动）主要监控地方道路等固定资产是否具备足够的维护资金。如果有关部门记录中没有关于道路维修方面的支出信息，那么就需要判断相关数据是否能够合理估算，或在目前情况下，相关努力是否值得。如果发现当前和以前的有些数据不能获得，从现在开始，就需要收集相关信息，以备后用。

也可以凭政府财政方面的直观信息来选择因子，这种方法可以打破某些潜在假设，即：地方政府存在问题，但尚未发现它们。删掉那些明显不可行的财政监控因子，并直接对剩余因子进行分析。

42 个财政监控因子中，哪一个最重要取决于地方政府的结构及其经济、人口、政治等外部环境特征。初步看是一些综合的因子最重要，例如人均财政收入（财政监控因子 1）或人均财政支出（财政监控因子 10），原因是它们可以涵盖更广泛的问题；但仅考虑综合性财政监控因子而不考虑每组因子中的其他财政监控因子，可能会遗漏未检查到的重要问题。例如，人均财政收入可能反映不出对一次性收入日益增长的依赖趋势（财政监控因子 5），或日益增加的未征集财产税比率。

对某一个特定地区而言，给出需要构建哪些财政监控因子的建议并非不可能，但非常困难。地方政府需要审慎检查财政监控因子并独立决定对本地区来说哪些因子是最重要的。

图2和监控因子筛选工作表（附录A）可以帮助地方政府确定构建哪些财政监控因子。仔细阅读图2可以初步了解每个财政监控因子，然后再利用筛选工作表来决定42个财政监控因子中哪一个需要构建。

1. 阅读每个财政监控因子的“评论部分”。从每个财政监控因子的不同反馈上，我们可以发现该因子的支持程度。当然，这些信息不是让我们“随大流”而选择某些财政监控因子，而是给出怎样利用和构建这些因子的启发。有可能的话，它们还可以提供一些使用者的问题评论，例如数据可能性以及构建某一财政监控因子的替代方法。在看完“评论部分”后，假如想构建某一财政监控因子，就在监控因子筛选工作表中，做好任何标记说明。

2. 阅读每个财政监控因子的“深入分析建议”部分，并标记说明希望进行的任何其他分析过程，以及是否需要收集额外数据。

3. 阅读附录A附表11、12，它们可以让我们了解每个财政监控因子的构成及其数据要求。对其中某些财政监控因子，如果发现收集数据的时间和精力远远大于所获得信息的价值，就直接删除，没必要选择它们。

对每个财政监控因子进行评估后，就可以在监控因子筛选工作表中进行标记，表明决定构建的因子。这会对下一步工作——数据收集大有益处。也可以在监控因子筛选工作表中，标记为什么决定不构建某一个因子，这可以为将来必须作出选择的其他分析者提供帮助。假如时间、人员、数据允许，因子构建越多越好。

第三步：数据收集

本书的42个财政监控因子数据收集工作表及其指南见附录A。注意：在数据收集之前，研究组长应首先阅读附录A的使用指南和每个财政监控因子的“评价”部分。

这是本书中唯一与数据定义和数据收集有关的关键之处。鼓励所有使用者尽可能使财政趋势监控系统（FTMS）满足当地实际情况——实现这一目的的过程绝大部分集中在数据收集阶段。例如，如果地方政府将其他基金的转移部分看作一般预算基金的常规收入，那么数据工作表也要相应进行调整，以适应数据收集、整理工作。

附录A数据工作表仅仅是提纲，而不是如何收集数据或哪些数据需要收集的固定处方。我们需要根据实际情况对数据工作表进行适当调整，但是，如果进行了调整，一定要确保序号与使用数据的财政监控因子相匹配。为计算方便，应将数据工作表同趋势工作表进行相互链接；坚持使用这个链接系统会有很大帮助。

熟练应用电子数据表格程序的个人电脑用户可以自己编制自动链接的数据工作表，其优点是数据工作表可以自动同趋势工作表相链接，只要在某一个基层列表中输入数据，其他所有地方都可以调用该数据并显示出来。例如，在数据工作表中输入“净收入”后，所有应用该数据的监控因子都可以自动显示出来（Indikit 系统，由 ICMA 开发作为《评价财政状况》第四版补充材料，提供了 10 个 FTMS 财政监控因子自动链接电子表格。Indikit 系统可以在 ICMA 网站在线使用）。不过，简单收集所有必须数据并手工输入每个财政监控因子工作表中，对大部分地方政府而言同样有效。

第四步：构建财政监控因子并按时间顺序进行分析

每个财政监控因子都包括一张趋势工作表，它说明了哪些信息是必要的、从哪里获取以及如何进行计算。再次强调的是，可以根据自己的需求对趋势工作表进行调整，因为这些工作表仅仅是指南。对许多财政监控因子来说，需要调整数据以反映通货膨胀影响。在根据趋势工作表指南进行调整之前，一定要阅读附录 C“通货膨胀”调整部分说明。

财政监控因子（1—27 号）坐标分析至少需要 3—5 年。期间，至少应包括 1 次国家或地区经济起伏，才足以反映出潜在的发展趋势。

经济和人口监控因子（28—42 号）坐标分析需要最近 20 年内的数据，其中最近 5 年（或之内）的数据可以利用当前值或合理估算获得（本书修订于 2004 年），上 10 年的数据可以从人口普查或两个 10 年间的其他报告获得。例如，假如当前是 2004 年，2001—2004 年数据由当前政府报告或估算获得，1990—2000 年的数据由人口普查数据获得。这样，可以从更长远的眼光来评估人口和经济的变化情况。最后两个监控因子不需要进行趋势分析，它们只是用于衡量当前状况。

第五步：结果评价

财政监控因子评价的基本工具是趋势分析，且每个因子检测的期限至少是 5 年。财政趋势监控系统（FTMS）用户和其他团体，如政府财政官员协会（GFOA），对趋势分析的结果进行年度审查，且趋势分析成果已成为本书的优势之一。

趋势分析有几项优点：第一，它可以揭示财政监控因子变化的速率及变化方向；第二，允许趋势间进行相互比较；第三，它允许将地方趋势同国家和地区趋势进行比较；最后，它可以为 2—5 年内的规划提供数据基础，而这些规划对高效预算、资本规划、资本设施计划及总体政策制定是必需的。退一步讲，即使地方政府正经受一些财政问题，趋势分析也可以向债券评级公司表明政府本身已意识到这些问题，并着手改善其财政状况。

简单趋势分析指南见附录 D。

完整趋势分析步骤有以下几点：

1. 辨别不利趋势。每个趋势工作表顶端部分叫做“警示性趋势”。它描述的方向同图 2 中因子箭头方向一致。假如某一财政监控因子处于沿着箭头方向变化过程中，在这一点上，它可以认为处于潜在的不利趋势中。

2. 判断不利趋势的原点。财政监控因子变化有多快？它逐渐变好还是变坏？问题有多严重？如果有证据表明，不利趋势已经持续三年或三年以上，那么它应当作为一个潜在问题进行仔细研究。分析者必须在了解地方基本常识和存在抵减因素的基础上，来判断它是否是存在的问题。

3. 考虑抵减因素。一般来说，抵减因素可以中和某些最初看来属于不利趋势表现的因子信号。例如，人均财政支出增加带来的问题可能由同比例的人均财政收入增加所抵减。它假设的前提是收入高的地区可以负担起更高的人均财政支出，尤其是收入增长无限制时。然而，假如收入增长是由于限制性收入增长引起的，例如补助等，支出增长是由于由一般预算收入支持的事务性支出增长引起的，如娱乐或公共安全等，那么人均财政支出的增加就是一个警示性信号。

须牢记的是：单个趋势不能判定一个地区财政状况的好与坏。它仅能指出需要进一步审查的情况。每个不利趋势都需要分解到组成部分，分析其原因及重要性，并联系其他有关趋势进行综合评价。第一和第二部分的财政监控因子描述就是用来帮助完成这种评价的。

4. 探究不利趋势的内在原因。不利趋势是否由税基下降、支出失控、征收不力或通货膨胀引起？应采取什么可能的应对策略？每个财政监控因子讨论部分都包括一个名为“分析建议”的部分，这些建议可以帮助辨析可能的原因。

5. 趋势间的相互比较。尽管42个财政监控因子之间的确产生了大量可能的比较，但每个因子应同与之相关联的财政监控因子进行比较。本书第一、二部分对可能的关联分析提出了建议。一个有效的比较方法是将所比较的财政监控因子放入同一个图或使用重叠图进行比较。就以前的例子来说，支出和收入增长情况应同时进行分析。如果人均财政收入同人均财政支出同比例增长，没有问题；但如果支出增加而收入减少就肯定存在问题。图3说明了如何将2个财政监控因子放到同一个图中进行比较。

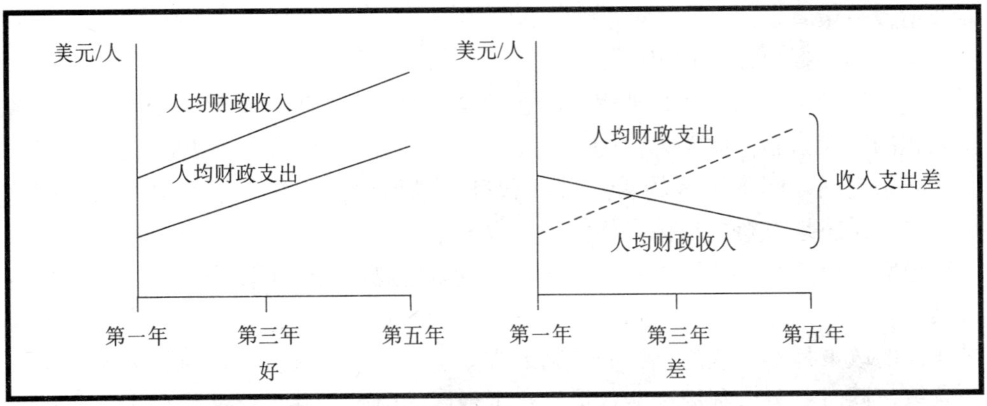

图3　人均财政收入和人均财政支出趋势

可以对相关联的财政监控因子进行按组分析，例如9个收入因子。我们可能会发现7个因子向有利的方向变化，2个向不利的方向变化。尽管比较会突出不利趋势，但也可以让我们得出结论：总体上，收入财政监控因子是有利的。

6. 本地区经济状况与国家或地区趋势进行比较。是不是本地区经济下降而全国经济增长了？如果是，地区或全国性经济下降会产生怎样的效果？回答本问题需要一定的推测，但问题是值得研究的，且对信用评级公司非常重要。

7．判定是否需要进一步分析。绝大部分财政监控因子讨论要有“深入分析”部分。额外分析可以帮助我们更进一步理解问题的严重性以及造成这种不利趋势的特殊原因。有时候，分析越透彻，越有助于集中精力发展补救措施。

8．同信用评级行业基准进行比较。信用评级公司经常会使用这些财政监控因子，并发展了评价这些监控因子的行业基准。如有可能，这些基准已经包含在财政监控因子的讨论部分。我们可以根据本地区的实际情况来判断基准的有效性。假如某个财政监控因子同基准相比是不利的，当我们咨询信用评级公司时，至少可以知道问题的所在。

42 个财政监控因子中，只有 6 个因子同行业基准有关（因子 7，15，18，19，20 和 21）。然而，对于剩余的其他因子，尽管没有公认的基准，信用评级公司仍然会用这样或那样的量化基准来判断它们。规范基准的缺失更突显了考虑其他因子的重要性。

9．考虑其他因素。第二部分讨论的最后两个财政因素没有任何数量监控因子，但它们包括了若干评价问题，这些问题可以客观地帮助我们评价它们在地方政府财政状况方面的影响。对其中任何一项因素，都可以利用一段话来总结其积极或消极的影响，并说明其原因。

10．专业判断。由于地方政府千差万别以及大量可能的抵减情况，没有一套简单原则可以适用于所有地方政府。如前所述，财政趋势监控系统（FTMS）不是万能的，它不能提供解决所有问题的方法。它能提供的是一个在决策过程中需要考虑的组织和量化信息的系统工具，而这些数据的最终解释依赖于每个政府的专业财政决策者。

第六步：提出政策建议

一旦确定了问题所在并理解了问题的实质及严重程度，最后一步就是制定解决问题的对策措施。制定有效的对策措施首先要了解问题的成因及其相互关系，其次必须把问题同本地区的实际需求和目标联系起来。有一个办法可以做到这点，那就是将地方财政目标具体体现在政策中。

绝大部分财政监控因子附带描述性的政策建议，它们可以帮助地方官员拟定政策，来阻止或改变这些不利趋势。对每个地方政府都提出具备细节内容或具体描述性的政策是不可能的，我们鼓励地方政府根据本地区自身需求，来调整建议的政策。同时，可以利用这些政策确定本地区的财政目标，这又给出了一个衡量地方政府财政状况进步情况的方法。

需要了解怎样评价当前政策和怎样设立新提纲的更多信息，请见第四部分——管理实践和政策法规，特别是表 24，它列出了本书建议的所有政策。同时，可以参考附录 B 财政政策，它列出了当前美国不同地区地方政府使用的一些典型财政政策的例子。

第一部分

监控因素 1—6：财政监控因子

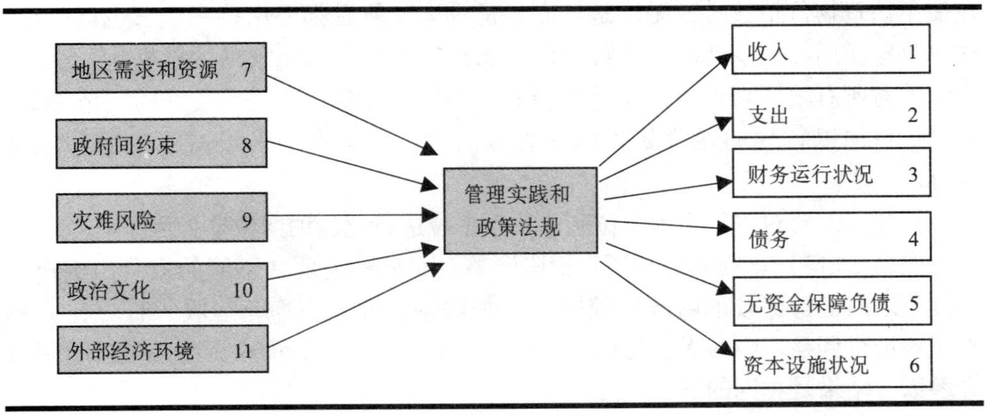

图 4　因素 1—6

本书的第一部分涵盖了财政趋势监控系统（FTMS）中前 6 个财政状况监控因素，其中涉及 27 个与财政有关的监控因子。选择这 27 个财政监控因子是建立在效用、数据可获取性以及计算相对方便性基础上的。

对于每个财政监控因子本书提供以下信息：

- 警示性趋势；
- 公式；
- 说明；
- 评价；
- 分析建议。

如有可能，每个财政监控因子的讨论部分还包括进一步的分析建议和政策，以及信用评级行业基准回顾。

为帮助我们形象地理解警示性趋势，每个财政监控因子讨论部分会用图像说明。同时，为每个财政监控因子提供一个工作表，来帮助我们完成趋势分析所需要的数据收集工作。附录 D 解释了利用计算机表格程序（Microsoft ® Excel）作图以及进行其他分析的办法，但也可以用绘图纸和铅笔，对记录在每个工作表中的数据作图。

控制通货膨胀

许多使用货币为单位的财政监控因子要用“通货膨胀调整”后的定值数据进行相关分析。定值调整的计算办法已经包含在趋势分析工作表中，并建议使用消费物价指数（CPI）作为通货膨胀调整指数。最好使用本地区的消费物价指数（CPI）作为计算参数，因为物价变化幅度在不同地区之间是有起伏的。同时，在使用消费物价指数时，无论是月度还是季度，前后都要保持一致，也就是说，如果决定使用第三季度数据进行评价，那么每年都要用该季度的数据进行分析。当然，对所有辖区来说，消费物价指数（CPI）也不一定就是最好的调节参数。对其他可加以替代的通货膨胀调整参数的讨论，见本书附录 C 通货膨胀调整部分。

只要是需要对以货币为单位和非货币单位进行比较的财政监控因子（如，净营运支出/人口）都需要进行通货膨胀调整，而那些需要在不同的以货币为单位的数值之间进行比较的财政监控因子（如限制性收入占净营运收入百分比）则不需要进行调整，因为无论是用现值还是定值，分子、分母须调整相同的价格折算参数，结果是相同的。

第一章
收　入

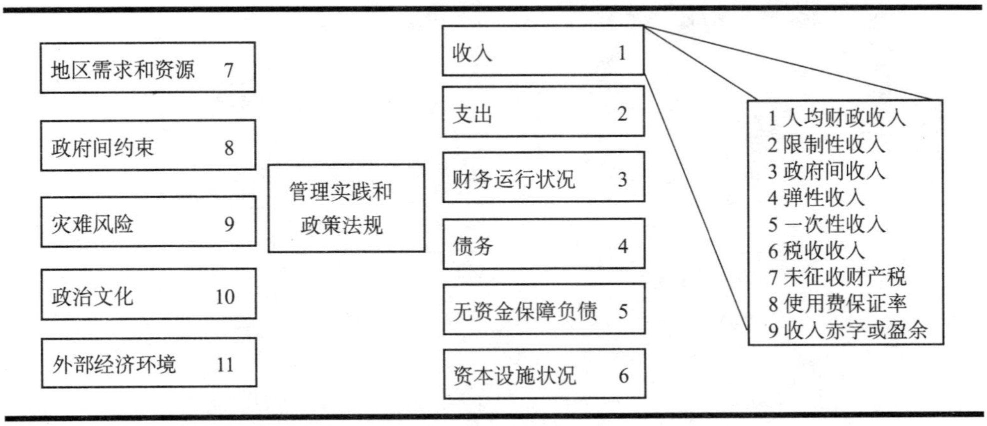

图 5　收入监控因子

收入决定了地方政府提供服务的能力。收入分析中考虑的关键问题是成长性、自由度、弹性、依赖性、多样性和管理水平。在理想条件下，收入增长应当同支出（考虑通货膨胀因素）增长速度持平或略有超出。它应具备足够的灵活性（没有支出的限制）以适应周边变化的环境。能够根据通货膨胀和经济基础保持弹性和非弹性收入之间的平衡，也就是说，有些收入可以随通货膨胀和经济基础增长而增长，有些则保持相对稳定[1]。收入的来源应具备多样性，既不能过度依赖于居民、商业和工业财产税（即每年的财产税，主要以财产为基础进行征收），也不能过度依赖于一些额外收入，如联邦补助或自由使用的州补助资金。使用费应定期进行评估，以足额支付各项服务成本。

分析收入结构可以确定以下问题：

- 收入基础的恶化；
- 对收入不利的政策或法规；
- 较差的收入预测技术；
- 收入征收和管理的低效性；
- 过度依赖单一或政府间补助收入；

① 弹性收入可以定义为随通货膨胀和经济基础变化而变化的收入。当通货膨胀和经济基础增加时，弹性收入随之同比例增加或略快增加；通货膨胀下降或经济基础转坏时，弹性收入同比例下降。

- 使用费不足以支付各项服务成本；
- 不同收入人群之间税负的变化。

图 5 所示财政监控因子可以用于监控收入的变化情况，这 9 个财政监控因子将在以下章节逐一进行介绍。

第 1 节

人均财政收入

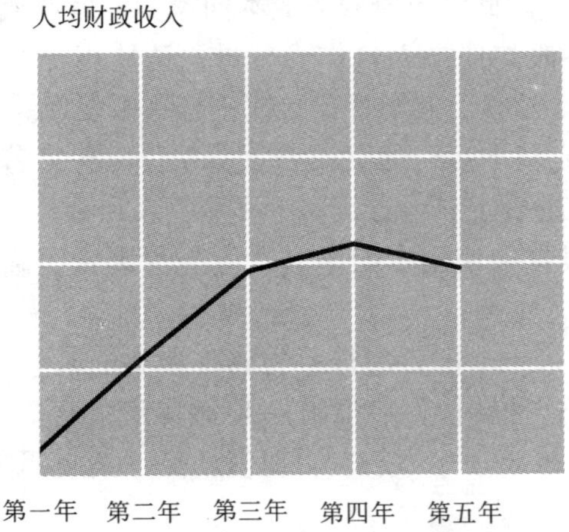

警示性趋势:

人均净财政收入不断降低(定值)

公式:

$$\frac{\text{净财政收入(定值)}}{\text{人口}}$$

图 6　人均财政收入变化

一、概述

人均财政收入监控因子可以说明当人口变化时，政府收入的变化情况。当人口增加时，可以预期政府收入和对服务的需求也成比例增加，因此，人均财政收入水平至少应在各时期保持基本不变。假如人均财政收入下降，政府将很难维持现有服务水平，除非它找到了新收入的来源或节省开支的办法。这种推断的假设是服务成本是直接同人口数量相联系的。

在某些地区，人口数量可能不是该监控因子的最佳分母。地方政府会发现家庭数、经评估的财产价值和就业基础数量，可能比人口数更适合作为本监控因子的衡量标准。某个短期内已基本完善其住房的地区，随着原始居民年龄增长（从抚养幼子的父母到“空巢”老人），尽管其人口数量可能下降了，但政府收入可以基本维持不变（地方政府收入主要以财产为基础）。这种情况之下，家庭数量就会是一个更好的衡量标准。在某些地区，尽管人口数量维持不变，但就业数量增加可以带来销售税或其他收入的增加。这种情况下，经评估的财产价值或就业基础可能是一个更有意义的分母。一个职业的财政总管应根据本地区实际情况决定哪一个是最有效的衡量标准。

二、评价

财政趋势监控系统使用者的反馈表明本监控因子有效。但是，每个地区必须根据本地区实际情况来决定最有效的衡量标准。可以使用家庭数、经评估财产价值或就业基础作为计算标准。在很多辖区内，总体人口数下降了，但由于更小家庭单元的出现，家庭数或就业基础可以保持稳定甚至有可能增加。由于很多地方政府服务是基于家庭或就业基础上的，因此将政府服务成本同家庭、就业或经评估财产价值相挂钩是更符合逻辑的。假如选择人口作为分母，请使用“/千人”（人口数/1000）代替“/人”为单位。这样，趋势变化可能更容易被发现。

“净营运收入”是指满足地方政府基本运行的财政收入，它可以包括若干基金收入。附录 A 中的数据列表可以帮助确定在地方政府中哪些收入和哪些基金是用于支持政府基本运行的。当财政报告中使用本因子时，应当为读者明确定义“净营运收入”包括的收入种类。

人均财政收入是众多监控因子中第一个需要进行通货膨胀调整的监控因子，即将收入现值转换为定值。如何进行这种转换，参见附录 C 通货膨胀调整说明。该监控因子作图过程中，应包括 2 条曲线——一条表明现值，另一条表明定值，以此来判断通货膨胀影响情况。

三、分析建议

如果出现警示性趋势，请辨析其原因（为什么会出现?）、评估其重要性（是否重要?）并确定行动策略（能够做什么?）。以下是建议分析点：

假如人均财政收入下降了，请考虑以下问题：

- 当前是不是处于总体经济不景气过程中？这种下降是暂时的还是长期的？详见监控因子 28—40（地区需求和资源）；
- 收入下降是否涉及人口变化？如传统上对收入贡献最大的人口数下降了，详见监控因子 28—33；
- 收入下降是不是由于财政收入结构的内在原因？如通货膨胀过程中过度依赖非弹性收入，详见监控因子 4（弹性收入）；
- 是不是州或地区法律限制（如，财产税增长最高不得超过上年的 5% 或地区通货膨胀率）阻碍了地方重新设定税率或费率？详见监控因子 41（财政权力约束）；
- 下列措施能否增加政府收入？
  → 重组收入征收程序；
  → 减少税收征收的渎职行为；
  → 重组或增加服务收费、罚金、许可及执照收费；
  → 重组或增加使用公用设施、设备及人员收费；

→ 提高财产评估价值；

→ 建立特别评估区；

→ 增加闲置资金的投资比例；

→ 处置剩余资产和设备；

→ 由公共或私人机构提供资金确保特别目的的支出或补助支出。

如果人均财政收入增加了，请考虑以下问题：

• 能否合理确定这种收入增加是可持续的？假设新增收入部分应用到需要持续资金供应的新项目上，当新增收入因素消失后，政府是否制定了相应资金保障计划？

• 人均财政收入增加是不是未来成本增加的信号，如以下情况：新增收入是由于建筑物建设增加引起的，那么相关额外收入是否能够弥补额外成本？如果不能，是否有该部分成本的资金计划？

• 是不是人均财政收入增加是由于人口数下降，而不是由于收入增加引起的？若如此，人口数下降是否最终会导致收入的下降？是否存在人口下降伴随家庭数增加的现象？家庭数增加会相应引起辖区内服务成本的增加。详见监控因子28（人口）、监控因子29（人口密度）、监控因子30（18岁以下和64岁以上人口数量）；

• 将人均财政收入变化同个人收入、公司营业收入或其他地区财富变化相比较，人均财政收入增加是否增加了公众的税收负担？如税负增加，居民和厂矿企业是否会支付困难？他们是否会重新更换营业地点而享受低税率政策？

四、进一步的分析建议

在分析财政收入时，地方官员应建立两类趋势曲线：（1）人均财政收入（合计）；（2）任何一项占总收入不少于5%的单项收入，如财产税、销售税、企业执照收费、交易税、罚金及使用费等。在典型地方政府会计记录中，这些财政收入可能分类归入各自基金或合并到更高级别基金中，如一般预算基金或其他特殊基金。相应地，应分别列出每个基金的成分收入，这样可以对每种收入进行单独监控。如果地方政府按照其特殊方法对财政收入进行分类，如限制性、非限制性或封闭基金，也可以按照其分类对收入进行额外分析。

地方政府也许希望分析，过去5年内财政收入结构是否发生变化。这种分析可以告诉我们哪些收入增长快于另一些；不同人群之间的税负转移（如从财产所有者转移到公用设施使用者）；以及各种税收增长率之间的不匹配性。任何财政收入结构上的变化都需要引起政策决策者的注意。为检验财政收入结构的变化情况，对我们希望检测的每一年财政收入（如占总运行财政收入不少于5%的收入种类），进行列表显示。见表1和图7。

表 1　　5 年内的财政收入结构变化表

财政收入来源	第一年		第二年		第三年		第四年		第五年	
	$	%	$	%	$	%	$	%	$	%
财产税										
销售税										
政府间收入										
使用费和收费										
其他										
合计	$	100%	$	100%	$	100%	$	100%	$	100%

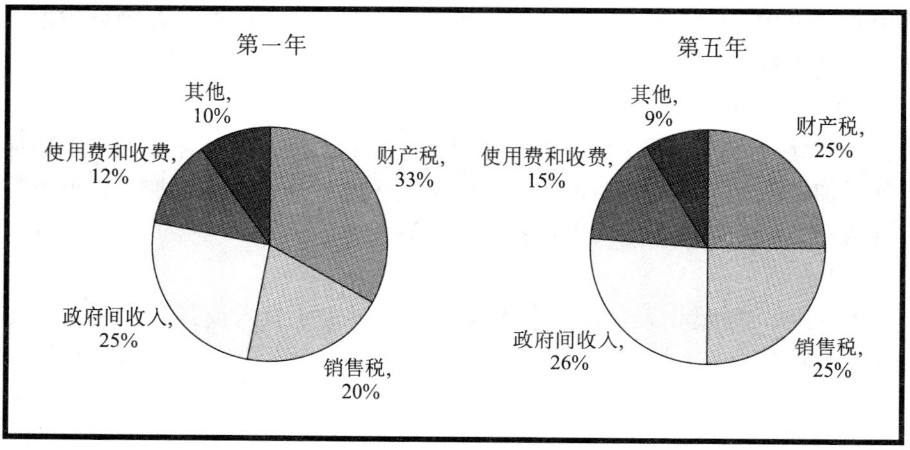

图 7　5 年内的财政收入结构变化图

五、政策建议

可以就预算和收入分析过程提出政策建议。以下政策可以帮助地方官员将该监控因子同财政决策相关联。

- 一个多样化和稳定的财政收入系统可以保持地方政府的稳定性，免受任何单项财政收入短期波动的影响；
- 预计未来____年内的财政收入是逐年提高的。每项现行及潜在的财政收入来源都应逐年进行重新检验。

监控因子 1

人均财政收入

警示性趋势：
人均净营运财政收入不断降低（定值）

公式：

$$\frac{\text{净营运财政收入（定值）}}{\text{人口}}$$

表 2

序号	概述	数据来源	财政年度数据				
			第一年	第二年	第三年	第四年	第五年
1	净营运财政收入	附录 A，附表 3，行 13					
2	当地消费物价指数（CPI）	劳动部统计数字					
3	CPI 百分比	行 2/100					
4	净营运财政收入（定值）	行 1/行 3					
5	人口或其他标准	附录 A，附表 8，行 1					
6	人均净营运财政收入（定值）	行 4/行 5					

注：使用本工作表列出监控因子分析所需数据；
按照行手工绘制工作图，或利用计算机表格程序收集数据并作图。

第 2 节

限制性收入

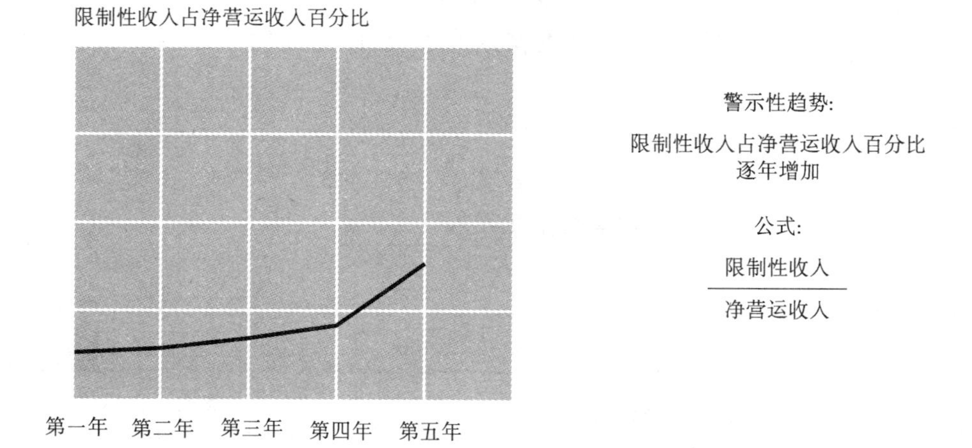

图 8　限制性收入变化

一、概述

限制性收入是指具有法定指定用途的收入，通常由州法律、债券招募说明书或补助申请条件来进行规定。如，许多州法律要求燃油税收入只能用于道路建设或维修。

从某些方面来看，许多限制性收入，特别是那些由外界提供资金收入的，似乎对当地财政状况没有什么影响。地方政府有权决定不接受这部分资金，不提供该项服务。事实上，这种观点是站不住脚的：地方政府或多或少地在经济上或政治上，依赖于这些收入以及服务项目。而且，有很多地方政府依赖于政府间收入来提供一些必须的政府服务，这使其更难以摆脱政府间收入的影响。

随着限制性收入占全部财政收入比例的增加，地方政府会逐渐丧失面对环境和应对市民需求的应变能力；同时，限制性收入的增长也表明了地方政府对外部收入的过度依赖，并标志着未来难以维持现有的服务水平。

二、评价

财政趋势监控系统（FTMS）使用者强烈支持本监控因子以及本监控因子反映的未来财政脆弱性信息。由于地方政府不想将所有限制性收入体现在其预算中，因此，本监控因子通常可以提供很多有用信息。当使用本监控因子时，应在附注中说明所记录的限制性收入种类及其限制使用领域。

三、分析建议

如果出现警示性趋势，请辨析其原因（为什么会出现?）、评估其重要性（是否重要?）并确定行动策略（能够做什么?）。以下是建议分析点：

- 该趋势是由于非限制性收入降低引起的吗？如果是，见监控因子1——人均财政收入。
- 如果限制性收入是用于支持新服务项目或更高水平的服务，收入是可以持续的还是需要地方政府在未来负责对该项目或服务提供保障?
- 如果限制性收入可能停止，地方政府是否具备降低服务水平或停止受影响的项目的可能性?
- 非限制性收入是否为限制性收入项目提供了资金?
- 地方政府是否使用了部分限制性收入用于支持其集中收付、人员及其他经常性服务?
- 地方政府是否有权改变收入的限制性，如修改章程或政策法规？假如不能，地方政府能够联合其他地区政府共同游说联邦政府、州政府或其他机构改变这种限制性吗?

四、进一步的分析建议

详细说明由限制性收入提供支持的服务可以告诉我们地方政府面对限制性收入变化的脆弱性。为检验限制性收入的使用情况，可以按表2所示构建类似表格。对于该表：

- 列出每项限制性收入并区分其负责提供资金的服务或支出，包括任何经常性服务，如会计、人员支出等；
- 评估该项政府服务对当地政府和居民的必要性。按照1（非常必要）至5（非常不必要）对服务排列等级；
- 如果限制性收入撤回，列出该项政府服务可能的替代资金来源；
- 列出收入来源的可持续性等级：立法上是积极推动还是束之高阁？“公共利益集团”或“行业”组织对该收入是反对还是支持?

五、政策建议

预算中体现多少限制性收入并没有基准。可以参照表 3 决定怎样的限制性收入水平和使用领域对本地区短期或长期的财政健康构成了威胁。

表 3　　限制性收入分析样表

限制性收入	限制性收入提供或部分提供资金支持的服务	服务是否必要？（等级 1—5）	替代资金来源	收入是否可持续？（等级 1—5）

监控因子 2

限制性收入

警示性趋势：
限制性收入占净营运收入百分比逐年增加

公式：

$$\frac{\text{限制性收入}}{\text{净营运收入}}$$

表 4

序号	概述	数据来源	财政年度数据				
			第一年	第二年	第三年	第四年	第五年
1	限制性营运收入	附录 A，附表 3，行 14					
2	净营运收入	附录 A，附表 3，行 13					
3	限制性收入占净营运收入百分比	行 2/行 3					

注：使用本工作表列出监控因子分析所需数据；
按照行手工绘制工作图，或利用计算机表格程序收集数据并作图。

第3节
政府间收入

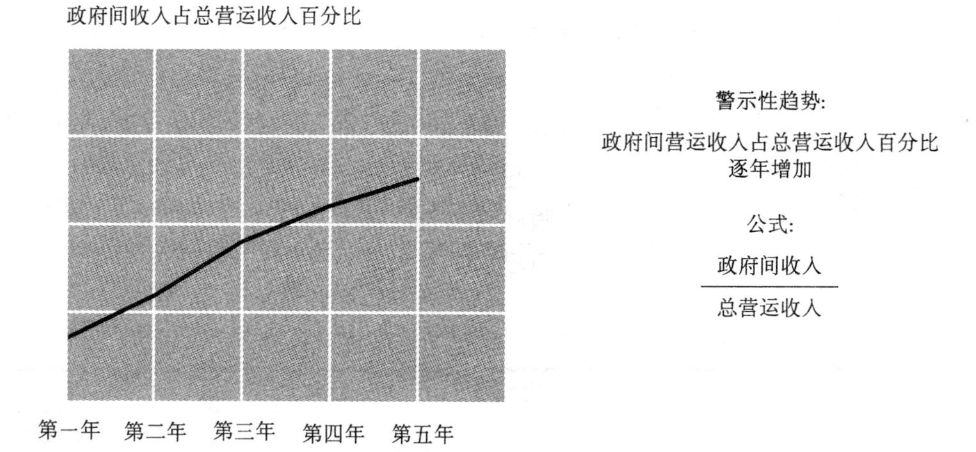

图9　政府间收入变化

一、概述

政府间收入（从其他政府实体取得的收入）非常重要，但过度依赖此类收入则非常有害。当经济不景气时，联邦和州政府都会为自身预算平衡而努力，而作为削减支出的常用手段之一，就是减少或取消某些对下级政府的转移支付，这时，过度依赖政府间收入的地方政府会特别难受。政府间收入的降低使地方政府陷入两难境界：要么削减服务水平，要么从一般预算收入转移支付该服务资金。

毫无疑问，地方政府会更希望最大化利用政府间收入，与其服务优先性和财政状况保持一致。例如，地方政府希望依靠政府间收入来提供联邦或州政府规定服务或筹措一次性资本支出工程的资金。在分析政府间收入时，首要的关注点是了解和监控地方政府减少此类收入的弱点，并判断地方政府是否能控制对外部收入的依赖性，或者说这些外部收入是否左右了地方政策。

二、评价

政府预算官员协会（GFOA）给本监控因子很高评价。标准普尔集团对地方政府间收入组成和政府间主要收入的稳定性，如政府间补助资金，进行了分析评论。财政趋势监控系统（FTMS）使用者反馈也表明本监控因子非常重要。当使用本监控因子时，需要对涉及的政府间收入进行注释说明。须注意的是：很多政府间收入是限制性的（见监控因子 2），当然也有一些是非限制性的。如果所有政府间收入都是限制性的，在监控因子 2 中进行分析就可以了，不需要进行重复分析。

三、分析建议

如果出现警示性趋势，请辨析其原因（为什么会出现?），评估其重要性（是否重要?）并确定行动策略（能够做什么?）。以下是建议分析点：

- 地方政府是否依赖政府间收入来提供持续的普通服务？当政府间收入大幅降低或中断时，地方政府是否有应急预案？
- 是否接受了上级政府的特殊目的固定期限补助？当补助停止时，地方政府能否持续地提供该项服务？假如该项服务取消，会带来怎样的政治、社会和经济后果？
- 政府间收入配套资金占经营性支出比重是否增加？在配套资金、附加报告要求和未补偿经营成本上，地方政府进行了怎样的承诺？是不是已经计划、预算和记录了所有成本？
- 政府间收入是否有可持续的协议保证，如州和地方政府共享销售税？协议是否表明是可持续的，以及在何种水平上保持这种可持续性？

四、进一步的分析建议

为进一步说明政府间收入对地方政府财政状况的影响作用，我们可以作表格、柱形图、饼形图等来说明政府间收入主要来源、使用情况以及任何预计变化情况。

五、政策建议

尽管设定政府间收入水平和种类非常困难，但在接受补助或其他政府间收入前，设定必须遵守的程序性指导方针是可行的。以下政策可以帮助地方官员将本监控因子同他们的财政决策相关联：

- 所有可能的政府间补助都要仔细审查其相关配套要求（在资金和绩效水平上），且相关政府间收入配套资金不能超过净经营性收入的__ %；
- 用于经常性支出目的的政府间收入不得超过净营运收入的__ %；
- 政府间补助只能用于符合资本提升计划和地方优先发展项目的支出上，且其相关营运和维护成本已包含在未来营运预算中。

监控因子 3

政府间收入

警示性趋势：
政府间营运收入占总营运收入百分比逐年增加

公式：

$$\frac{\text{政府间营运收入}}{\text{总营运收入}}$$

表 5

序号	概述	数据来源	财政年度数据				
			第一年	第二年	第三年	第四年	第五年
1	政府间营运收入	附录 A，附表 3，行 7					
2	总营运收入	附录 A，附表 3，行 10					
3	政府间收入占总营运收入百分比	行 2/行 3					

注：使用本工作表列出监控因子分析所需数据；
按照行手工绘制工作图，或利用计算机表格程序收集数据并作图。

第4节
弹性收入

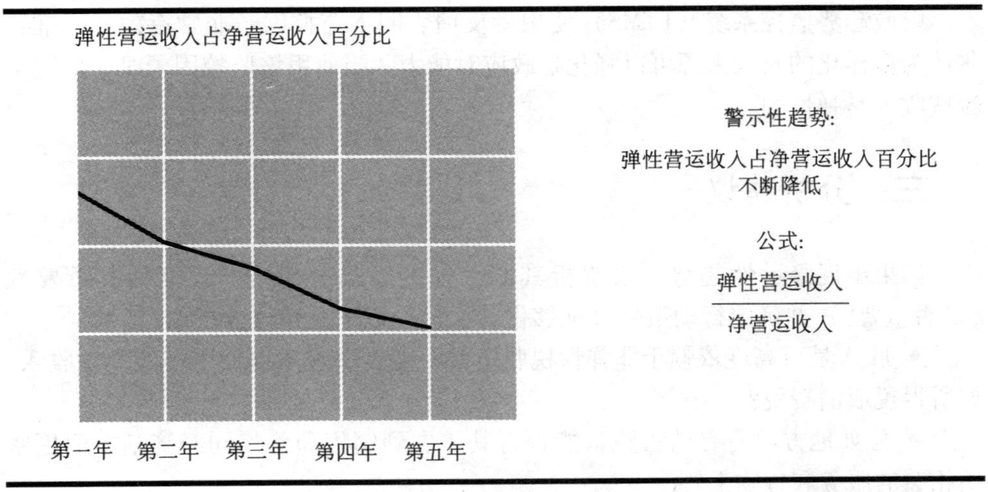

图 10　弹性收入变化

一、概述

弹性收入同经济基本面和通货膨胀密切相关。当经济基本面转好或通货膨胀上升时，弹性收入以同比例或更高比例上升，反之亦然。销售税收入就是一个很好的例子：当经济处于繁荣周期时，零售额大幅增长，销售税随之增加；当经济处于衰退周期时，即使维持相同税率，销售税收入也照样下降。

非弹性收入，如营业执照收费或使用费收入，对经济基本面变化不敏感。如果想增加或减少该类收入，需要政府对收费或使用费率进行调整。这部分收入通常滞后于经济增长或通货膨胀，原因是地方立法机构很难每年对其进行调整。

财产税可能是弹性的也可能是非弹性的，这取决于当地政策。假如经常对财产进行重新估值，那么这部分收入可以认为是弹性的；假如地方政府有固定税率且不经常对财产进行重新评估，财产税可以认为是非弹性的，特别是在经济增长期。假如地方政府每年课以固定数量的财产税，那么财产税也可以认为是固定的，除非地方机构有按年增加税收以抵御通货膨胀的政策。

弹性收入和非弹性收入之间的平衡缓和了因经济增长或下降对财政收入的影响。在通货膨胀期间，地方政府需要高比例的弹性收入来提高收入，以维持相同服务水平的更高价格。如果弹性收入比重在通货膨胀期间下降了，地方政府可能会更脆弱，因为通货膨胀提高了各项服务的成本，而相应收入却没有增加。反之亦然——在经济衰退期间，高比例的非弹性收入就是一个比较好的方案：因为它可以使税基在一定程度上免受经济紧缩的影响，从而避免政府收入的减少。

二、评价

财政趋势监控系统（FTMS）使用者反馈表明本监控因子非常有效。标准普尔认为多样化的收入来源可以强化财政应对能力。当使用该监控因子时，应定义哪些收入是弹性的。

三、分析建议

如果出现警示性趋势，请辨析其原因（为什么会出现?）、评估其重要性（是否重要?）并确定行动策略（能够做什么?）。以下是建议分析点：

- 收入是否高度依赖于非弹性税收资源？能否引进或增加更多的弹性收入，如所得税或消费税？
- 假如地方政府有销售税，能否将其扩展到销售和价格同经济基本面更密切相关的服务和货物上？
- 总体经济环境下降或人口及商业的外迁，是否导致了弹性收入占政府收入比例下降？重组或再发展计划是否有效？
- 地方税收立法限制，如税基限制或征收数量限制，是否制约了收入调整的弹性？
- 是否可以通过更频繁的财产评估、使用费例行增加或类似的立法及行政部门调整，使非弹性税收和收费变得更富有弹性？

四、政策建议

设立一个准确的弹性和非弹性收入比例很难，以下政策可以帮助地方政府官员将本监控因子同财政决策相关联：

- 应尽量寻求一个弹性和非弹性收入之间的结构平衡。如果未达到预期平衡，应寻求新的收入资源来达到预期平衡；
- 每次新增收入或已有收入费率调整，都应仔细评估其对弹性收入和非弹性收入平衡的影响效果。

监控因子 4

弹 性 收 入

警示性趋势：
弹性营运收入占净营运收入百分比不断降低

公式：

$$\frac{\text{弹性营运收入}}{\text{净营运收入}}$$

表 6

序号	概述	数据来源	财政年度数据				
			第一年	第二年	第三年	第四年	第五年
1	弹性营运收入①	附录 A，附表 3，行 15					
2	净营运收入	附录 A，附表 3，行 13					
3	弹性营运收入占净营运收入百分比	行 2/行 3					

注：使用本工作表列出监控因子分析所需数据；
按照行手工绘制工作图，或利用计算机表格程序收集数据并作图。

① 是指预计可以反映短期内经济基本面变化的税收收入。例如，一般销售税和所得税都具有弹性税基，因为它们能按照经济基本面变化速率而变化。见监控因子 4 讨论部分。

可以认为财产税是弹性的，也可以认为不是，主要取决于再评估过程能否反映财产市场价值的上升或下降变化情况。如果再评估间隔时间非常长，如十年，那么短期内该项税收可以认为是非弹性的。再评估的次数对该项税收的弹性也有很大影响。

第 5 节

一次性收入

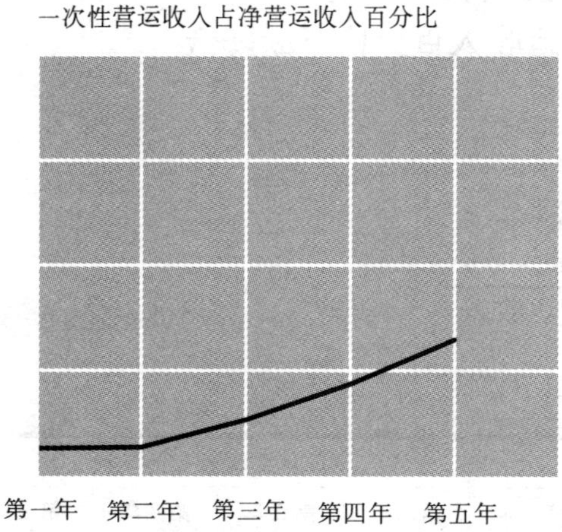

警示性趋势:

一次性营运收入占净营运收入百分比逐年增加

公式:

$$\frac{\text{一次性营运收入}}{\text{净营运收入}}$$

图 11　一次性收入变化

一、概述

一次性收入是指经合理估计不可持续的收入，如一次性联邦补助、基金间资金转移或使用政府储备①。频繁使用一次性收入来平衡年度预算预示着地方政府收入基础不足以支持当前的服务水平，也表明政府经营性赤字的不断增加（见监控因子 15 运行赤字或盈余），同时，如果出现收入下降的特殊情况，地方政府的机动反应空间很窄，如地区或全国性衰退、全国性自然灾害导致的政府支出突然增加。如果一次性收入终止，那么使用一次性收入就大大增加了政府后期大幅度降低服务水平的可能性，当联邦政府削减重要补助预算或地方政府储备耗尽时，这种情况同样也可能发生。

① 政府储备在会计处理上不能认为是收入，同样某些基金间资金转移也不能认为是收入。附录 A 中附表 3 列出了哪些基金间资金转移可以认为是收入。在此，政府储备作为“一次性收入”的例子，只是说明它可以是政府平衡预算的一类资金来源。

二、评价

财政趋势监控系统（FTMS）使用者反馈表明本监控因子很重要。这是因为持续使用一次性收入会掩盖发展中的经营性收支不平衡，而使用本监控因子可以诊断出这些潜在的问题。为突出经常性服务项目或支出不能依赖于一次性收入的事实，有些 FTMS 使用者重新将本监控因子命名为“临时性收入”。当使用本监控因子时，应说明将哪些收入定义为一次性收入。

三、分析建议

如果出现警示性趋势，请辨析其原因（为什么会出现?）、评估其重要性（是否重要?）并确定行动策略（能够做什么?）。以下是建议分析点：

- 相对于一次性支出，一次性收入是否被用于持续性基金支出？该部分收入终止的可能性有多大？是否有资金保障预案？
- 假如一次性收入应用到一次性支出上，如建设新的大楼，是否有其他持续性收入用于支付其后期运行费用及相关服务项目？
- 使用政府储备或以前年度基金余额是否严重削弱了政府面对突发性财政问题（如全国性自然灾害或恶性通货膨胀）的应急反应能力？
- 地方政府是否面临营运性赤字（如当前支出大于收入）？见监控因子 15（营运赤字或盈余）。

四、进一步的分析建议

假如趋势性分析表明地方政府正逐渐或高度依赖于一次性收入，就需要精确确定依赖的一次性收入种类、它们是如何使用的以及持续使用的严重后果。表 7 可以提供很好帮助。完成这张表格可以：

- 列出一次性收入种类并区分它们应用的服务或支出领域；
- 确定该部分服务或支出为一次性支出（如特别清扫项目）还是持续性支出；
- 表明该项服务对地方政府及市民的必要性。服务重要等级从 1—5（1 为非常必要，5 为非常不必要）；
- 列出可替代一次性收入的其他收入或支出削减领域。

表 7　　一次性收入分析

一次性收入来源	一次性收入提供或部分提供资金支持的服务	服务是一次性的还是持续的?	服务是否必要?（等级 1—5）	替代资金来源

五、政策建议

尽管确定一次性收入在收入结构中的目标水平比较困难，但可以确定使用一次性收入的程序性政策。以下政策可以帮助地方官员将本监控因子同其财政决策相关联：

- 只有在详细审查一次性收入是否有助于弥补营运收入和支出赤字，且长期（3—5 年）预测表明该赤字是不会持续的情况下，才可以使用一次性收入；
- 一次性收入只能用于一次性支出服务项目。

监控因子5

一次性收入

警示性趋势：
一次性营运收入占净营运收入百分比逐年增加

公式：

$$\frac{一次性营运收入}{净营运收入}$$

表8

序号	概述	数据来源	财政年度数据				
			第一年	第二年	第三年	第四年	第五年
1	一次性营运收入①	附录A，附表3，行16					
2	净营运收入	附录A，附表3，行13					
3	一次性营运收入占净营运收入百分比	行1/行2					

注：使用本工作表列出监控因子分析所需数据；
按照行手工绘制工作图，或利用计算机表格程序收集数据并作图。

---

① 是指随后几年不可能重复或法定期限只有几年的收入，它包括使用以前年度盈余或其他基金年初结转余额，贷款和补助资金也应包括在内。见监控因子5。

第 6 节

税收收入

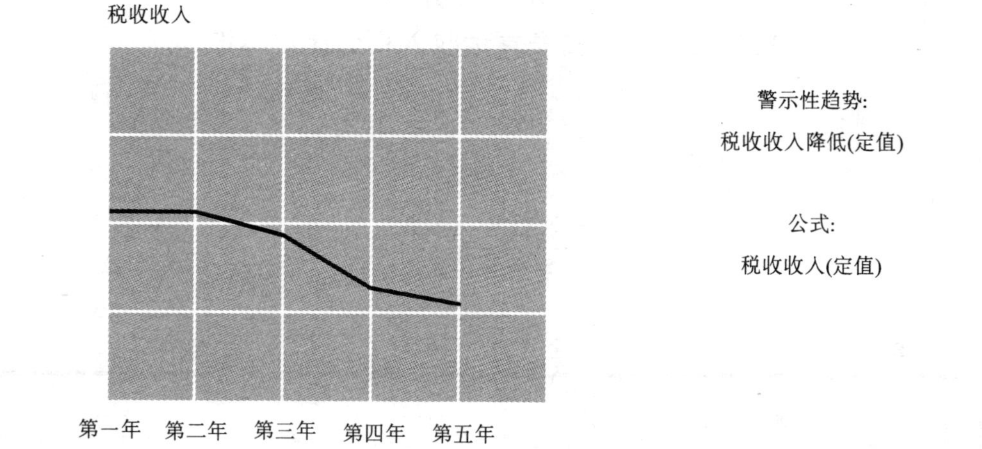

图 12　税收收入变化

一、概述

财产税、销售税和所得税应当同其他收入分开单独进行分析，因为大部分政府都主要依赖于这三种税收。税收收入的下降或增长率下降可能有很多原因。第一，它可能反映了财产价值的全面下降，国家、地区或当地经济条件的全面恶化，全体居民收入下降或商业以及工业大规模外迁；第二，它可能是财产所有者财产税违约或评估低效性导致的后果；第三，它可能是销售者或所得税纳税者将其经营中心迁移至其他辖区的结果；最后，它也可能是由于房屋所有者故意违约造成的，因为他们意识到短期违约处罚低于短期银行存款利息，因此短期违约成为一种经济的短期借款手段，同样，所得税纳税者也可能故意拖欠税金。

二、评价

根据州法律和自治条例，地方政府只能以财产税、销售税或个人所得税作为一般预算收入的主要来源。几乎所有的 FTMS 使用者都应用本监控因子。假如财产税、销售税和所得税占政府收入的绝大部分，应特别关注本监控因子的任何变化并寻找产生变化的原因。当使用本监控因子时，如有可能，应分税种单独进行说明，并同时应用定值和现值来说明通货膨胀对税收的影响。

三、分析建议

如果出现警示性趋势，请辨析其原因（为什么会出现?），评估其重要性（是否重要?）并确定行动策略（能够做什么?）。以下是建议分析点：

- 恶化的经济环境是否已经导致财产市值下降、销售额下降或居民总收入水平下降？在居民、商业和工业部门中，哪个已经出现衰退？能否提出增加可征税财产市值、商业销售额和社区收入水平的经济发展计划？见监控因子 31（人均收入）、监控因子 33（财产价值）、监控因子 38（就业基础）、监控因子 39（企业活动）；
- 就财产税而言，评估财产价值或等级占市值的比重是否下降。如果下降，是由于低效的评估系统还是由于再评估不够及时引起的？在不增加财产所有者不合理负担基础上，评估财产价值能否增加。财产税逾期现象是否增加？见监控因子 7（未征集财产税）；
- 非征税财产比重是否增加？这是由政府自身财产比重增加引起的，还是由于其他免税条款，或者是出于吸引或挽留商业的目的而设计的税收激励政策？财产税下降是否由商业销售税或个人所得税增加而得到补偿？长期而言，这些吸引或挽留商业的激励措施是否有益？
- 对销售税而言，本社区销售税课税水平是否鼓励消费者到其他社区进行购物？批发商是否在其他辖区重新寻找营业地点或其他辖区的批发商是否正在吸引本地区的消费者？批发商是否准确报告了所有从本社区代扣代缴的消费税？
- 对所得税而言，所有地方政府所得税条款是否得到了遵守？是否有些公司或个人通过一些人为规定来逃避所得税？所得税课税是否迫使高收入者离开本社区？

四、进一步的分析建议

对财产税，无论是增加还是下降，都应在所选定的分析期间内，分别按财产税类别（不动产/个人）和等级（见监控因子 33［财产价值——居民、商业和工业］）作表格进行说明，它有助于分析哪一部分发生了变化。为评估其变化的影响力，需要计算财产税收入变化率（［当年 − 以前年度］/以前年度）并作图进行分析。最后，可以利用附录 3 财政影响分析方法来预测未来几年的财产税收入。

对销售税，无论上升还是下降，同样需要在选定的分析期间内，分别按照本辖区内收集的销售税种类（零售、商业、服务、汽车销售等）和地理区域作表格进行说明。同样需要计算销售税变化率并预测未来销售税收入情况。

对所得税，同样需要在选定时间内，按照税收种类（个人，商业，工业，服务业等）和类似的地理区域作表格进行说明，并计算税收变化率和预测未来所得税收入情况。

五、政策建议

政策应标明建议税收增加水平和税收增加程序。以下政策可以帮助地方政府官员将本监控因子同财政决策相关联：

- 维持良好的估价程序以保持财产流动性。财产应按照完全市值的__%进行评估；
- 财产税收入每年实际增长应不超过__%；
- 至少__年内，对所有财产评估一轮；
- 应监控销售税变化情况，以确保消费者不会因避税而到其他社区进行消费；
- 同样应监控所得税变化情况，以保证居民不会因避税而迁移到其他社区居住；
- 销售税和所得税应定期进行审计。

监控因子 6

税收收入

警示性趋势：
税收收入降低（定值）

公式：
税收收入（定值）

表 9

序号	概述	数据来源	财政年度数据				
			第一年	第二年	第三年	第四年	第五年
1	税收收入	附录 A，附表 3，行 1					
2	当地消费物价指数（CPI）	劳动部统计数字					
3	CPI 百分比	行 2/100					
4	税收收入（定值）	行 2/行 3					

注：变化率同样可以计算并进行作图分析（当前－以前年度）/以前年度。

注：使用本工作表列出监控因子分析所需数据；
按照行手工绘制工作图，或利用计算机表格程序收集数据并作图。

第7节

未征集财产税

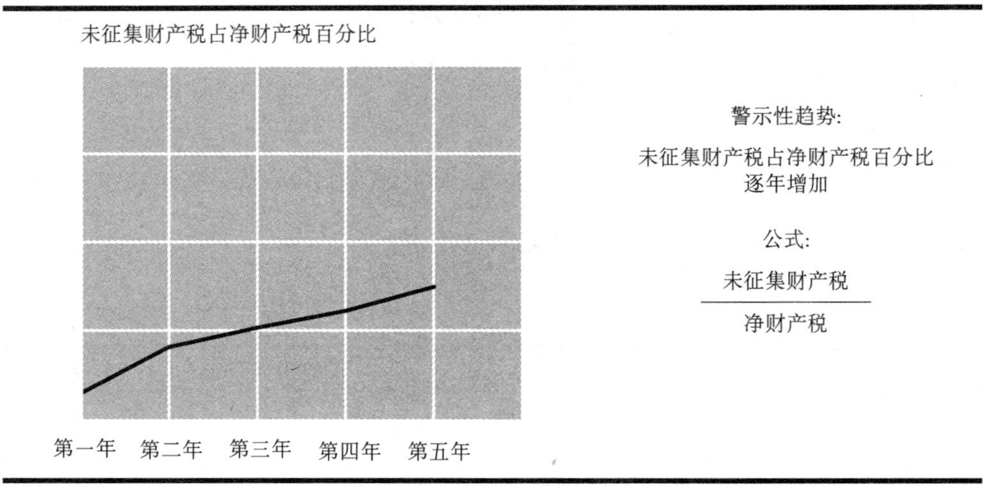

图13 未征集财产税变化

一、概述

每年都有一定数量的财产所有者不能缴纳财产税。假如这个比例不断上升，表明当地经济条件不断恶化。同时，伴随未征集财产税上升，流动性下降，地方政府所掌握的用来支付账单或进行投资的现金会更少。

二、评价

财政趋势监控系统（FTMS）使用者反馈表明本监控因子很重要。政府财政官员协会（GFOA）同样对本监控因子给予了很高评价。标准普尔集团分析财产税管理质量时，就部分参照未征集财产税水平。最后，10年内未征集财产税是很多地方政府年度综合财政报告（CAFR）统计数据中的一部分。

如果数据许可，FTMS使用者希望延伸该监控因子进行10年分析。当对该监控因子作图进行分析时，可以参照信用评级行业基准警示曲线进行比较。假如财产税不是地方政府的主要收入，可以跳过本监控因子或按本地政府的主要税收来源进行分析。

三、信用行业基准

信用评级公司一般假定地方政府在税收截止年限内有2%—3%的未征集财产税是正常的。假如未征集财产税比例超过8%，信用评级公司认为这是一个消极因子，因为它表明财产税税基存在潜在的不稳定性。逾期率在2年内连续上升同样被认为是一个消极因子。

四、分析建议

如果出现警示性趋势，请辨析其原因（为什么会出现?），评估其重要性（是否重要?）并确定行动策略（能够做什么?）。以下是建议分析点：

- 总体经济环境恶化是否影响了纳税者的支付能力？是否有越来越多的低收入或固定收入财产所有者陷入纳税困难中？有选择权的分期付款是否减轻了一两个大额支付对他们的影响?
- 地方政府扣押财产比例是否正在上升？财产税重建计划是否启动？在经济上原始用途不再可行的财产是否得到了重新开发利用?
- 财产税征集手段是否足够？尤其是对逾期未征集财产税。
- 未征集财产税比率是否比预期要高?
- 财产税逾期惩罚是否同银行贷款基准利率或其他短期借款利率相结合，以避免将财产税逾期作为短期借款手段？逾期惩罚是否足够严厉以阻止人们尝试这种行为?
- 财产税最后缴纳截止期限和取消财产赎回权留质期限之间的时间，是否足够短以鼓励人们按时缴税?

五、进一步的分析建议

如果未征集财产税比例上升，就需要进一步调查哪一级财产所有者未及时纳税；是不是商业、工业和居住财产未征集财产税上升？是不是某些地区的状况要比另外一些地区严重？是不是某类人群有更大的麻烦？例如，假如调查表明未征集财产税高度集中在低收入老人群体，就需要审查税收救济措施的可能性，以允许他们延期到能够从财产处置中支付时，再支付税款。

六、政策建议

政策既可以建议可接受的未征集财产税水平，也可以建议合理化征收财产税措施。以下政策可以帮助地方官员将本监控因子同其财政决策相关联：

- 年度未征集财产税比率不允许超过______%；
- 地方政府应采取积极的财产税征收政策。

监控因子 7

未征集财产税

警示性趋势：
未征集财产税占净财产税百分比逐年增加

公式：

$$\frac{\text{未征集财产税}}{\text{净财产税}}$$

表 10

序号	概述	数据来源	财政年度数据				
			第一年	第二年	第三年	第四年	第五年
1	总财产税（全部）	纳税者记录①					
2	财产税免除条款	纳税者记录①					
3	财产税减税条款	纳税者记录①					
4	其他财产税减免条款	纳税者记录①					
5	净财产税	行1－行2－行3－行4					
6	未征集财产税	纳税者记录①					
7	未征集财产税/净财产税	行5/行6					

注：使用本工作表列出监控因子分析所需数据；
按照行手工绘制工作图，或利用计算机表格程序收集数据并作图。

① 这部分数据来源于税收征收机构记录。在某些地方政府中，总财产税和净财产税是相同的，但大部分地方政府在技术处理上有非应税财产并附有财产税纳税人减免条款。同时，地方政府还有各种税收保全措施，以及对低收入者、固定收入纳税者、老年人纳税者和其他特殊阶层纳税者的税收减免措施。

第 8 节

使用费收入保证率

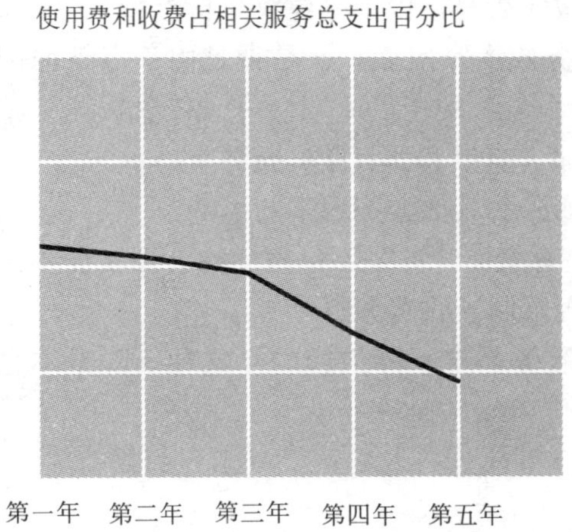

警示性趋势:

使用费收入占相关服务总支出百分比
不断降低

公式:

$$\frac{\text{使用费和收费收入}}{\text{相关服务支出}}$$

图 14　使用费收入保证率变化

一、概述

“使用费收入保证率”是指用使用费或收费来弥补提供某项服务成本的百分比。本监控因子只包括普通基金项目（如娱乐或检测服务）而不包括企业化服务项目，它们在监控因子 16（企业基金营运状况）中进行讨论。如果使用者收费能弥补全部成本，保证率就是 100%；如果只能弥补一半成本，保证率就是 50%。随着保证率下降，使用其他收入来支撑服务的可能性也随之增大。一般而言由于地方政府会计系统没有成本会计，因此，通货膨胀和其他因子很容易在不注意的情况下侵蚀使用费收入保证率。

二、评价

财政趋势监控系统（FTMS）使用者反馈表明本监控因子很重要。很多地方官员发现本监控因子特别能够反映通货膨胀调整后，原本全部或部分由使用费弥补其成本的服务，普通基金正越来越增加其支付比例。本监控因子的准确性取决于是否能够清楚地辨析所有同使用费支持服务有关的成本——无论是直接的还是间接的。为了准确地反映所有成本，见“地方政府服务成本”（附录 C）。同总服务成本一样，FTMS 使用者同时也希望计算出每项服务中使用费弥补成本的比重。

三、分析建议

如果出现警示性趋势，请辨析其原因（为什么会出现?）、评估其重要性（是否重要?）并确定行动策略（能够做什么?）。以下是建议分析点：

● 使用费和收费是否低于相关服务成本？假如是，是否是由于以下原因造成的：

→ 当设定费率时，是否考虑了全部（直接和非直接）成本?

→ 收费是不是经常没有考虑通货膨胀和其他经济因素的影响?

→ 不弥补 100% 的服务成本是不是有意而为？是不是由于社会因素而不能增加收费？州法律及其他法律是否限制了收费调整?

● 使用费保证率下降是不是由于服务需求下降引起的？这种下降是不是由于以下原因造成的：

→ 服务需求的降低；

→ 提供服务数量的下降；

→ 使用费和收费增加；

→ 市场营销不足。

● 成本控制及收费征收系统是否有效?

四、进一步的分析建议

如果总使用费收入保证率下降了，应进一步分析每项具体收费服务以明确其下降的原因。在城市地区增加税收经常受到种种限制，转向增加使用费也可以增加额外收入，且受到的阻力要小得多。因此，联合使用本监控因子来检查使用费增长的新空间，将会是非常有用的。附录 C 服务成本估算部分会帮助我们分析使用费收入增长的潜在空间。同时，也可以进行非居民收费情况分析，因为它们使用了政府提供的服务。

使用费对低收入者的影响是另一个值得研究的领域。

五、政策建议

政策既可以建议要求的使用费保证率水平，也可以建议将来保证率分析程序，以下政策可以帮助地方政府官员将本监控因子同财政决策相关联：

● 对每一项与使用费或收费有关的服务，都要设定一个特定的成本（含直接和间接成本）保证率（如 50%、70%、100%）。同时，应设定相应的收费水平保证该比率；

- 每一年都要对使用费支持服务的全部成本进行重新计算，以确定通货膨胀或其他成本增长因素的影响；
- 无论有无政府管理机构审核，每年都要根据成本增加或减少，自动对使用费保证率进行重新校订。可以参照附录 B 加利福尼亚州圣路易斯奥比斯波县娱乐和停车收费政策。

监控因子 8

使用收费收入保证率

警示性趋势：
使用费收入占相关服务总支出比重不断下降

公式：

$$\frac{\text{使用费和收费收入}}{\text{相关服务支出}}$$

表 11

序号	概述	数据来源	财政年度数据				
			第一年	第二年	第三年	第四年	第五年
1	使用费收入	附录 A，附表 3，行 2					
2	相关服务支出	附录 A，附表 4，行 16					
3	使用费收入/相关服务支出	行 1/行 2					

注：对营运预算中重要部分的单项收费，都可以进行单独分析。

注：使用本工作表列出监控因子分析所需数据；
按照行手工绘制工作图，或利用计算机表格程序收集数据并作图。

第 9 节

收入亏空或盈余

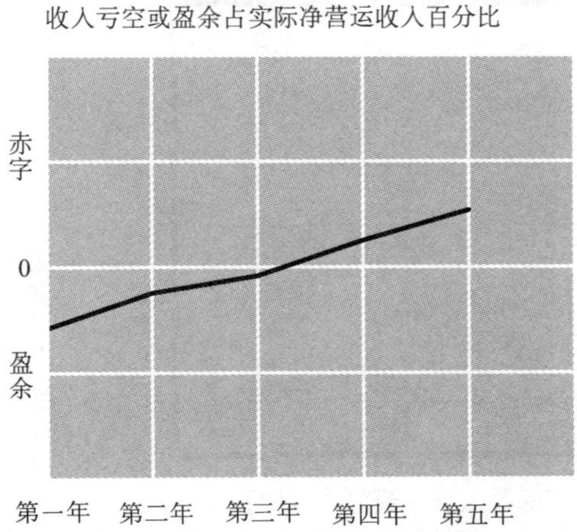

警示性趋势:

收入亏空或盈余占实际净营运收入百分比逐年增加

公式:

$$\frac{\text{收入亏空或盈余}}{\text{净营运收入}}$$

图 15　收入亏空或盈余变化

一、概述

本监控因子用于检测估算收入同年度实际收入之间的差异。在某些情况下，出现收入亏空或盈余是由于地方政府在执行预算过程中，对实施新服务项目或重要业务流程改变没有相应修改收入预算造成的。年复一年地出现差异说明经济波动和预测技术的不准确性。收入亏空可能意味着收入征收环节低效，也可能是由于政治压力高估收入而造成的。假如收入亏空次数不断增加或数额不断扩大，应当对每项收入进行详细分析以明确亏空来源。

二、评价

大部分财政趋势监控系统（FTMS）使用者使用本因子。应注意的是，当经济环境出现变化警示时，年度收入预算也要进行相应修改。若非如此，收入亏空或盈余将毫无意义。标准普尔集团衡量地方政府财政管理质量的标准之一就是将原始财政预测结果同实际执行结果相比较。预算和实际执行之间的差额表明了按照时间序列进行财政计划管理的能力。

解析本监控因子图示有些棘手。如趋势图所示，收入亏空位于横坐标上方，收入盈余位于横坐标下方。因此，可能有些难以理解靠近横坐标或轻微在横坐标下方的反而是积极信号。有些 FTMS 使用者简化了该监控因子，使用柱型图（见图 16）来表示收入赤字或盈余，数据来源见数据工作表。尽管这种处理方法排除了某些可能的分析结果（因为没有计算收入亏空占净营运收入的百分比），但非专业人士可能会觉得使用柱型图进行分析更容易理解。

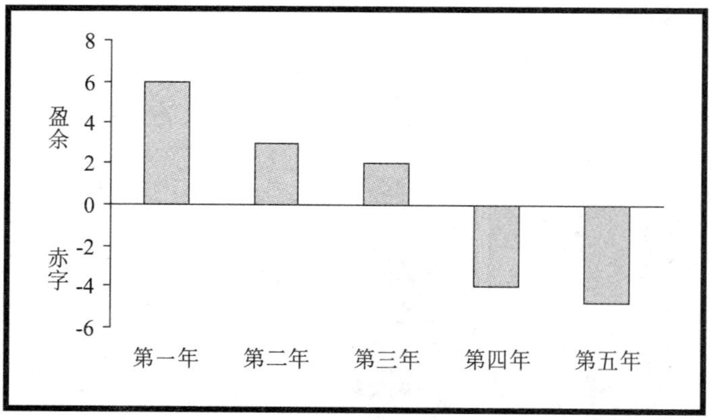

图 16　收入盈余和赤字（实际收入数 – 预算收入数）

三、分析建议

如果出现警示性趋势，请辨析其原因（为什么会出现?），评估其重要性（是否重要?）并确定行动策略（能够做什么?）。以下是建议分析点：

- 这种趋势是不是由于收入基础恶化引起的?
- 它是由于区域或全国性经济衰退还是单独由于地区性趋势导致的问题?问题可以分清吗? 见监控因子 1（人均财政收入）;
- 这种趋势是源于联邦或州政府动议吗?
- 这种趋势是否是由于预测程序低效引起的? 以下步骤是否可以进一步提高预测的准确性:

→ 集中做好部门收入预测的前期准备工作;

→ 收集每项收入的历史数据;

→ 利用地区或州部门来提高用于进行收入预测的经济假设的合理性。

- 收入征收和应收账款程序是否恰当? 见监控因子 18（流动性）;
- 为平衡预算，收入预测是否过于乐观，或过于谨慎?

四、进一步的分析建议

如果收入亏空或赤字在次数上和数量上不断增加，应当对每项收入作细节分析来明确其差额来源。同时，参考附录C收入和支出预测，在此可以找到收入预测程序调整的建议。

五、政策建议

政策可以建议收入预测程序以及收入赤字或盈余调整的程序。以下政策可以帮助地方官员将本监控因子同其财政决策相关联：

- 所有收入预测应持审慎态度；
- 预算收入同实际收入之间的比较的日常报告应由______（如财政主管或主管会计）准备并向______（如市政主管或市议会）报告。

监控因子 9

收入亏空或盈余

警示性趋势：
收入亏空或盈余占实际净营运收入百分比逐年增加

公式：

$$\frac{\text{收入亏空或盈余}}{\text{净营运收入}}$$

表 12

序号	概述	数据来源	财政年度数据				
			第一年	第二年	第三年	第四年	第五年
1	实际净运行收入	附录 A，附表 3，行 13					
2	预算净运行收入	附录 A，附表 3，行 17					
3	收入亏空或盈余	行 2 – 行 1					
4	收入亏空或盈余/实际净营运收入	行 3/行 1					

注：为了更准确地比较预算和实际收入，应按照实际收入组别对预算收入进行重新分组，这样也可以同时获得净营运收入。要确保附录 A 中数据工作表 3 中预算收入项目类别同实际收入类别一致，同时也要确保使用原始的预算数据，不要做任何调整。

注：使用本工作表列出监控因子分析所需数据；
按照行手工绘制工作图，或利用计算机表格程序收集数据并作图。

第二章
支　出

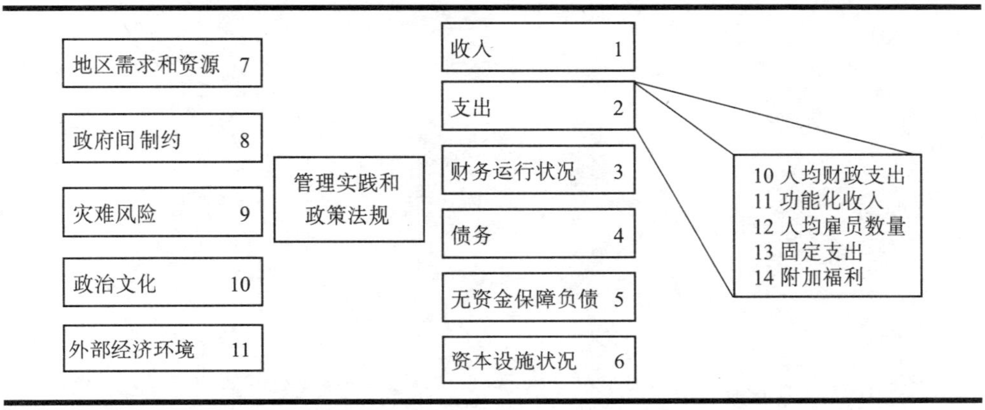

图 17　支出监控因子

支出是衡量地方政府服务总量的刚性指标。一般来说，地方政府支出越大（定值），它所能够提供的服务量也就越大（这个推理没有考虑政府服务本身的有效性和提供服务的效率因素）。为判断政府是否量入为出，首先要考虑的因素就是其支出增长率。

由于绝大部分地方政府法律规定预算平衡，因此，支出增长率超过收入增长率似乎是不可能的。毫无疑问，年度预算是可以用某些隐晦手段达到平衡的，但这些方法会造成未来支出和潜在负债增长超过收入增长，造成长期预算的不平衡。其常用的手段有借款、使用备用金、发行债券支付营运费用或预支政府间补助资金。其他的手段有将维修支出转借到资本市场、推迟未来负债的资金准备计划，例如养老金计划等等。在这些情况下，年度预算仍然可以平衡，但会造成长期预算存在赤字。尽管长期预算可以通过一些意外收入，如州政府补助或由于通货膨胀而带来收入激增来平衡预算，但允许此类预算赤字的存在是非常危险的。

第二个要考虑的问题是支出弹性。支出弹性，是在考虑法定支出和固定成本支出的基础上，政府根据环境变化而调整服务水平的自由度。理想条件下，政府支出增长速度不应超过收入增长速度，这样地方政府就具有调节支出的最大弹性。一些法定支出增长，如偿债支出、配套资金和养老金支出，会大大降低政府调节支出的能力。

分析地方政府支出数据概况可以帮助我们辨析以下问题：

- 同收入或地区财富（个人和企业收益）增长相比，总支出是否过快增长；
- 固定支出的意外增长；
- 预算控制的低效性；
- 人员效率下降；
- 未来负债的项目过快增长。

图 17 所示财政监控因子可以用于监控支出的变化情况。这五个财政监控因子将在以下章节进行逐一介绍。

第 10 节

人均财政支出

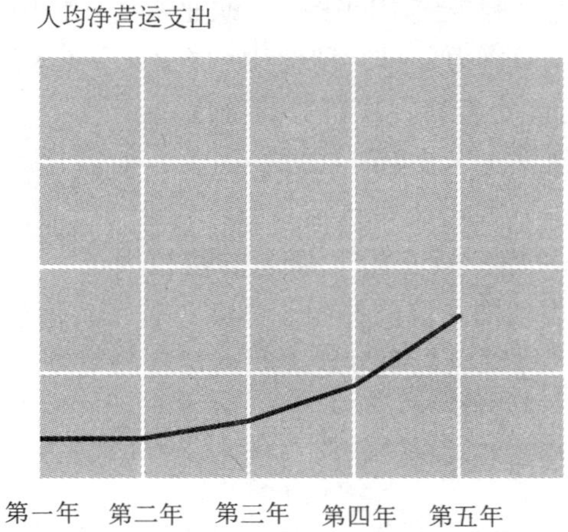

警示性趋势:

人均净营运支出不断上升(定值)

公式:

$$\frac{\text{净营运支出(定值)}}{\text{人口}}$$

图 18　人均财政支出变化

一、概述

人均财政支出变化反映出相对于人口变化而变化的支出。人均财政支出增长表明地方政府提供服务的成本越来越超过地区的支付能力，特别是当人均财政支出大于居民收入增长速度时。从另一方面来看，假如人均财政支出增加不是由于通货膨胀或新附加服务引起的，那么，它就表明政府服务效率的下降，也就是说，政府提供了相同的服务，但同以前相比支付了更高的成本。

在某些地方政府中，人口数量可能不是该监控因子的最佳分母。地方政府会发现家庭数、经评估的财产价值和就业基础数量，可能比人口数更适合作为本监控因子的衡量标准。短期内，某个已基本完善其住房的地区，随着原始居民年龄增长（从抚养幼子的父母到“空巢”老人）其人口数量可能下降，但对街道维护、消防等社区服务的需求不会降低。在这种情况之下，家庭数量就会是一个更好的衡量标准。在某些地区，就业日益增长，带动了对服务需求的增加，但人口却可能保持不变。在这种情况下，经评估的财产价值或就业基础可能是一个更有意义的分母。一个职业的财政分析师应根据本地区实际情况来决定哪一个是最有效的衡量标准。

二、评价

财政趋势监控系统使用者反馈表明本监控因子有效。但是，每个地区必须根据本地区实际情况来决定最有效的衡量标准。可以使用家庭数、经评估财产价值或就业基础作为计算标准。在很多辖区内，总体人口数下降了，但由于更小家庭单元的出现，家庭数或就业基础可以保持稳定甚至有可能增加。由于很多地方政府的服务是基于家庭或就业基础，因此将服务成本同家庭、就业或经评估财产价值相挂钩是更符合逻辑的。假如选择人口作为分母，请使用“/千人”（人口数/1000）代替“/人”为单位。这样，可能更容易发现趋势的变化。

在增长乏力的地区，当地政府对预算支出要格外注意，因此，他们分析该监控因子时非常尽心。

人均财政支出是第一个涉及使用“净营运支出”概念的监控因子，其基本内涵同以前使用的“净营运收入”基本相同。该监控因子作图过程中，应包括2条曲线——一条现值，另一条定值，这样可以更明显地表明通货膨胀对支出的影响情况。

三、分析建议

如果出现警示性趋势，请辨析其原因（为什么会出现?），评估其重要性（是否重要?）并确定行动策略（能够做什么?）。以下是建议分析点：

- 人均财政支出增加是由于现行服务还是新附加服务造成的？是否有相应新增加收入支付增加成本？是否可以新设或增加使用费来支持这些服务？如果不能，是否可以削减这些服务？见监控因子11（功能化支出）；
- 如果人均财政支出增加不是由于新增服务引起的，是否是由于人员效率或服务效率下降引起的？管理实践变革或技术进步能否解决这个问题？
- 人均财政支出增加是由于固定支出增加，还是由于某些事务性支出增加引起的？一般而言，事务性增加可以在地方政府控制范围之内。见监控因子13（固定支出）；
- 人均财政支出增加是由于一些目前有充足资本支持且将来也可以有足够资本支持的外部项目引起的，还是由于一些仅仅目前有资金支持而将来可能需要当地政府提供资金的外部项目引起的？在第二种情况下，这些项目将来如何筹集资金？
- 人均财政支持是否是由于规定服务引起的？颁布实施规定服务的上级政府是否负责提供资金支持？
- 人均财政支出是否是由于负债支持的固定资产建设而引起的？通常，这意味着偿债支出负担将持续很多年。偿债支出和新建设施的运行成本是否加重未来财政负担？见债务监控因子19－22；

- 人均财政支出是否快于人均财政收入增长？这种增长是否降低了地方政府的支付能力？基金余额或政府储备是否用于平衡预算？见监控因子 15（营运赤字或盈余）；
- 人均财政支出增加是否快于人均收入或公司营业额增长？这种增长是否侵蚀了公民及公司支付税赋的能力？见监控因子 31（个人收入）以及监控因子 39（企业活动）。
- 下列措施能否减少政府财政支出？

→ 合并服务以取得规模经济效应；

→ 交叉培训员工以减少重复劳动和无效时间；

→ 进行成本分析后，外包服务或由咨询专家及专业机构来代替全职专业技术人员；

→ 使用更高效的管理手段、信息系统及技术；

→ 向其他层次政府转移部分职能；

→ 削减已不必要的服务项目；

→ 联合其他辖区建立互助储备基金，对剩余资金进行投资；

→ 同其他地区一起，实施互助、多边服务或联合购买协议等项目。

四、进一步的分析建议

类似于分析人均财政收入，分析人均财政支出首先应注意总财政支出，然后注意各单项支出变化情况。支出可以按照基金（如一般预算基金、特别收入基金）、功能（公共安全、消防）或组织单位（人事部门、公共事务部门）进行分类分析。监控因子 11 给出了关于这些分类的更多细节分析。

五、政策建议

在监控财政支出方面可以提出一些政策。以下政策可以帮助地方官员将该监控因子同财政决策相关联：

- 实际收入、支出同预算情况的比较报告应定期提交；
- 如有可能，绩效评价和效率因素应引入预算过程。

监控因子 10

人均财政支出

警示性趋势：
人均净营运支出不断增加（定值）

公式：

$$\frac{\text{净营运支出（定值）}}{\text{人口}}$$

表 13

序号	概述	数据来源	财政年度数据				
			第一年	第二年	第三年	第四年	第五年
1	净营运支出	附录 A，附表 4，行 11					
2	当地消费物价指数（CPI）	劳动部统计数字					
3	CPI 百分比	行 2/100					
4	净营运支出（定值）	行 1/行 3					
5	人口或其他标准	附录 A，附表 8，行 1					
6	人均净营运支出（定值）	行 4/行 5					

注：使用本工作表列出监控因子分析所需数据；
按照行手工绘制工作图，或利用计算机表格程序收集数据并作图。

第 11 节

功能化支出

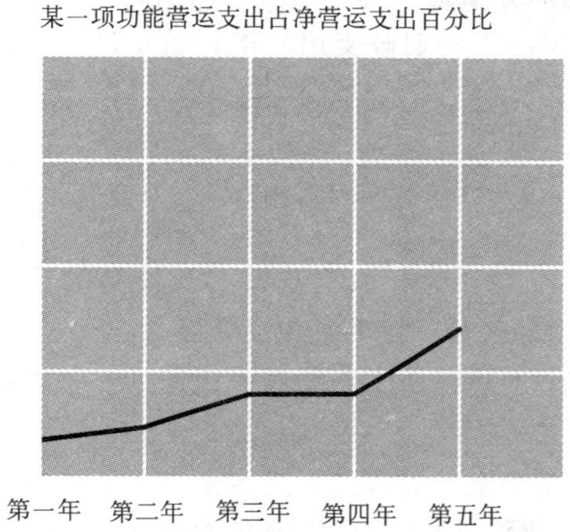

警示性趋势：

某一项功能营运支出占净营运支出百分比逐年增加

公式：

$$\frac{\text{某一项功能营运支出}}{\text{净营运支出}}$$

图 19　功能化支出变化

一、概述

功能化支出能够发现地方政府某一方面更多的资金支出细节。财政趋势监控系统（FTMS）使用者希望使用本监控因子对因子 10（人均财政支出）进行更深入分析。功能化支出信息可以在年度综合财政报告（CAFR）中查到。一般情况下，报告附表中地方政府普通基金可以分为以下几类：

- 一般和行政服务；
- 司法；
- 高速公路和道路；
- 公共安全；
- 健康和福利；
- 退休金；
- 政府间支出；
- 偿债支出。

功能化支出可以帮助分析政府支出不断增加的原因。

二、评价

财政趋势监控系统（FTMS）使用者反馈表明本监控因子很有效。该监控因子通常是趋势监控作用中最受欢迎的数据报表之一。每项功能支出占总支出的相对比重通常可以帮助使用者分析总支出增加的原因。标准普尔集团则按照收入模式内容来审查支出结构和稳定性。这个监控因子可以很容易扩展到 10 年分析，因为大部分年度综合财政报告统计部分数据表通常都有该监控因子的 10 年数据。本监控因子使用者可以参照监控因子 10（人均财政支出）的评价，进一步理解本监控因子的重要性。

三、分析建议

如果出现警示性趋势，请辨析其原因（为什么会出现?），评估其重要性（是否重要?）并确定行动策略（能够做什么?）。以下是建议分析点：

- 功能性支出增加是由于服务量增加还是由于新增服务引起的？是否有新的收入支持服务增加？
- 如果功能性支出增加不是由于新增服务引起的，是否是由于人员生产效率或服务效率降低引起的？管理手段革新和技术进步是否能够解决这些问题？
- 功能性支出增加是否是由于外部项目引起的？将来，它们的资金来源是否可以持续？
- 功能性支出增加是否是由于规定服务增加而引起的？是否具备替代资金来源？
- 在不显著降低服务水平的前提下，是否存在降低支出的替代方案（见监控因子 10 分析建议部分）？

填完本监控因子的数据工作表后，作图比较其增加或减少的情况。图 20 的饼形图可以使分析更容易理解。

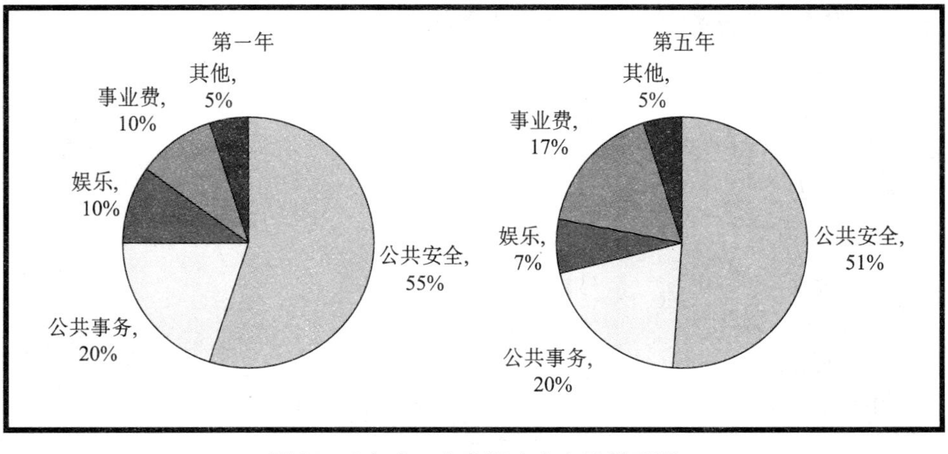

图 20　5 年内，净营运支出变动饼形图

四、进一步的分析建议

另一个分析功能化支出数据的方法是计算每项功能支出在前后两年内的增长变动情况。这可以表明哪一项功能支出得到了最大比例增长，并有助于提出更进一步的分析建议。有些地方政府有专门增加某一特定功能服务的政策，如增加公共安全、停车或娱乐等服务水平，这些都会在进一步分析中体现出来。

五、政策建议

同监控因子 10 一样，可以就监控功能化支出过程方面提出建议。以下政策可以帮助地方官员将本监控因子同当地实际情况相关联：

- 支出（定值）水平应在______，______和______方面保持稳定。在______和______方面服务水平增加会导致相应功能支出增加（定值）。

监控因子 11

功能化支出

警示性趋势：
某项功能营运支出占净营运支出百分比逐年增加

公式：

$$\frac{\text{某项功能营运支出}}{\text{净营运支出}}$$

表 14

序号	概述	数据来源	财政年度数据				
			第一年	第二年	第三年	第四年	第五年
1	普通和行政服务支出	附录 A，附表 4，行 17					
2	总净营运支出	附录 A，附表 4，行 11					
3	普通和行政服务支出占总净运行支出百分比	行 1/行 2					

注：对每项希望分析的功能支出都可以单独列表分析。功能分类通常在 CAFR 普通基金中列明，包括一般和行政服务支出、司法支出、高速公路和道路支出、公共安全支出、健康和福利支出、退休金支出、政府间支出和偿债支出。

注：使用本工作表列出监控因子分析所需数据；
按照行手工绘制工作图，或利用计算机表格程序收集数据并作图。

第 12 节

人均政府雇员

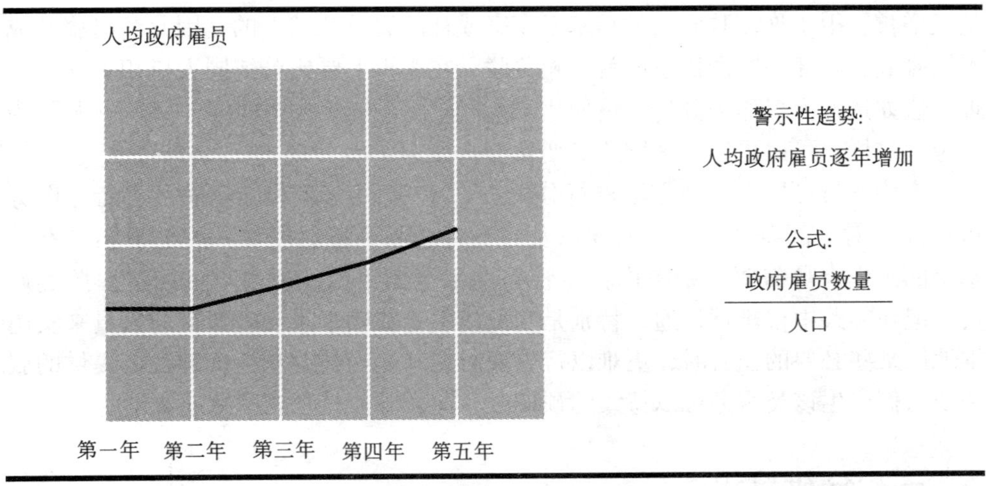

图 21　人均政府雇员变化

一、概述

由于人员支出是地方政府营运预算中的重要组成部分，因此，按时间顺序观察人均雇员的数量变化就成为一个衡量支出变化的好方法。人均雇员增加可能意味着支出的增长速度快于收入、政府正变得越来越臃肿或员工效率正在下降。

在有些地方政府中，人口数量可能不是该监控因子的最佳分母。地方政府会发现家庭数、经评估的财产价值和就业基础数量，可能比人口数更适合作为本监控因子的衡量标准。短期内，某个已基本完善其住房的地区，随着原始居民年龄增长（从抚养幼子的父母到“空巢”老人）其人口数量可能下降，但对街道维护、消防等社区服务的需求不会降低。在这种情况之下，家庭数量就是一个更好的衡量标准。在某些地区，就业日益增长，带动了对服务需求的增加，但人口却可能保持不变。在这种情况下，经评估的财产价值或就业基础可能是一个更有意义的分母。一个职业的财政分析师应根据本地区实际情况来决定哪一个是最有效的衡量标准。

二、评价

财政趋势监控系统（FTMS）使用者反馈表明该监控因子有效，然而，反馈也表明根据每个地区的特殊情况来选择适合本监控因子的最佳分母非常重要。可以使用家庭、经评估财产价值或就业作为分母来计算本监控因子。在许多辖区内，人口可能下降，但家庭及就业数量可能由于更小家庭单位的出现而保持不变甚至增长。由于许多政府服务是基于家庭或社区雇员基础上的，因此，将服务成本同家庭、经评估财产价值或就业相关联，在逻辑上要比单纯同人口相关联更合理。假如选择人口作为分母，请使用“/千人”（人口数/1000）代替“/人”为单位。这样，可以更容易区别趋势变化。

人均雇员可以有2种方法进行分析：（1）只对全职和固定雇员进行作图分析；（2）对全部雇员（包括兼职以及各类补助基金雇佣职位）作图分析。补助基金的工作人员需要特别考虑：尽管补助基金撤销后，理论上可以解雇此类雇员，但在实践中很难行得通，特别是当部门主管依赖于州或联邦资助人员来实施本地区某些必要的项目时，更难以行得通。尤其是当补助基金资助人员提供的服务使人们产生该类服务可以持续的预期时，此类服务是很难削减或取消的。

三、分析建议

如果出现警示性趋势，请辨析其原因（为什么会出现?），评估其重要性（是否重要?）并确定行动策略（能够做什么?）。以下是建议分析点：

- 人员效率是否下降？能否采取一些评估和提高效率的措施？
- 撤销补助基金是否会导致由地方政府支付以前由补助基金提供资金支持的雇员薪金？如果没有，这种情况将来是否可能发生？
- 社区的人口特征是否发生变化，从而迫使政府提供更高的服务水平？见监控因子28—30。

四、进一步的分析建议

地方政府的雇员总趋势分析可能掩盖很多潜在的问题。例如，当政府总工作人员保持不变或轻微下降时，实际上它可能上升了。例如，公共安全部门雇员上升，公共事务部门职员下降，看起来人员净数量没有发生变化，但假如公共事务部门工作外包出去了，政府实际上是间接雇佣了额外人员。附加分析可以区别此类问题：

（1）按部门或服务领域分别检验雇员结构变化情况；

（2）当政府雇员下降时，检测是否是由于外包服务而使私人公司代替了部分政府雇员。

监控因子 12

人均政府雇员

警示性趋势：
人均政府雇员数量逐年增加

公式：

$$\frac{\text{政府雇员数量}}{\text{总人口}}$$

表 15

序号	概述	数据来源	财政年度数据				
			第一年	第二年	第三年	第四年	第五年
1	政府雇员数量	附录 A，附表 4，行 12					
2	人口或其他标准	附录 A，附表 8，行 1					
3	人均政府雇员	行 1/行 2					

注：使用本工作表列出监控因子分析所需数据；
按照行手工绘制工作图，或利用计算机表格程序收集数据并作图。

第 13 节

固定支出

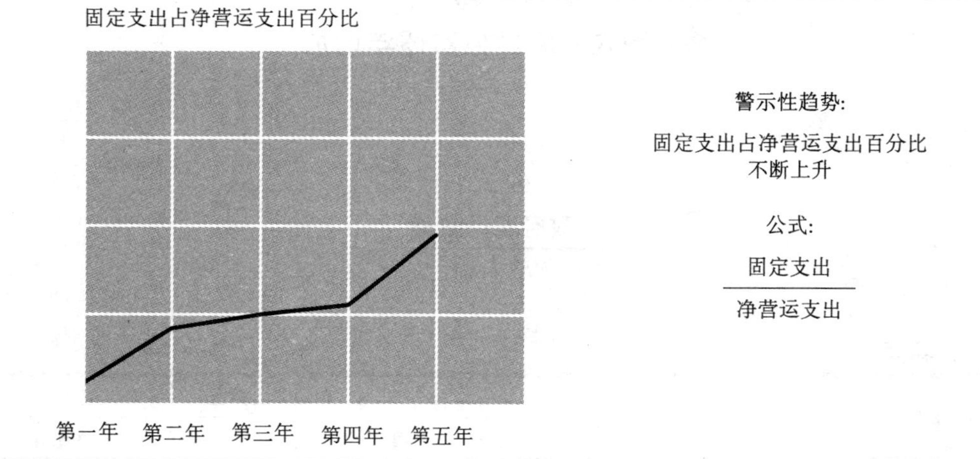

图 22　固定支出变化

一、概述

每个地方政府营运支出中都有部分法定支出和固定支出，短期内地方政府官员无法控制这些支出，它包括地方政府的法定支出（如偿债支出和养老金红利）以及由上级政府规定的支出（如污水处理设施费用）。见监控因子 40 政府间命令行为。

固定支出水平越高，地方政府根据经济运行状况调整支出的自由度越低。固定支出在财政紧缩期间会变得尤为突出，因为法定支出，如偿债支出，通常不受服务水平降低的影响。

二、评价

财政趋势监控系统（FTMS）使用者反馈表明本监控因子有效。该监控因子的使用准确程度取决于在年度预算中区别所有固定支出的能力。尽管附录 A 数据工作表 5 给出了一些应用指南，简单说明了哪些支出项目包括在本监控因子中，但仍需要制定一些额外的经验法则（如，“为分析起见，所有一年内选举官员不能削减10%的支出均被定义为固定支出”)，来帮助确定那些模棱两可的“固定支出”。

三、分析建议

如果出现警示性趋势，请辨析其原因（为什么会出现?），评估其重要性（是否重要?）并确定行动策略（能够做什么?）。以下是建议分析点：

- 如果固定支出是由其他政府或机构命令行为引起的，其资金来源是否由下达提供服务命令的政府提供？该服务的水平和数量能否削减？
- 对提供资金来源的外部命令服务，是否所有补偿性费用（包括日常性开支）都能够按实际成本报账？
- 固定服务的资金来源是否减少，或不能跟上通货膨胀及其他成本增长的速度？
- 固定支出增长是否是由于偿债支出增加而引起的？上期债券是否即将付完，从而降低固定支出？偿债支出计划能否通过长期再融资计划进行调整？见监控因子21（偿债支出）；
- 固定支出增加是由于前任政府作出的现任政府无力改变的决策（如负债）造成的，还是由于现任政府作出、对将来有影响的年度决策造成的？
- 如果固定支出增加是由于以前决策造成的，那么这些决策所有的现在及将来的隐含成本是否清楚？是否有这些成本的融资计划？所有会造成政府未来支出的新决策是否进行了类似分析？

四、进一步的分析建议

无论是固定支出增加还是减少，都是要进一步进行分析的信号。例如，如果地方政府推迟为急需的资本性工程发行新债，那么当老债务偿付完毕后，偿债支出引起的固定支出就会下降，这看起来像一个积极信号。但如果用于发行新债的资金被挪作营运支出，那么按计划发行新债将非常困难。因此，任何固定支出减少都应进行仔细研究，以确保没有延迟任何重要事项。

五、政策建议

可以在分析未来固定支出过程方面提出政策建议。以下政策可以帮助地方政府官员将本监控因子同财政决策相关联：

- 在政府执行任何可能产生固定支出的协议时，该协议隐含的所有成本（包括运行成本以及资本支出）都应进行仔细研究；
- 所有由外部资金提供支持的法定服务都应充分进行估算（包括日常运行费用），以完全补偿所有支出。

监控因子 13

固定支出

警示性趋势：
固定支出占净营运支出百分比不断上升

公式：

$$\frac{\text{固定支出}}{\text{净营运支出}}$$

表 16

序号	概述	数据来源	财政年度数据				
			第一年	第二年	第三年	第四年	第五年
1	固定支出	附录 A，附表 5，行 9					
2	净营运支出	附录 A，附表 4，行 11					
3	固定支出占净营运支出百分比	行 1/行 2					

注：使用本工作表列出监控因子分析所需数据；
按照行手工绘制工作图，或利用计算机表格程序收集数据并作图。

第 14 节

附加福利

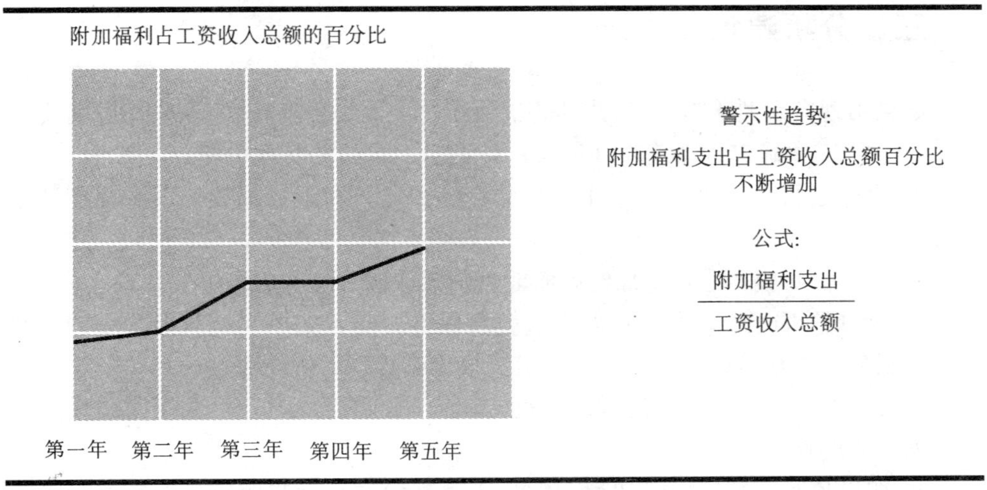

图 23　附加福利变化

一、概述

最通常的附加福利包括退休金计划、健康和生命保险、休假、病休和节日、延期补偿、停车补贴、残疾保险以及培训支出和奖金等。福利是政府营运成本中重要的一部分，占薪酬的比例常常超过 30%。有些福利（例如健康和生命保险）需要即时现金流出，有些（如退休金或累积带薪假薪水）可以推迟 10 – 20 年支付，还有一些福利（如累积假期或病休）可以要求要么支付工作不作的机会成本，要么支付临时雇佣人员的费用。由于附加福利的资金保障和记录是一个复杂过程，因此，这些成本可能在不注意的情况下快速上升，从而使政府财力紧张，特别是健康保险成本，近几年来公共和私营部门雇主负担比例大幅上升，需要仔细监控。

二、评价

财政趋势监控系统（FTMS）使用者反馈表明本监控因子很有效。尽管本监控因子很有效，但很少几家地方政府能够建立本因子，因它们不能收集足够的附加福利成本数据，很多地方政府只能估计 1 个或几个附加福利成本。

本监控因子趋势工作表只列举了直接附加福利，如联邦社会保险金（FICA）或雇员保费，并将它们同总工资（或直接薪酬）相比较，而没有列举非直接附加福利，如假期或病休等，另一个可能更详细区分附加福利的可选择方法是将所有直接和非直接福利同总薪酬相比较。要做到这点，必须调整附录 A 的数据工作表 4。

三、分析建议

如果出现警示性趋势，请辨析其原因（为什么会出现?），评估其重要性（是否重要?）并确定行动策略（能够做什么?）。以下是建议分析点：

• 附加福利增长的原点是什么？是否提供了新的附加福利？现有福利数量和服务水平是否提高？政府记录是否清晰表明了这些信息？

• 当前福利成本是否增加？政府能否削减或控制这些成本？

• 政府是否已经采取措施来降低健康保险开支，如个人托管账户保险、直接签约服务、大众健康计划，或转为员工投保受管理的健康医疗计划？

• 非工资性福利，如带薪假、带薪旅游、培训奖励等，是否按货币计量成本并列入年度财政预算中？

• 如果政府计划扩大附加福利的员工承担份额，这些成本是否能够单独分离并单独同该类雇员团体进行谈判？

• 累积的养老金和休假福利是否按当前水平（如 100% 全额基金）提供资金？如果没有，当它们到期时，是否有相应资金准备计划？见监控因子 23（养老金负债）、监控因子 25（离职后福利）。

四、进一步的分析建议

如果附加福利占工资收入总额比重不断上升，就需要审查过去 5 年内附加福利的变化情况，包括州或联邦的法定增长。同时也要分析已采取的任何节约成本措施。表 17 举例进行说明。

表 17　　附加福利主要变化例表

第一年	第二年	第三年	第四年	第五年
各个部门工资增长 5%	公共安全部门养老金成本增长 5%	各个部门工资增长 10%	公共安全部门人事重新调整	健康保险成本增长 15%

五、政策建议

可以在分析附加福利的未来成本过程方面提出建议政策。以下政策可以帮助地方官员将本监控因子同其财政决策相关联：

- 所有非工资性福利，如带薪休假、带薪节日及培训奖励，都要计算成本，并评估其对未来预算的影响情况；
- 所有的利益补偿谈判都要着眼于总补偿支出：直接工资＋附加福利的雇主承担部分；
- 工资增长的成本分析应当包括相关附加福利的雇主负担增长部分。

监控因子 14

附加福利

警示性趋势：
附加福利支出占工资收入总额百分比不断增加

公式：

$$\frac{\text{附加福利支出}}{\text{工资收入总额}}$$

表 18

序号	概述	数据来源	财政年度数据				
			第一年	第二年	第三年	第四年	第五年
1	附加福利支出	附录 A，附表 4，行 2					
2	工资和薪金	附录 A，附表 4，行 1					
3	附加福利占工资收入总额百分比	行 1/行 2					

注：本监控因子可以按总直接非直接福利支出（附加福利和带薪假期）除以工资加福利。见本监控因子讨论部分。

注：使用本工作表列出监控因子分析所需数据；
按照行手工绘制工作图，或利用计算机表格程序收集数据并作图。

第三章

财政运行状况

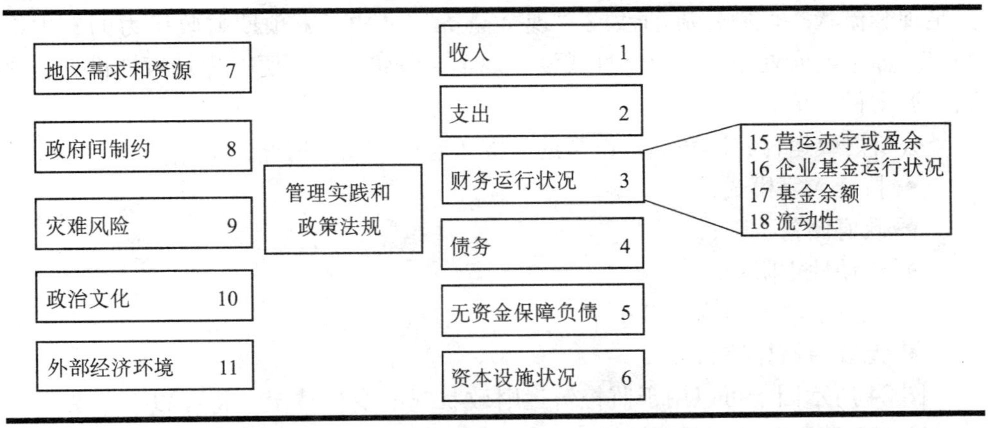

图 24　财政运行状况监控因子

“财政运行状况”一词是指地方政府保持在一定基础上的预算平衡、足以应对紧急情况的政府储备和具有充足的流动性，能够及时支付各类账单的能力。

平衡当前预算

在某一单独年份内，地方政府会产生营运赤字或盈余。当前收入大于当前支出时就产生营运盈余，反之则产生赤字。收入和支出正好平衡的情况非常少见。营运赤字或盈余可能是由于某项决策而有意产生的，也可能是无意产生的，因为在当前地区和国家经济环境下，准确预测收入和支出及其趋势非常难。赤字经常由未限定用途的基金余额来平衡，而盈余通常用于增加基金余额。

政府储备

营运盈余积累起来就构成储备基金，它提供了一个财政上的缓冲器，可以用于冲减收入减少、经济衰退以及由特大自然灾害、保险损失及类似的意外而导致的未预测支出、未预测到的大规模资本性支出和其他非重复性支出、现金流波动及其他类似事件的影响。

储备可以作为紧急情况账户单独列入预算，或作为一个或几个基金余额列入预算。如果它们作为未拨款部分基金余额执行，它们可能从来不会出现在地方政府预算中，或从不会在预算过程中讨论。

流动性

流动性是指国库中现金的流入和流出。一年中，地方政府常常以不固定的时间间隔分期收到收入。如果收入在它们需要之前收到，政府就处于积极流动性或充足现金流状态。额外流动性或“现金储备”是冲减未预期财政压力的有力缓冲器。如果政府处于消极流动性或没有现金储备状态，它要么进行短期借款，要么推迟支付账单。

分析财政运行状况数据可以帮助地方政府辨析以下情况：

- 持续赤字模式；
- 政府储备下降；
- 流动性下降；
- 无效的收入预测技术；
- 无效的预算控制。

图 24 所示因子可以用于监控营运财政状况的变化情况。将在以下章节逐一介绍这四个营运财政状况监控因子。

第 15 节

赤字或盈余

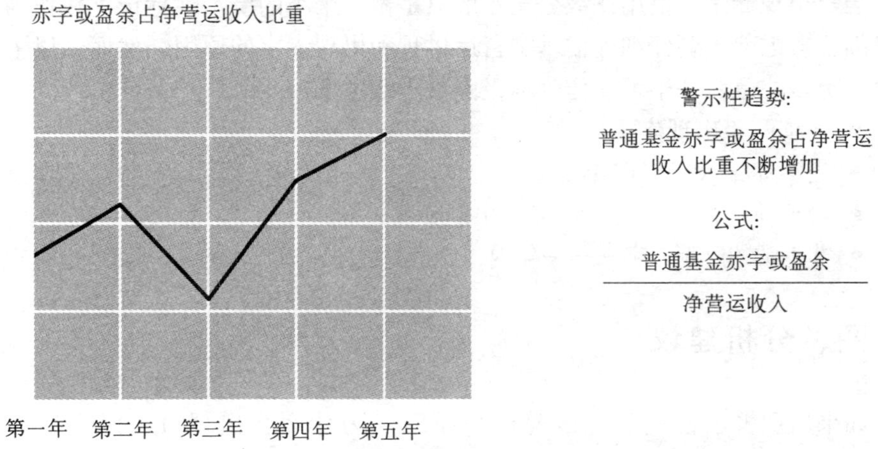

图 25　赤字或盈余变化

一、概述

当前支出超过当前收入或低于当前收入时，就会出现赤字或盈余。出现赤字并不表明预算失去平衡（预算赤字），因为以前，年度的储备（基金余额）可用来冲销赤字，但它表明了当前年度政府支出超过其收入。它可能是由于紧急情况，如自然灾害，需要大笔紧急资金支出造成的；也可能这种支出正是历年基金盈余余额使用政策本身的一部分。单纯某一年出现赤字并不必在意，但经常性或日渐扩大的赤字表明政府当前已入不敷出，即将面临严重财政危机。

预算分析通常不会反映赤字，因为它们可以由短期贷款或转账进行临时平衡，如人为抬高预期收入，或由其他基金的基金余额盈余进行转账。赤字分析应当分别考虑每个基金，这样就不会出现由一个基金盈余来掩盖另一个基金赤字的现象，并有助于指出潜在的问题。

二、评价

财政趋势监控系统使用者反馈表明本监控因子很有效，政府财政官员协会

（GFOA）同样给本监控因子很高评价。本监控因子很重要是因为赤字是收入和支出结构不平衡的首要信号。当然，如果已经预见到赤字并精心设计降低基金余额，或由其他基金的临时收入来补充临时性支出，那么它的出现并不意味着存在问题。

三、信用行业基准

当年出现赤字，信用评级公司一般只是做一个小的警示性标记。在作为一个消极因子考虑前，要仔细评估基金营运过程和出现赤字的原因。然而，以下情形要给予更多注意，并很可能作为消极因素进行考虑：

- 连续两年出现赤字；
- 当年赤字大于以前年度赤字；
- 最近 5 年内 2 年或 2 年以上出现赤字；
- 非正常的巨额赤字——一年内，赤字超过净营运收入的 5% ~10%。

四、分析建议

如果出现警示性趋势，请辨析其原因（为什么会出现?），评估其重要性（是否重要?）并确定行动策略（能够做什么?）。以下是建议分析点：

- 预算前期编制过程中，是否预计会出现赤字？未来几年是否会持续出现？是否有盈余或其他收入作为补充？
- 是否可以通过借入其他基金的盈余资金来平衡赤字？在未来不产生问题的情况下，其他基金能否负担此类借款？
- 赤字是否是由于收入亏空的原因？见监控因子 9（收入亏空或盈余）。
- 赤字是否是由于超支原因？是否是由于预算支出估计不准或预算年度内支出控制不力引起的？
- 赤字是否是由于紧急情况引起的？未来紧急情况储备是否充足？见监控因子 17（基金余额）。

五、政策建议

政策可以定义预算过程来帮助减少赤字的出现。以下政策可以帮助地方官员将该监控因子同财政决策相关联：

- 所有当年营运支出应由当年收入来支付；
- 不允许寅吃卯粮的预算行为，如推迟正常支出，提前计入收入或短期债务展期等行为。

监控因子 15

赤字或盈余

警示性趋势：
普通基金赤字或盈余占净营运收入比重不断增加

公式：

$$\frac{\text{普通基金赤字或盈余}}{\text{净营运收入}}$$

表 19

序号	概述	数据来源	财政年度数据				
			第一年	第二年	第三年	第四年	第五年
1	普通基金赤字或盈余	附录 A，附表 2，行 12					
2	净营运收入	附录 A，附表 3，行 13					
3	赤字或盈余占净营运收入百分比①	行 1/行 2					

注：使用本工作表列出监控因子分析所需数据；
按照行手工绘制工作图，或利用计算机表格程序收集数据并作图。

① 盈余可以作为负赤字来看待。

第 16 节

企业基金营运状况

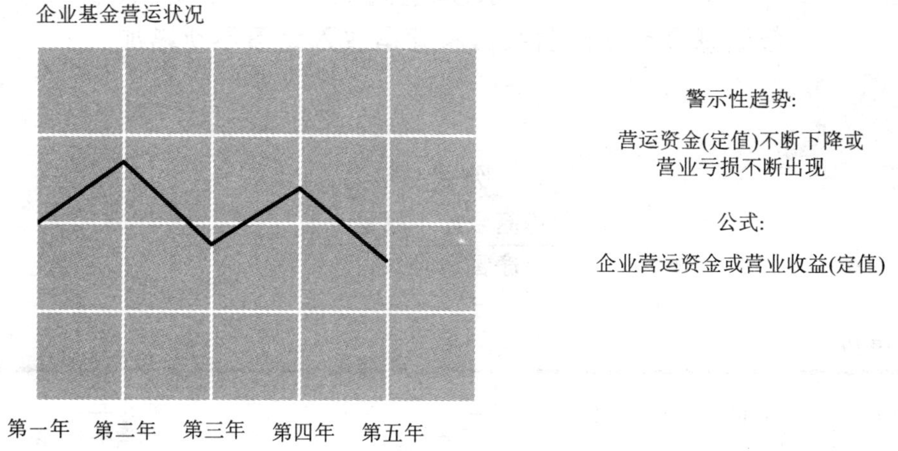

图 26　企业基金营运状况变化

一、概述

地方政府的公共事业项目通常指自来水、煤气、电力设施、游泳馆、飞机场、垃圾收集站以及公共通信系统。在财政紧张时，政府可以通过提高税率增加收入来支持普通基金项目，但是企业基金则需要考虑供求定律的影响。当公共项目经理决定提高使用费或费率时，他可能会发现实际收入下降了，因为价格提升后，顾客减少了服务的使用量。

企业基金通常采用完整的权责发生制会计系统而不是使用普通基金所使用的修正的权责发生制会计系统。这种权责发生制将折旧等作为支出记录，而且债券支付并不作为支出记录。

盈利或亏损的底线可能并不能说明基金的实际财政状况。因此，建议本监控因子使用者使用营运资金（流动资产－流动负债）变化或摊销前营业收益（营业利润或亏损，不包括非经营性收入和支出，如财政费用、利息收入和财产税）作为基金财政状况的衡量标准。每年的营运资金水平提供了地方政府衡量基金财政状况的标准，同基金余额在一般预算基金中的作用类似。同时，可以帮助政府衡量收入弥补资本性支出和设备升级的能力。摊销前营业收益可以提供服务总成本，并可以与提供类似服务的其他地方政府的营业收益相比较。

二、评价

财政趋势监控系统（FTMS）使用者反馈表明本监控因子有效。很多城市经理喜欢使用营运资金作为本监控因子的衡量标准，而财政经理更喜欢使用具外部可比性的摊销前营业收益作为衡量标准。如果具备独立的企业基金或公用设施，我们建议构建本监控因子。即使公用设施没有单独核算，如果满足以下条件，仍可以使用本监控因子：

（1）可以区别全部或大部分直接和间接成本；

（2）没有作为监控因子 8（使用费收入保证率）的一部分进行分析。

三、分析建议

如果出现警示性趋势，请辨析其原因（为什么会出现?），评估其重要性（是否重要?）并确定行动策略（能够做什么?）。以下是建议分析点：

- 营运效率或劳动生产率是否下降?
- 营业收入是否能够弥补全部成本？是否进行周期性审查？是否对每个顾客群体进行了成本分析?
- 成本控制措施是否足够?
- 是否是由于以下原因导致了企业服务需求下降：

→ 服务需求下降；

→ 服务质量下降；

→ 价格上升；

→ 市场营销不够；

→ 其他供应商竞争。

- 未分配利润是否下降得比政府预期的要低?
- 未分配利润是否被用于弥补营运亏损?
- 储备基金是否被用于设定之外的用途?

四、政策建议

政策可以建议防止公共项目出现赤字的使用费或收费水平。以下政策可以帮助地方官员将本监控因子同当地实际情况相关联：

- 每个企业基金所有使用费或收费都要设定在能够足额弥补所有直接和间接成本水平上，间接成本应包括年度摊销和折旧。

同时，可以参考科罗拉多州朗蒙特市企业基金政策（见附录 B）。

监控因子 16

企业基金营运状况

警示性趋势：

营运资金（定值）不断下降或营业亏损不断出现

公式：

企业基金营运资金或营业收入差（定值）

表 20

序号	概述	数据来源	财政年度数据				
			第一年	第二年	第三年	第四年	第五年
1	企业基金营运收益或营运资金	附录 A，附表 2，行 13					
2	当地消费物价指数（CPI）	劳动部统计数字					
3	CPI 百分比	行 2/100					
4	企业基金营运收益或营运资金（定值）	行 1/行 3					

注：就想评价的某一公营事业基金，可以单独作表进行评价。

注：使用本工作表列出监控因子分析所需数据；

按照行手工绘制工作图，或利用计算机表格程序收集数据并作图。

第 17 节

基金余额

非限定性基金余额占净营运收入的百分比

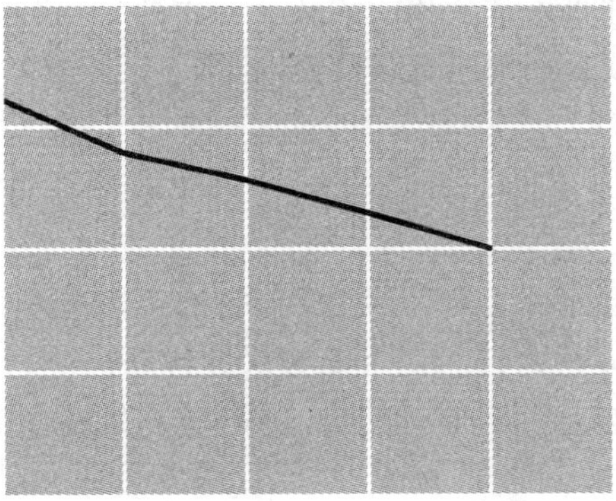

警示性趋势：

非限定性基金余额占净营运收入的百分比不断上升

公式：

$$\frac{\text{非限定性基金余额}}{\text{净营运收入}}$$

图 27 基金余额变化

一、概述

尽管在地方政府年度财政报告中，“基金余额[①]”常常不等于“可能性拨款”，但正的基金余额可以看成政府储备。储备可以体现在基金余额科目，如“以前年度结余储备”。

地方政府基金余额大小可以影响其经受财政危机的能力，也决定了其不用负债而进行资产置换的能力。可以考虑的情况是，法律规定每年要有小部分的运行盈余，以保持正的基金余额，这样也保持了充足的政府储备。

在一般营运基金中，非特定目的或普通政府储备通常登记为“非限定性基金余额”。有时，特别目的的储备也会保持在单独基金中，如购置设备、打印机或复印机，此种储备就可能登记为内部服务基金（专门用于政府内部部门服务的基金）。储备也可以作为某些紧急账户预算科目进行拨款，无论是何种记录形式，

① 基金实质上是政府的营运资金主体，政府基金会计等式为：流动资产 - 流动负债 = 基金余额。基金余额增加数有三类：收入、其他财政来源或剩余权益转入；基金余额减少数有三类：支出、其他财政运用或剩余权益转出。译者注，见（美）比姆斯著，储一昀译，《高级会计学》，上海财经大学出版社，2002 年版，p739 - 740。

计划外的基金余额下降可能意味着政府不能满足其未来的某些需求。

二、评价

财政趋势监控系统（FTMS）使用者反馈表明本监控因子很有效。政府财政官员协会（GFOA）对本监控因子也给予很高评价。当无负担政府储备有效性是正值时，应注意按照标准普尔观点，基金余额过大也是消极信号。在本书第一版中，本监控因子叫“普通基金余额”，在以后版本中，本监控因子已经变成一个总括性监控因子，包括普通基金、特种收入基金和偿债基金。为区分政府储备种类和规模，应当就每项基金的基金余额分别构建次级监控因子。

三、分析建议

如果出现警示性趋势，请辨析其原因（为什么会出现?），评估其重要性（是否重要?）并确定行动策略（能够做什么?）。以下是建议分析点：

- 基金余额是否低于理想水平（政府预算官员协会（GFOA）推荐非限定性基金余额占普通基金的5%—15%，或不低于1—2个月普通基金营运支出水平①）？能否恢复基金余额?
- 基金余额是否用于弥补营运预算赤字？见监控因子15赤字或盈余；
- 基金余额是否用于当初设定以外的用途?

四、进一步的分析建议

附录C储备分析部分提供了对政府储备进一步详细分析的建议。

五、政策建议

当前，没有设立政府储备合理水平的规定，政府储备的水平一般取决于当地实际情况，如当地面临自然灾害和恶劣条件的类型、保险覆盖面、辖区内收入基础弹性、地方政府总体财政状况、州政府规定以及国家经济状况。以下政策可以帮助地方政府官员将本监控因子同财政决策相关联：

- 建立政府储备以应对紧急情况之需，并保持在普通营运基金的______%之内；
- 建立政府紧急情况储备以提供非重复性不可预见支出或未预见服务成本部分增加。该项储备应保持在普通营运基金的______%。

同时，可以参考附录B艾奥瓦州Urbandale市政府储备目标。

---

① GFOA推荐实践：非限定性基金余额占普通基金的合适水平（2002）。

监控因子 17

基金余额

警示性趋势：

非限定性基金余额占净营运收入比重不断下降

公式：

$$\frac{\text{非限定性基金余额}}{\text{净营运收入}}$$

表 21

序号	概述	数据来源	财政年度数据				
			第一年	第二年	第三年	第四年	第五年
1	非限定性基金余额	附录 A，附表 2，行 16					
2	净营运收入	附录 A，附表 3，行 13					
3	非限定性基金余额占净营运收入百分比	行 1/行 2					

注：使用本工作表列出监控因子分析所需数据；
按照行手工绘制工作图，或利用计算机表格程序收集数据并作图。

第 18 节

流动性

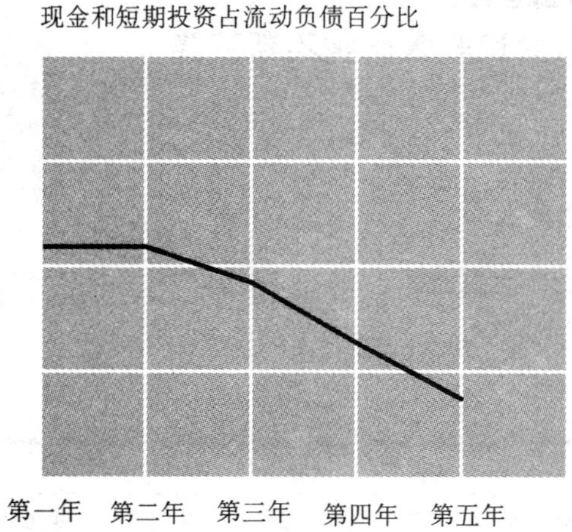

警示性趋势:

现金和短期投资占流动性负债百分比不断下降

公式:

$$\frac{\text{现金和短期投资}}{\text{流动负债}}$$

图 28　流动性变化

一、概述

衡量地方政府短期财政状况的标准之一就是其现金状况。现金（包括货币资金、银行存款以及其他可以很容易变为现金的短期投资）状况决定了政府支付短期债务的能力，它也叫流动性，流动性不足的直接后果就是没有偿付能力——不能支付账单。流动性下降或低水平意味着长期以来政府承担了过多责任，现金短缺是其第一个信号。

企业使用的标准流动性比率叫“速动比率”：（现金 + 短期投资 + 应收账款）/流动负债（短期负债 + 当年到期长期负债 + 应付账款 + 应计及其他流动负债）。假如该比例不超过 1 比 1（或小于 100%），企业就面临流动性问题。大部分企业应收账款在 30 天之内可以收到，而政府应收账款通常不会这么快。因此，（现金 + 短期投资）/流动负债是衡量地方政府流动性的更好标准。

将现金加短期投资同流动负债比率进行比较，这种分析也叫做“往来账户分析”。按照词义，负债超过现金和短期投资之和（小于 1∶1 的比率）叫做“往来账户赤字”；反之（大于 1∶1 的比率）叫做“往来账户盈余”。

二、评价

财政趋势监控系统（FTMS）使用者反馈表明本监控因子很有效。标准普尔集团将流动性作为衡量地方政府资产负债表的重点指标之一。流动性监控因子有助于评估地方政府保持健康财政状况的能力。

流动性是一个充满争议的指标，因为比率是不断变化的，它取决于收入入库的时间以及支出需要的时间。每年岁末检查流动性是有益的，因为除非地方政府在收入入库或支出分布上作重大调整，否则在年末现金流基本处于同一点上。年末该比率的任何变化都是需要进一步分析的信号，对本监控因子作图，并以信用评级行业基准为参考警示标准，这样有助于说明地方政府流动性状况。

三、信用评级行业基准

小于1∶1的流动性（往来账户赤字）被认为是一个消极因子，但当3年或更多年变化趋势表明该比例即将超过1，其消极性可以适当减轻。该比率超过3年以上小于1∶1就被认为是绝对消极因子。

四、分析建议

如果出现警示性趋势，请辨析其原因（为什么会出现?），评估其重要性（是否重要?）并确定行动策略（能够做什么?）。以下是建议分析点：

- 当前支出是否超过当前收入水平？见监控因子1（人均财政收入）、监控因子10（人均财政支出）、监控因子15（赤字或盈余）；
- 对政府应收款项，是否存在高效账单催缴系统？
- 账单是否及时催收？是否有良好的确定逾期账户系统？
- 补助支出或其他政府间往来款项的补偿，是否立即支付？
- 政府报告系统是否按月进行现金的有效性分析？
- 是否提早预计现金需求，以确保地方政府现金支出？
- 预期收入和支出是否进行定期比较，大额支出能否与收入流相符？

五、政策建议

可以就流动性水平和现金管理过程提出政策建议。以下政策可以帮助地方官员将本监控因子同当地实际情况相关联：

- 定期对所有基金进行现金流量分析。付款、征收和存款应统筹安排，以确保现金的最大有效性；
- 会计系统应及时提供现金流和投资绩效信息；

- 除非法律禁止，不同基金间的现金应集合投资；
- 至少______%的闲置资金应用于投资。

附录B北卡罗莱纳州卡里镇投资政策可以帮助当地政府审视其政府现金管理过程和政策。

监控因子 18

流动性

警示性趋势：
现金和短期投资占流动负债比率不断下降

公式：

$$\frac{\text{现金和短期投资}}{\text{流动负债}}$$

表 22

序号	概述	数据来源	财政年度数据				
			第一年	第二年	第三年	第四年	第五年
1	现金和短期投资	附录 A，附表 2，行 3					
2	流动负债	附录 A，附表 2，行 9					
3	现金和短期投资占流动负债比率	行 1/行 2					

注：使用本工作表列出监控因子分析所需数据；
按照行手工绘制工作图，或利用计算机表格程序收集数据并作图。

第四章

债　　务

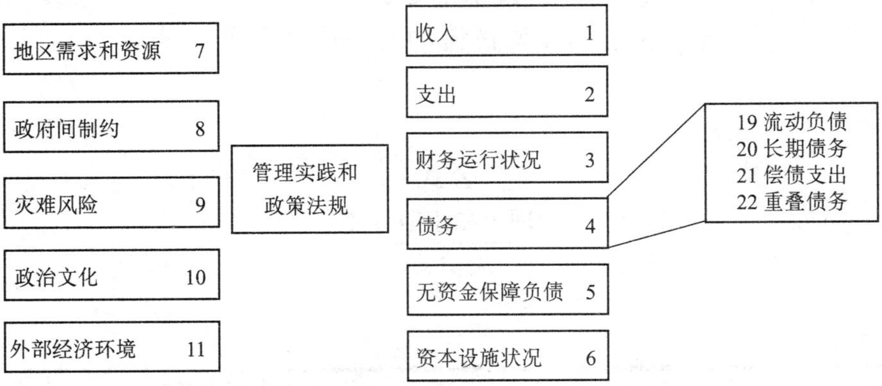

图 29　债务监控因子

债务是进行资产升级、增加短期现金流的有效措施，但不恰当使用会产生严重的财政问题。即使是临时性不能支付债务也会造成政府债务等级的下降，而债务等级的下降又会导致未来借款成本的上升，在有些州，还会导致其丧失某些对州政府的自治权和对某些机构的管理权。

地方政府经常使用短期债务来平衡其现金流。收入亏空或过度支出可能导致短期债务到期前不能偿付，在这种情况下，地方政府往往会选择偿还这些债务然后再重新借回，这样原始借款实际上就由新贷款来偿付，这个过程也叫“债务展期”，实质上是把短期债务变为长期债务。如果该过程持续几年，未偿债务数量会逐年增加，这可能意味着债务已被用于弥补赤字——一个出现财政问题的直接信号。

长期负债最常见的形式是普通负债（长期借款、普通债券等）、特赋债券以及特种收入债券。即使是这些债务全部用于固定资产，地方政府也应确保未偿付债务不要超过其以地方财富（如财产价值、个人或公司收入）为衡量标准的偿付能力。另一种评价其偿付能力的方法是考虑政府每年偿付的本金和利息数量或偿债支出，同时，还应考虑政府已承诺或提供信用担保的重叠债务及其他辖区债务（如学校或污水处理区）。涉及的有关名词将在以下章节进行定义。

最理想的状况是，地方政府债务规模和增长率与其税收基础基本保持同步；债务期限不能超过其提供资金支持的设施的服务寿命；不能用于平衡营运基金预算；还款安排不应给营运支出带来额外负担；债务数量不能太高以致损害到政府信用等级。

对地方政府债务结构数据分析可以辨析以下问题：

- 现金管理流程或支出控制方面不足；
- 对长期债务的日益依赖；
- 支出流动性降低（偿债支出等固定支出增加）；
- 使用短期债务弥补其营运资金；
- 未来偿债支出的大幅增加或减少；
- 地方能够承受的附加债务数量。

图 29 所示因子可以用于监控债务结构的变化情况。这四个债务结构监控因子将在以下章节进行逐一介绍。

第 19 节

流动负债

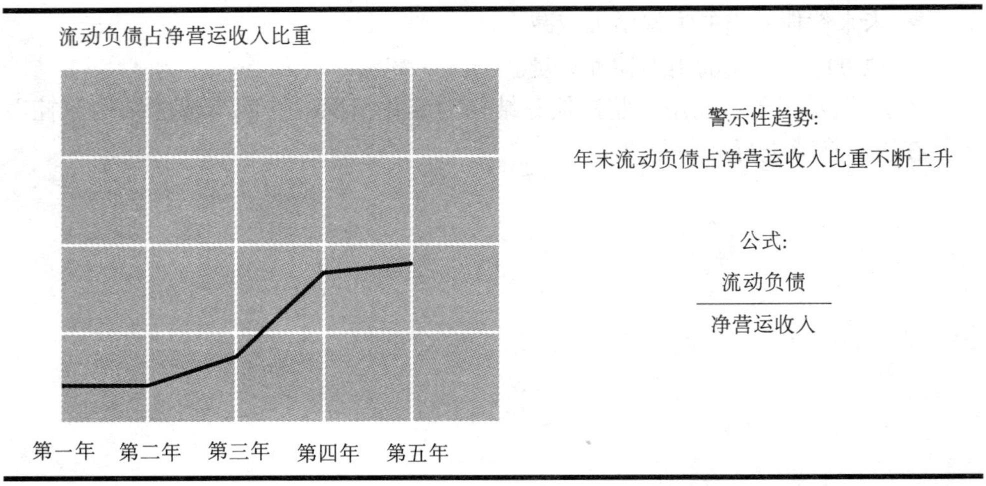

图 30　流动负债变化

一、概述

流动负债就是所有年末到期债务总和，它包括短期债务、已到期长期债务、所有应付账款、应计债务以及其他流动负债。

地方政府流动负债中最重要的部分可能就是待付税款票据①或预期债券票据②。尽管短期借款是解决现金流不平衡的有效办法，但连续几年年末未偿付短期债务增加，可能表明地方政府存在流动性问题、支出赤字，或两者兼而有之。

二、评价

财政趋势监控系统使用者反馈表明本监控因子很有效。有些使用者可能觉得决定哪些债务应包含在附录 A 附表 2 中的“其他流动负债”之中较为困难。一个很好的经验法则是只包含那些在未来 60 天内需要偿付的流动负债。

---

① 以已确定征收但尚未入库的税收为担保的短期票据。

② 以已发行但尚未收到的债券为担保的短期票据。

为将本监控因子同信用评级行业基准相比较，需要重新作一张图，只表明短期债务/净营运收入比例变化情况。同时，为表明所作的趋势比较情况，还需作出基准警示曲线。

三、信用评级行业基准

信用评级行业认为以下情况为消极因素[①]：（1）年末未偿付短期债务超过营运收入的5%（包括待付税款票据但不包括预期债券票据）；（2）2年内未偿付短期债务不断增加（包括待付税款票据）。

四、分析建议

如果出现警示性趋势，请辨析其原因（为什么会出现?），评估其重要性（是否重要?）并确定行动策略（能够做什么?）。以下是建议分析点：

- 短期债务是否用于弥补赤字？见监控因子15（赤字或盈余）；
- 是否推迟应付款项来满足收入亏空或过度支出？见监控因子18流动性；
- 可用于弥补短期债务的应收款项短期债务是否有效并能按时收回?
- 应收款项催收技术是否有效？是否存在快速征收和确认政府收入的程序?
- 管理和预测现金流技术是否准确、高效?
- 是否由于支出过度而导致借款增加?

五、政策建议

可以就未偿付短期债务水平以及使用和清偿短期债务提出政策。以下政策可以帮助地方官员将该监控因子同财政决策相关联：

- 预期税款债务应按年清偿，预期债券票据则应在债券发行后6个月之内清偿完毕；
- 年末未偿付短期债务不应超过净营运收入的5%（包括待付税款票据，而不包括预期债券票据）。

① 这些基准只对应流动负债中的短期债务部分。

监控因子 19

流动负债

警示性趋势：

年末流动负债占净营运收入比重不断增加

公式：

$$\frac{\text{流动负债}}{\text{净营运收入}}$$

表 23

序号	概述	数据来源	财政年度数据				
			第一年	第二年	第三年	第四年	第五年
1	流动负债	附录 A，附表 2，行 9					
2	净营运收入	附录 A，附表 3，行 13					
3	流动负债占净营运收入比重	行 1/行 2					

注：使用本工作表列出监控因子分析所需数据；
按照行手工绘制工作图，或利用计算机表格程序收集数据并作图。

第 20 节

长期债务

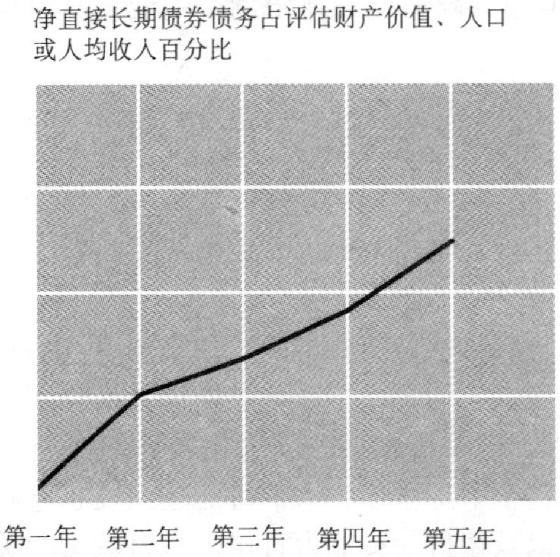

警示性趋势:

净直接长期债券债务占评估财产价值、人口或人均收入百分比逐年增加

公式:

$$\frac{\text{净直接长期债券债务}}{\text{评估财产价值、人口或人均收入}}$$

图 31　长期债务变化

一、概述

“直接债务”就是指地方政府提供完全信用担保的债券债务。它不包括重叠债务，如学校或污水处理区，即使是地方政府对类似债务也提供了完全信用担保。

“自偿债务”就是指地方政府以其普通税收收入之外的某种收入作为偿付来源的债券债务，相当于特种收入债券。例如，水务债券以自来水收入为偿还来源，特赋债券以某个特别估价区内特别财产的特别收费作为偿付来源。

“净直接债务”等于“直接债务”减去“自偿债务”。如果地方政府依赖其财产税来偿付债务，净直接长期债券债务占评估财产价值、人口或人均收入的不断增长，意味着政府偿债能力不断下降。同时，依赖于其他收入的长期债务，如销售税，也应当按照其依赖的收入来源计算所占比重。使用评估财产价值、人口，还是人均收入作为本监控因子公式中的分母，取决于当地实际情况。

二、评价

财政趋势监控系统（FTMS）使用者的反馈表明，本监控因子非常有效。政府财政官员协会（GFOA）对本监控因子也给予很高评价，标准普尔集团审查长期债务水平时，认为加速增加的长期债务会增加城市的额外负担，但过低的长期债务水平同样也不是一个积极信用因子，因为它表明地方政府在固定资产设施上投入不足，而一般人们相信公共基础设施投资会大大提高私营部门的发展预期。

本书推荐长期债务监控因子使用评估财产价值作为分母，并假定财产税为偿付债务的主要来源。然而，如果本地区符合以下条件，也可以使用人口或个人收入作为评估分母：

- 虽然评估财产价值上升很快，但地方政府受法律限制，不能提高财产税税负；
- 财产价值上升速度快于个人收入增长速度；
- 地方政府的主要收入不是财产税；
- 本地区没有工业或商业税收基础。

任何一个上述条件都会使评估财产价值作为衡量地区长期债务偿付能力标准产生误导性结论。

长期债务还可以按人均进行监控，这种方法对那些不严重依赖于财产税和不能轻易确定替代收入来源的地区特别有用。人均衡量标准将长期债务增长同人口变化相关联，当人口增长时，资本需求，即长期债务，将会同样预期增加；但是，如果长期债务增加而人口保持稳定甚至下降，债务水平可能达到或超过政府负担能力。这个结论是建立在政府收入以及偿付债务能力直接同人口数量相关联的假设之上的，但如果人口增长是由于家庭大小变化引起的而不是由于家庭数量增加引起的，结论则不一定正确，在这种情况下，由“家庭平均”来代替“人均”作分母可能更容易理解。

长期债务不能超过地方政府偿付债务的资源。假如超过了，地方政府再获得资本项目融资会很困难，或付出很高的代价，而且现有债务偿还会更加困难。

当对本监控因子作图时，建议按照信用行业基准作出警示参考曲线，这样做会大有好处。

三、信用评级行业基准

评估长期债务的信用评级行业基准通常包括地方政府净直接债券债务，以及重叠辖区内的政府债券债务[①]。在本书中，净直接债券债务加上重叠辖区债券债务叫总净债务[②]。以下是总净债务的危险信号：

- 总净债务超过评估财产价值的10%；
- 同上年相比，总净债务占财产市值的比率增长20%；
- 总净债务占财产市值的比例同4年前相比，增长50%；

① 见监控因子22，重叠债务。

② 见本监控因子“概论”部分定义。

- 人均总净债务超过人均收入的15%[①]；
- 净直接债务超过州法律授权的90%。

四、分析建议

如果出现警示性趋势，请辨析其原因（为什么会出现?）、评估其重要性（是否重要?）并确定行动策略（能够做什么?）。以下是建议分析点：

- 地方评估财产价值、人口或个人收入，或其他主要收入基础是否下降？见监控因子28（人口）、监控因子33（财产价值）；
- 长期债务是否增加？如果是，考虑以下问题：

→ 地方政府是否越来越依赖长期债务解决资本设施资金问题?

→ 未来3—5年内需要多少额外债务?

→ 长期债务是否被用于日常营运支出?

→ 长期债务增长是一种长期趋势，还是由于一次性固定资产工程，如新的市政大楼等发行债务而引起的?

- 长期债务增加之前的数字是多少？是低或中，或已经达到了使本地区支付能力紧张的水平？见监控因子21（偿债支出）。

五、进一步的分析建议

加权平均债券周期为当前以及今后的财政状况评价提供了有效基准，可以对其进行计算并作为附加监控因子使用。这个监控因子是基于过去发行的债务基础上的，它衡量了平均债券周期，以确保地方政府不是以牺牲未来纳税人利益而过度负债。一个平衡而且有计划的债务到期日安排有助于维持合理规模的偿债支出负担。标准普尔通过检测加权平均债券周期，以确保没有加速债务清偿或债务长期展期，以使当前的纳税人受损害或受益。

以下为计算加权平均债券周期公式：

按照年度债券原始偿还数额，以5000美元为一段，计算未偿还债券额，然后乘以未偿还年度，计算年度未偿还债券额。各年度未偿还债券额相加并除以各年未偿还债券之和就得出加权债券平均周期。

对一个典型的20年期债券来说，任何长于10年的加权平均债券周期标志着未来债务负担的加重，如分期付款中最后一笔较大金额的付款。而小于10年的加权平均债券周期可以认为是积极的因素。地方政府应自问是否有延期平均到期日的趋势，这可以发现那些危害长期偿付能力和服务融资能力的短期决策。

此外，在计算长期债务监控因子时，如果要同其他辖区对比分析，可能使用财产的账面价值作为分母更合适。对评估财产而言，各地区评估方式不同，尤其

---

① 本指数由标准普尔债券评级公司建立，也叫做标准普尔指数。

是在州与州之间。因此，账面价值提供了一个可消除此类差异的比较标准。

六、政策建议

一系列政策能够或者说应该用于建议合适的总净债务水平以及发行新债的过程。例如，可以比照信用评级行业基准建立政策（如总净债务不超过评估财产价值的10%，或人均总净债务不超过个人收入的15%）。当然，也可以设定比信用评级行业基准更严格的标准。

以下政策可以帮助地方官员将本监控因子同当地实际情况相关联：

- 长期债务不能用于当前的营运支出；
- 长期债务应同资本提升计划相结合，不能太大以至于超出当前收入负担能力；
- 长期债券应在不超过固定资产有效使用期限内偿还完毕；
- 如有可能，尽量使用特赋债券、特种收入债券或其他自偿债券来替代普通债券；
- 保持同信用评级机构的良好沟通，并遵循充分披露每个财政报告和债券说明书的政策；
- 长期债务发行期限应不超过其提供资金支持的资产的预期有效使用期限，且最长不得超过20年。

附录B列举了得克萨斯州达拉斯市资本和债务管理评价标准。这些标准可以帮助地方政府官员审视它们当前的债务和资本设施融资政策。

监控因子 20

长期债务

警示性趋势：
净直接长期债券债务占评估财产价值、人口或人均收入比重不断上升

公式：

$$\frac{\text{净直接长期债券债务}}{\text{评估财产价值、人口或人均收入}}$$

表 24

序号	概述	数据来源	财政年度数据				
			第一年	第二年	第三年	第四年	第五年
1	评估财产价值	附录 A，附表 8，行 8					
2	人口	附录 A，附表 8，行 1					
3	人均收入	附录 A，附表 8，行 4					
4	净直接担保长期债务	附录 A，附表 8，行 10					
5	净直接长期债券债务占评估财产价值、人口或人均收入比重	行 4/行 1，2，或 3					

注：如果选择人口作为计算长期债务的分母，要保证将净直接长期债券债务转换为定值。

注：使用本工作表列出监控因子分析所需数据；
按照行手工绘制工作图，或利用计算机表格程序收集数据并作图。

第 21 节

偿债支出

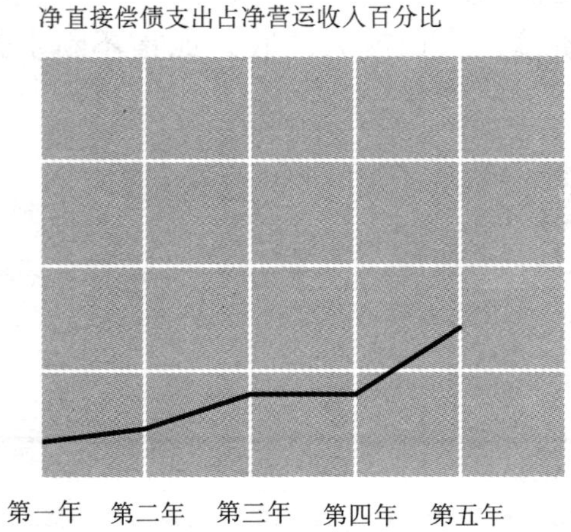

警示性趋势:

净直接偿债支出占净营运收入百分比不断上升

公式:

$$\frac{\text{净直接偿债支出}}{\text{净营运收入}}$$

图 32　偿债支出变化

一、概述

偿债支出是指每年地方政府应支付的净直接长期债券债务本金和利息以及直接短期债务利息[①]。日益增加的偿债支出会增加政府负债，降低支出的流动性。偿债支出是地方政府固定支出的一个重要组成部分，它的增加意味着负债过度以及财政压力加大。

二、评价

财政趋势监控系统（FTMS）使用者反馈表明该监控因子很有效，政府财政官员协会（GFOA）同样也给本监控因子以很高评价。信用评级机构审查偿债支出到期表，以确保债务可以同固定资产使用寿命相匹配。

对本监控因子作图时，应按照推荐的信用评级行业基准，以净营运收入的20%作为警示线。

---

① 见监控因子 20，长期债务，净直接长期债务定义。

三、信用评级行业基准

一般认为，净直接偿债支出超过净营运收入的 20% 则地方政府在财政上存在潜在问题，10% 则是可以接受的水平。

四、分析建议

如果出现警示性趋势，请辨析其原因（为什么会出现?），评估其重要性（是否重要?）并确定行动策略（能够做什么?）。以下是建议分析点：

- 偿债支出增加是不是由于长期债务和短期债务增加引起的？如果是，审查监控因子 19 和 20（流动负债和长期债务）；
- 偿债支出增加是由于利率上升还是由于本金上升引起的？地方政府能否提高其信用等级以降低未来借款利率？
- 能否以适当的低利率债券来代替高利率时发行的债券，以降低年度偿债支出？
- 未来 10 年内可预测偿债支出是多少？是否会在其中某一年大量增加或大量减少？

五、政策建议

政策既可以建议适当的偿债支出水平，也可以建议分析未来偿债支出的程序。以下政策可以帮助地方官员将该监控因子同财政决策相关联：

- 普通债券的偿债支出应不超过净营运收入的 10%；
- 在长期债券债务发行前，应分析其偿债支出对年度固定支出的影响。

监控因子 21

偿债支出

警示性趋势：
净直接偿债支出占净营运收入比重不断增加

公式：

$$\frac{\text{净直接偿债支出}}{\text{净营运收入}}$$

表 25

序号	概述	数据来源	财政年度数据				
			第一年	第二年	第三年	第四年	第五年
1	净直接偿债支出	附录 A，附表 4，行 8					
2	净营运收入	附录 A，附表 3，行 13					
3	净直接偿债支出占净营运收入百分比	行 1/行 2					

注：使用本工作表列出监控因子分析所需数据；
按照行手工绘制工作图，或利用计算机表格程序收集数据并作图。

第 22 节

重叠债务

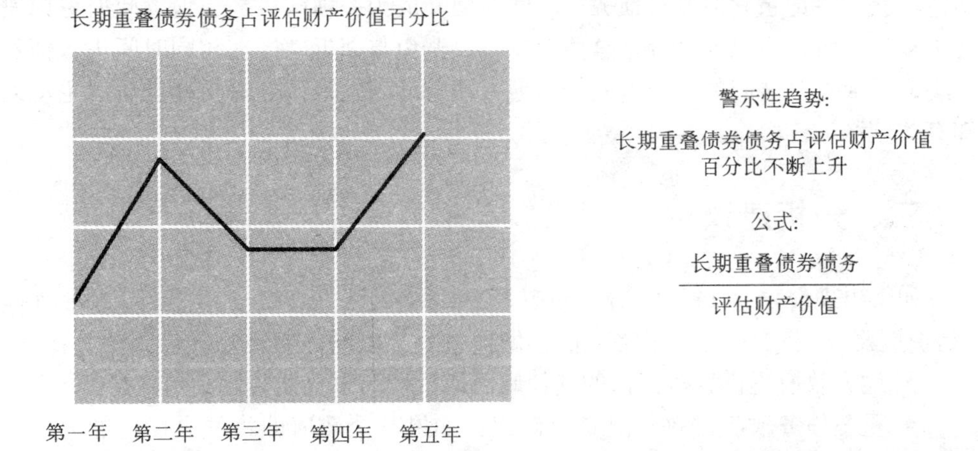

图 33　重叠债务变化

一、概述

重叠债务是其他辖区的净直接债券债务，它发行的税收基础同本地区部分或全部区域重合，其他辖区包括学校、路灯或污水管理区等。重叠债务水平仅仅局限于那些由两个辖区财产共享的部分债务。

重叠债务监控因子衡量了本地区内所有政府或类政府机构发行的全部债务的偿付能力。如果其他辖区不能偿付债务，本级政府就具有或有的、道义上的或政治上的义务来承接债务或偿付债务，或两者兼而有之。类政府机构自身的长期债务和重叠债务也可以按评估财产价值、其他税收基础或偿付资源进行衡量。

由本政府支持的其他机构或政府下属单位发行的特殊目的债务，类似于重叠债务。由于政府可以分享到项目成功带来的利益，如建设会议中心或设立再开发区等，因此政府为债务发行提供了担保。如果债务发行机构不能偿付负债，那么债券持有者就会转向地方政府，因为地方政府为贷款提供了保证。一旦发行机构不能偿付，政府有义务代为偿还，类似债务也叫“或有负债”。

对重叠债务和特殊目的债务都需要评估总负债能力。首先，尽管地方政府代为偿还债务的可能性很小，但这种潜在可能性是存在的；其次，在经济衰退期间，重叠机构可能由于经济条件恶劣的影响而不能支付债务，这样，同样遭受经济环境影响的地方政府额外债务负担会更加严峻。

二、评价

财政趋势监控系统（FTMS）使用者反馈表明本监控因子有效，但使用数据可能比较难以收集。如果出现这种情况，可以列出所有可能发行重叠债务的辖区名单，获知、记录它们发行债务的时间并使其成为一项政策。当地方政府考虑发行更多债券时，可以与之分享这些信息，以避免与邻近辖区在相同时间进入债券市场，造成相互之间的竞争。同样当地方政府计划发行债券时同样也可以主动通知有关辖区。

三、分析建议

如果出现警示性趋势，请辨析其原因（为什么会出现?），评估其重要性（是否重要?）并确定行动策略（能够做什么?）。以下是建议分析点：

- 地方政府提供直接担保的其他政府或机构的重叠债务比例是多少?
- 重叠债务政府财政状况是否健康?如果某个政府即将失去偿付能力，地方政府是否面临提供财政或债务偿付支出的压力?
- 重叠政府债务计划能否更好协同?

四、进一步的分析建议

还有几个其他指标也可以代替评估财产价值作为本监控因子分母。人均收入可以是一个偿付债务能力的替代标准，如果本地区不严重依赖财产税，人口也是一个选择。在人口数量下降但家庭数量基本稳定的地区，“家庭平均”也可以替代“人均”。

监控因子 22

重叠债务

警示性趋势：
长期重叠债券债务占评估财产价值比重不断上升

公式：

$$\frac{\text{长期重叠债券债务}}{\text{评估财产价值}}$$

表 26

序号	概述	数据来源	财政年度数据				
			第一年	第二年	第三年	第四年	第五年
1	长期重叠债券债务	附录 A，附表 2，行 11					
2	评估财产价值	附录 A，附表 8，行 8					
3	长期重叠债券债务占评估财产价值比重	行 1/行 2					

注：按照本地区同其他地方政府全部或部分边界重叠比例，以及辖区内负担的财产来计算长期债务应负担的份额。重叠债务通常按折算后的财产价值比例进行衡量，然而，当地方政府和其他机构收入来源更加多样性时，按照其他基础，如人口或个人收入进行衡量可能更准确。如果选择人口作为重叠债务衡量标准，要确保将重叠债务转换为定值。

注：使用本工作表列出监控因子分析所需数据；
按照行手工绘制工作图，或利用计算机表格程序收集数据并作图。

第五章

无资金保障负债

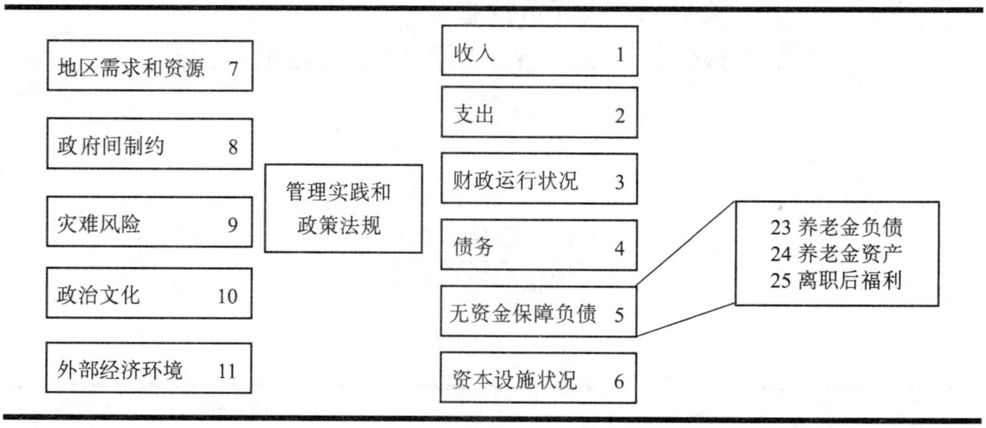

图 34　无资金保障负债监控因子

无资金保障负债是指当前或前几年已发生，直到未来某一段时间内才需要支付，但尚未安排储备的负债。它类似长期债务，因为它代表了将来某一段时间内法定支付的义务。如果类似负债在相当长的时间内任其增长，它会对地方政府财政状况产生非常大的影响。

这里仅考虑两种无资金保障负债：养老金负债和离职后福利（对雇员的辞退补偿和对退休员工的健康保险福利）。它们都会对未来地方政府财政状况产生重大的潜在影响，因为：（1）它们没有在一般财政记录中体现，且其影响较难评估；（2）它们的效应是逐步积累的，可能直到问题很严重时，养老金和离职后福利负债才可能引起注意。

分析地方政府无资金保障负债可以辨析以下问题：

- 养老金负债是否增加？增加速度是多少？有多少无资金保障？
- 养老金缴费额、养老金资产和投资收益是否能同养老金增长保持同步？
- 单位雇员的未使用休假和病休次数是否增加？
- 同地方政府支付能力相比较，对未使用休假和病假的付款政策是否切合实际？
- 退休员工未来健康保险费用是否成为未来地方政府的重要负债负担？

图 34 所示因子可以用于监控无资金保障负债的变化情况。这三个财政监控因子将在以下章节逐一进行介绍。

第 23 节

养老金负债

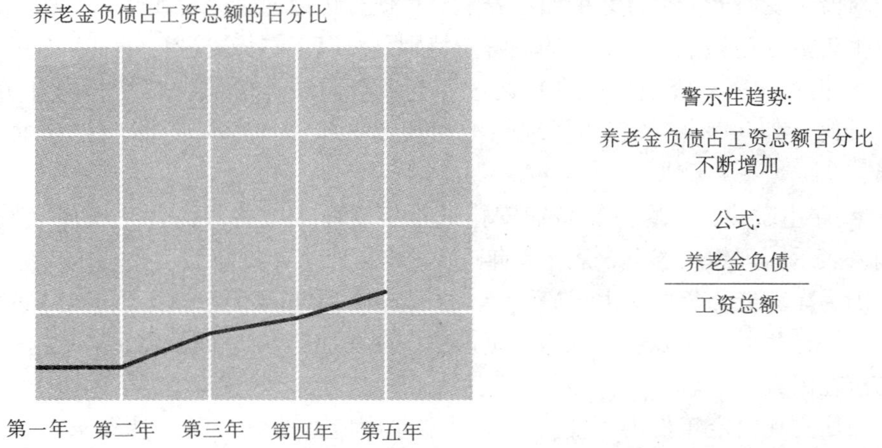

图 35　养老金负债变化

一、概述

养老金计划代表了地方政府的一项重大支出义务。通用会计准则（GAAP）要求，无论雇主是否确实为这些账户提供资金保障，当雇员获取养老金时，雇主都应将养老金的所有计划成本作为累计支出在财政报表中说明。

雇员养老金的预期成本现值叫做“精算应计负债”，本账户同养老金精算价值之间的差额叫“无资金保障精算应计负债”。作为规则，经精确计算的“年度应缴费额”（ARC）可以作为财政报表中雇主养老金成本累计支出的衡量标准。“年度应缴费额”（ARC）包括当前期限内雇员所有的养老金受益成本（“正常成本”）以及其后不超过 30 年内分期摊销的“无资金保障精算应计负债”。

在任何给定的时间内，如果雇主不能全额支付“年度应缴费额”，则净养老金负债[①]应在年度会计报表净资产中反映其低于计划资金保障的情况。相反情况下，“精算应计负债”本身和该负债无资金保障部分都不会在雇主财政报表中

① 净养老金负债定义为：年度养老金成本同雇主计划年度缴费额之间的累计差额，如果存在过渡期内养老金资产或负债，也包括在内。（政府会计准则委员会第 27 号公告）

说明。

二、评价

按照政府财政官员协会（GFOA）和其他使用者反映，很显然，本监控因子对管理自营养老金项目的地方政府很重要，但对那些只是州范围养老金计划一部分的地方政府不太重要。

对既定受益养老金计划的雇主养老金负债，可以通过分析5年以上的养老金财政报告数据趋势，得到更好的理解。特别是对以下趋势要进行仔细考虑：

● 提存比率。资金提存进程通过养老金资源精算价值占“精算应计负债”的百分比（如90%）来表达。理想的情况是，提存比率随着时间推移而不断提高；

● 雇主缴费额。雇主缴费额安排通过年度雇主缴费额占“年度应缴费额”比例来表示。理想状态下，雇主每年应100%提取“年度应缴费额”。

因为净养老金负债是由于雇主在一个或多个周期内不能全额支付“年度应缴费额”而产生的，所以会计报表净资产中，存在净养老金负债就经常成为引起注意的潜在因素之一。

当雇主在给定年份内不能全额支付“年度应缴费额”时，计算未来“年度应缴费额”时精算人员应对该因子相当慎重。相应的，假如雇主能够全额支付未来每一年的“年度应缴费额”，净养老金负债最终应会消除。因此，如果雇主会计报表净资产报告中存在净养老金负债，应特别注意雇主缴费额安排，以确保地方政府已经重新建立了全额支付每年“年度应缴费额”模式。

三、分析建议

如果出现警示性趋势，请辨析其原因（为什么会出现?），评估其重要性（是否重要?）并确定行动策略（能够做什么?）。以下是建议分析点：

● 是否有未足额提存“年度应缴费额”的历史?

● 养老金计划和精算假设的近期变化是否增加了无资金保障养老金负债?能否增加雇员缴费额或降低未来养老金?

● 养老金资产收益是否下降?它是由于总体经济环境恶化、养老金成本增加造成的，还是由于现金和投资管理不善造成的?

● 精算假设是否太乐观?养老金计划是否经专业的精算师进行设计和分析?

四、进一步的分析建议

如果养老金计划精算分析是现成的并随时可用，“无资金保障精算应计负债”同“总精算应计负债”之间的比较分析应很有价值。本监控因子可以表明无资金保障负债占总负债水平以及随时间足额提存的进程。提存水平可以变化，因为在精算过程中，投资市场价值、利率假设和其他假设都是变化的，足额提存的进程只是表明财政进程的一个趋势。

五、政策建议

除了“预算应对所有退休金系统提供足额资金支持”之外，本监控因子的技术特征决定了很难再提出其他政策说明①。

---

① 由于陷入养老金支付危机，最近，美国许多地方政府进行了养老金改革，包括缩减计划开支、计划再融资以及养老金结构改革。译者注，（美）阿尔布里奇著，马海涛等译，《财政学》，经济科学出版社2005年版，第418页。

监控因子 23

养老金负债

警示性趋势：
养老金负债占工资总额百分比不断增加

公式：

$$\frac{\text{养老金负债}}{\text{工资总额}}$$

表 27

序号	概述	数据来源	财政年度数据				
			第一年	第二年	第三年	第四年	第五年
1	无资金保障精算应计负债	附录 A，附表 7，行 1					
2	工资和薪金	附录 A，附表 4，行 1					
3	无资金保障精算应计负债占工资总额百分比	行 1/行 2					

注：人口、个人收入以及其他一些数量关系也可以作为该因子衡量分母。如果选择人口作为养老金负债的分母，请务必将养老金负债转换为定值。

注：使用本工作表列出监控因子分析所需数据；
按照行手工绘制工作图，或利用计算机表格程序收集数据并作图。

第 24 节

养老金资产

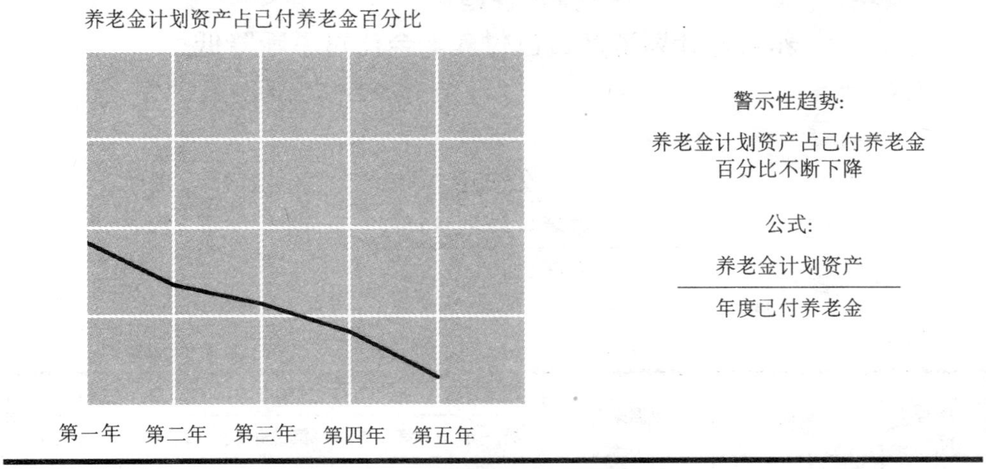

图 36　养老金资产变化

一、概述

养老金计划资产主要包括以现金和投资形式存在的各类资产。计划资产占养老金比重下降表明基金管理方面出现了严重问题。附加考虑的比率是年度养老金收入额占已付养老金百分比，该比率更强调养老金计划满足当前现金支付的能力。

二、评价

财政趋势监控系统（FTMS）使用者反馈表明管理自身养老金计划系统的地方政府经常使用该比率，而对那些参加州范围养老金计划的地方政府则不太适用。养老金计划分析技术性很强，因此，在任何最终决定作出之前，都要咨询专业的精算师。

三、分析建议

如果出现警示性趋势，请辨析其原因、评估其重要性并确定行动策略。建议分析可以参照监控因子 23（养老金负债）的“分析建议”部分。

监控因子 24

养老金资产

警示性趋势：
养老金计划资产占已付养老金比重不断降低

公式：

$$\frac{\text{养老金计划资产}}{\text{年度已付养老金}}$$

表 28

序号	概述	数据来源	财政年度数据				
			第一年	第二年	第三年	第四年	第五年
1	养老金计划资产	附录 A，附表 7，行 3					
2	已付养老金	附录 A，附表 7，行 4					
3	养老金计划资产占已付养老金百分比	行 1/行 2					

注：要计算附加比率，可将养老金计划收入（附录 A，附表7，行2）和投资收入（附录 A，附表7，行5）除以已付养老金得出。

注：使用本工作表列出监控因子分析所需数据；
按照行手工绘制工作图，或利用计算机表格程序收集数据并作图。

第 25 节

离职后福利

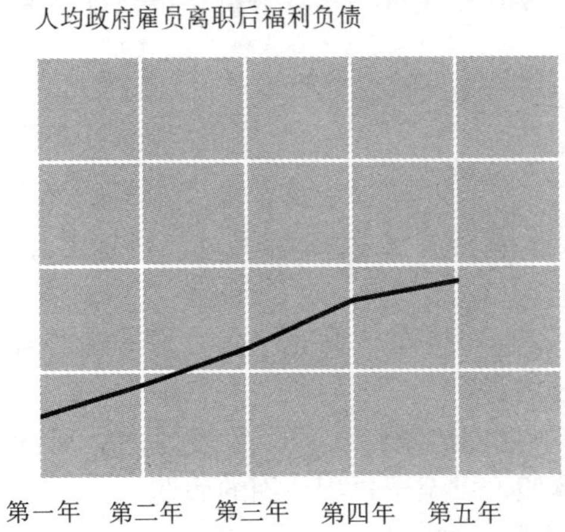

警示性趋势：

人均政府雇员离职后福利负债不断增加

公式：

$$\frac{\text{离职后福利总负债}}{\text{政府雇员数量}}$$

图 37　离职后福利变化

一、概述

地方政府经常允许其雇员累积部分未使用的休假和病休，在解雇或退休时支付。尽管休假最初只是代表一种尚未行使的机会成本，但当雇员在工作、退休或解雇过程中真正行使累计休假时，它们就成为一种实际支出。

有些地方政府允许雇员为退休后健康保险费进行信用累积，这项政策可能会导致退休人员的部分或全部健康保险支出由地方政府来承担。如果雇员工作时地方政府已足额提存该部分费用，则不需要考虑本监控因子。离退休人员健康保险未来负债同养老金系统分析类似，需要精算分析。

二、评价

除了那些非常重视未来财政负债的地区外，只有有限地方政府使用本监控因子。标准普尔关注长期意外负债，如病休和假期，类似信息至少要在财政报表中以附注形式说明。对累积的雇员病休，仅仅工资单记录可能不足以满足该监控因子的数据要求，因此需要估算部分数据。但我们可以改变工资记录系统，这样就可以从现在开始收集未来需要的信息了。

具有稳定从业人员结构的成熟政府可以根据历史经验预测该负债规模。在那些运行不足二十年或三十年，没有由于退休而导致人员调整经历的成长型社区，年度支出会上升很快。在城市，该项负债应予以密切监视以确保休假和病休政策不会造成无资金保障负债的额外增加。

地方政府同样需要类似养老金系统的精算分析，以确定未来离退休人员健康保险负债保证率。建议地方政府在实施任何离退休人员健康保险计划之前，都要进行该项分析。如果类似项目已存在，现在就应进行精算分析，以保证将来不会造成无资金保障负债的意外增长。

三、分析建议

如果出现警示性趋势，请辨析其原因（为什么会出现?），评估其重要性（是否重要?）并确定行动策略（能够做什么?）。以下是建议分析点：

• 负债增加是否是由于累计休假政策调整而导致的？在协议签署之前，是否对一揽子福利计划的长期成本进行过估算？

• 负债增加是否是由于现行政策下过多的累计休假政策导致的？现行工作安排或现金支出政策是否不鼓励员工休假，以至于累积他们的假期？

• 是否有关于现行累计休假数量的报告？

• 基于精算分析基础上的离退休人员无资金保障健康保险成本是否增加？

四、进一步的分析建议

政府会计标准建议使用资产负债表来反映以货币计量的、当前和长期负担的累计年度休假和病休数量。如果有以货币计量的数量，就可以考虑构建一个替代监控因子——“人均雇员年度休假和病休数量（货币）”。该项替代监控因子等于年度休假和病休总数量（货币）除以政府雇员数量。

五、政策建议

政策可以表明最大可允许累计年度休假数量以及假期现金支出过程。而且，作为一项政策，未来离退休人员健康保险成本应建立在类似养老金精算的基础上。以下政策可以帮助地方官员将该监控因子同财政决策相关联：

• 雇员最多允许累计____小时休假，超过该数量的假期要么使用，要么失效（该项政策可以根据不同层次雇员而改变）；

• 雇员只有在过去 12 个月内至少休____小时假期后，才可以申请累积假期现金支付；

• 对离退休人员健康保险的未来负债，应按照政府会计报准委员会（GASB）第 27 条规定，进行类似养老金精算分析。

监控因子 25

离职后福利

警示性趋势：
人均政府雇员离职后福利负债不断增加

公式：

$$\frac{\text{离职后福利总负债}}{\text{政府雇员数量}}$$

表 29

序号	概述	数据来源	财政年度数据				
			第一年	第二年	第三年	第四年	第五年
1	未使用休假负债	附录 A，附表 4，行 13					
2	未使用病休负债	附录 A，附表 4，行 14					
3	未使用休假和病休总负债	行 1 + 行 2					
4	离退休人员无资金保障精算应计负债	附录 A，附表 4，行 15					
5	离职后福利总负债	行 3 + 行 4					
6	政府雇员数量	附录 A，附表 4，行 12					
7	人均政府雇员离职后福利总负债	行 5/行 6					

注：使用本工作表列出监控因子分析所需数据；
按照行手工绘制工作图，或利用计算机表格程序收集数据并作图。

第六章

资本设施状况

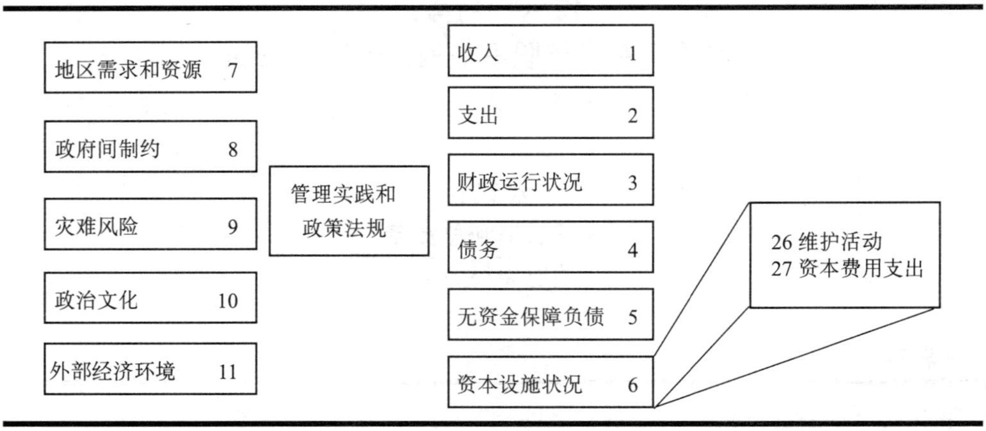

图 38　资本设施监控因子

绝大部分地方政府的财富投向了实物资产或资本设施，如街道、建筑物、公用设施以及设备方面。如果这些资产没有正确维护或日渐废弃，其结果通常是：（1）降低了资产使用寿命；（2）增加了维护和更替成本；（3）降低了社区作为一个适宜居住或从事商业地区的吸引力。

地方政府经常推迟资本设施支出，因为它是临时性减少支出和缓解财政压力的相对“无痛”的办法。然而，持续的减少或推迟资本设施支出会导致严重问题，甚至比资本设施本身所代表的投资额更严重的问题。以下是与不断减少维护活动相关的问题：

- 安全隐患，并导致潜在责任风险，如破损的桥梁和人行道；
- 降低居住和商业的潜在价值；
- 效率降低，破旧的卡车会经常送去维修，而不是奔跑在路上；
- 使设施保持在能够使用的标准上的成本增加，如长时间推迟重新铺设路面，会导致整条道路需要完全重建；
- 未完成的维护和重置积累会导致潜在的大额未来负债。

资本设施状况很难监控，因为很少有地方政府会保持复杂的、集中的维护记录，除非是在专门企业化基金中。不过，图 38 所示因子依然可以监控资本类设施的变化状况。这两个监控因子将在以下章节进行逐一介绍。

第 26 节

维护活动

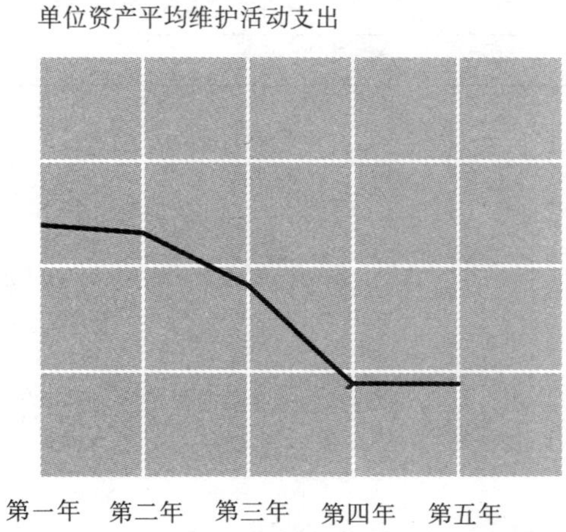

警示性趋势:

总固定资产平均单位维护活动支出不断下降(定值)

公式:

$$\frac{\text{总固定资产修理和维护支出(定值)}}{\text{资产数量}}$$

图 39　维护活动支出变化

一、概述

固定资产，如街道、城市建筑物和桥梁，建造时花费了巨额资金，它们的破损会对商业活动、财产价值以及营运支出产生很大的直接影响。推迟类似资产的维护活动会导致严重的无资金保障负债。

总体上，与资产内在价值和重要性相适应，维护支出应维持基本稳定状态（定值）。维护支出同资产价值之比不断下降可能是政府资产不断恶化的信号，如果一直持续下去，资产状况不断恶化可能会更进一步推高维护支出。

二、评价

财政趋势监控系统（FTMS）使用者反馈表明该因子比较重要，大部分使用者对其中一类或几类资产使用本监控因子。该监控因子的使用数据可能较难收集，需要对每类、每级资产分别计算其维护活动，表 30 可以帮助我们对该监控因子进行分析。

表 30　资产类别、单位

类　别	资产单位
街道	英里
人行道	英里
交通信号	交叉路口数量
下水道	英里
建筑物	平方英尺
停车场	英亩

三、分析建议

如果出现警示性趋势，请辨析其原因（为什么会出现?），评估其重要性（是否重要?）并确定行动策略（能够做什么?）。以下是建议分析点：

- 固定资产维护活动是否推迟到以下情形出现的程度：

— 维修和重置的单位成本不断增加；

— 资产使用寿命缩短；

— 商业活动和资产价值不断下降；

— 营运成本不断增加。

- 由于推迟维护活动而导致的潜在未来成本多大？是否有资产融资计划？
- 在新设施建成之前是否预计到未来的维护成本？
- 是否有所有政府资产的未来维护和重置时间和成本安排表？是否同时考虑了运行成本？

四、政策建议

政策可以建议维护支出水平和固定资产维护支出预算过程。以下政策可以帮助地方政府官员将本监控因子同财政决策相关联：

- 预算应对资本设施和设备的维护以及逐次替换提供足够资金支持；
- 所有资产应维持在可以保护投资、最小化未来维护和重置成本水平上；
- 预测未来 5 年内需替换和维修的所有设备，并对该预测每年进行一次重新估算。同时，建议在该预测基础上，发展和拟定所有设备的维护和重置安排计划；
- 对所有新设施的未来维护成本应足额列入成本。

监控因子 26

维护活动

警示性趋势：
总固定资产平均单位维护活动支出不断下降（定值）

公式：

$$\frac{\text{总固定资产修理和维护活动（定值）}}{\text{资产数量}}$$

表 31

序号	概述	数据来源	财政年度数据				
			第一年	第二年	第三年	第四年	第五年
1	总固定资产修理和维护活动	附录 A，附表 6					
2	当地消费物价指数（CPI）	劳动部统计数字					
3	CPI 百分比	行 2/100					
4	维护支出（定值）	行 1/行 3					
5	资产数量（平方米，英里，等）	附录 A，附表 6					
6	单位资产平均维护活动（定值）	行 4/行 5					

注：对希望检测的每类资产分别计算工作表。

注：使用本工作表列出监控因子分析所需数据；
按照行手工绘制工作图，或利用计算机表格程序收集数据并作图。

第 27 节

资本费用支出

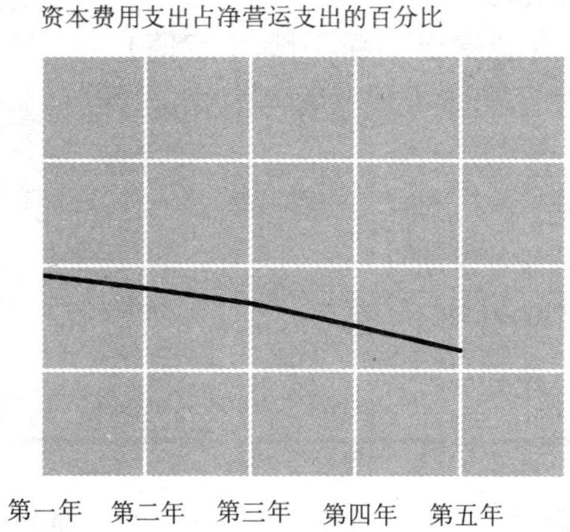

警示性趋势:

营运基金拨付资本费用支出占净营运支出比重3年或3年以上连续下降

公式:

$$\frac{\text{营运基金拨付资本费用支出}}{\text{净营运支出}}$$

图 40　资本费用支出变化

一、概述

由营运基金拨付的运行设备支出——如卡车或打印机，通常叫做“资本费用支出”。资本费用支出项目通常包括那些存在时间超过 1 年、原始成本超过一定最小数额（如＄5，000）的设备。资本费用支出不包括构建公用设施，如街道、建筑物或桥梁等的资本预算支出。

营运基金中资本费用支出的目的是替换损毁的设备或购置新设备。资本费用支出占净营运支出比例是判断设备、备料是否充足的硬指标。超过一定年限后，资本费用支出和净营运支出之间的关系应保持基本稳定。如果该比例短期内下降（1—3 年），它可能是意味着地方政府设备需求基本处于饱和状态，因为大部分设备可以持续一年以上。3 年或 3 年以上的持续下降则意味着资本费用支出需求被推迟了，这可能会导致设备的低效或破损，未来可能需要更大的资本费用支出。

二、评价

财政趋势监控系统（FTMS）使用者反馈表明本因子很重要，但收集和计算本监控因子的数据可能较为困难，或需要花费大量的时间。然而，建议现在就开始收集数据，为将来使用做好准备。

三、分析建议

如果出现警示性趋势，请辨析其原因（为什么会出现?），评估其重要性（是否重要?）并确定行动策略（能够做什么?）。以下是建议分析点：

- 必须的资本费用支出是否被推迟？这是否会导致地方政府使用破损或报废设备？
- 精心维护能否延长设备的使用效率和使用周期？例如，政府是否有办公设备的维护和替代安排计划？是否对每项设备做了这种安排？
- 资本费用支出下降是否是由于单一年份内无力大规模采购导致的？能否建立对内部服务对象收费的基金，该收费基金基本涵盖设备的营运和替换成本，这样经过一定年限后，可以建立一个设备替换基金？或建立一个出于类似目的的简单储备基金？
- 资本费用支出下降是否是由于最近购置了具有相当长使用期限设备，或更高效设备，以致降低了设备替换的总需求而导致的？

四、进一步的分析建议

如果地方政府主要部分设备是通过内部服务基金、企业或资本项目基金购置，那么它们就需要分别进行分析，可能需要同监控因子 26（维护活动）联合进行分析。

同时，如果将该监控因子基于部门或功能进行分类（如公园维护或街道维修），能够快速将分析集中到需要的特殊项目或设备上。

五、政策建议

见监控因子 26（维护活动）的政策建议。

监控因子 27

资本费用支出

警示性趋势：

营运基金拨付资本费用支出占净营运支出比重连续 3 年或 3 年以上下降

公式：

$$\frac{\text{营运基金拨付资本费用支出}}{\text{净营运支出}}$$

表 32

序号	概述	数据来源	财政年度数据				
			第一年	第二年	第三年	第四年	第五年
1	营运基金拨付资本费用支出	附录 A，附表 4，行 5					
2	净营运支出	附录 A，附表 4，行 11					
3	营运基金拨付资本费用支出占净营运支出比重	行 1/行 2					

注：如果政府主要部分运行设备是通过内部服务基金、企业或资本项目基金采购的，应当对这些基金分别进行单独分析。

注：使用本工作表列出监控因子分析所需数据；
按照行手工绘制工作图，或利用计算机表格程序收集数据并作图。

第二部分

监控因素 7—11：环境因素

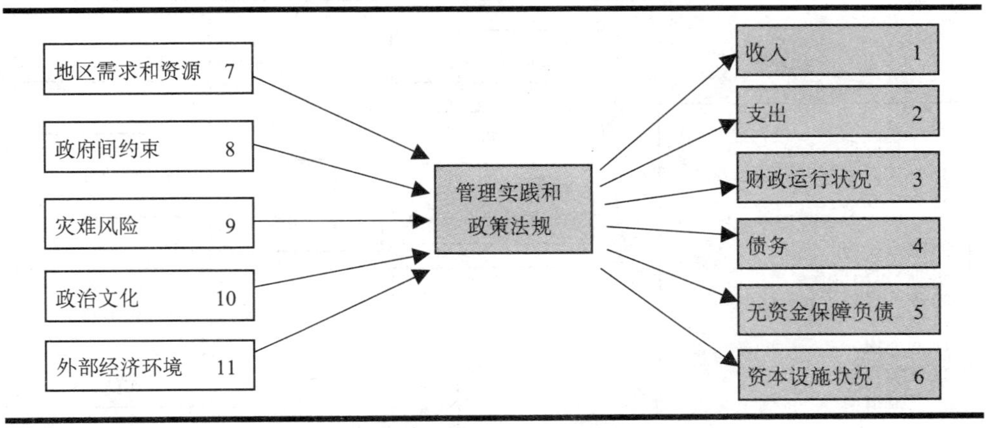

图 41　因素 7—11

本书的第二部分涵盖了财政趋势监控系统（FTMS）剩下的 5 个因素：地区需求和资源；政府间约束；灾难风险；政治文化和外部经济环境。完整的地方政府财政状况评价应包括这 5 个因素。债券评级机构认为地区的社会经济基础是评估地方政府偿付债务负担的财政能力的最重要领域。正如标准普尔集团所说的，“人口变动特征的作用在经济分析中非常重要。人口基础可以刻画出年龄、教育、劳动技能、竞争力、财富和收入水平以及这些因子是如何随时间变化的。人口统计分析还包含地区合并及移民模式的影响，财富特征也是人口统计审查过程中至关重要的因素。”①

第二部分概述了每个因素，并对前 3 个因素提供了可以帮助衡量地方政府外部环境的监控因子。尽管有些环境因素在财政学领域不好衡量，但其重要性不容忽视。最后两个监控因素——政治文化和外部经济环境，没有监控因子，但本书概述了这两个因素能够对财政状况产生积极或消极影响的各个特殊方面，同时给出了一些评估问题，以帮助我们评估每个因素在本地区财政状况中的总体重要性。

① 标准普尔，公共财政标准（2003），41。

第七章

地区需求和资源

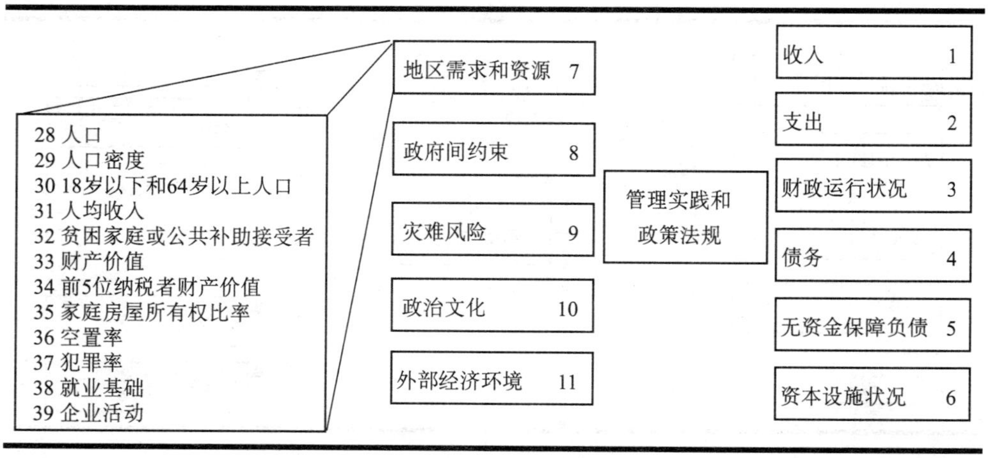

图 42　地区需求和资源监控因子

地区需求和资源监控因子包括经济和人口的特征，如人口、个人收入、财产价值、就业以及企业活动。税收基础和经济特征、人口统计特征被认为是同一事物的不同方面。一方面，税收基础决定了一个地区的财富及产生收入的能力（也就是个人、商业和工业收入水平）；另一方面，经济的和人口的特征影响了地区需求，如公共安全、资本类设施提升和社会服务。

地区需求和资源的变化过程是持续的、累积的因果循环相互作用结果。如，人口或工作机会的减少降低了住房的需求并导致相关住房市场价值的下降，这样就降低了财产税收入。同时，最初人口的降低也会对零售额和个人收入产生消极影响，并导致地方政府收入的进一步降低。由于地方政府支出结构中存在不受人口和商业活动影响的固定支出部分，地方政府通常不能立即按比例减少支出来达到预算平衡。事实上，地方政府很可能被迫提高税率来弥补收入的减少，这样会进一步加大现有人群的财政负担。随着经济环境下滑和税收增加，地区变成一个没有居住吸引力的地方，人口下降会更快。这样循环会持续进行。

地区需求和资源很难转化为监控因子，因为数据不容易收集。图 42 中显示的因子只是代表那些数据能够合理地收集到的监控因子，毫无疑问，有些政府在收集必须的信息方面会遇到较大困难[①]。

此外，为进一步分析监控因子28—39，可能需要审查一些更主观的东西，如地区优势和当前土地利用情况，因为它们与地方政府收入能力息息相关。地区计划和未来发展潜力同样也很重要，同时，应当考虑商业和工业产生收入和就业的能力以及它们在地区和国家经济循环圈中的脆弱性，还要考虑商业和工业基础在面向更大区域，特别是在进出口平衡上的相互关系。此外，还要考虑地区的就业特点、技能以及受教育程度、住房寿命和维护状况、新建和再发展预测等。这些信息很难量化，但它们在判断一个地区的财政状况时非常重要。

对地区经济和人口统计特征的分析可以确定以下问题：

- 按人口、财产价值、就业和企业活动标准衡量的税基下降；
- 由于居民年龄或收入变化，或由于地区发展模式和类型变化而导致的公共服务优先权转移的需要；
- 对公共政策再评估的必要性，如大量商业机会由辖区流失到邻近社区，或国家及地区经济环境已改变。

经济和人口统计特征对长期财政分析尤其有用，并可以使用图42中所列示的因子来监控。每个监控因子将在以下章节进行详细分析。

---

① 例如，自身具有所得税和职业税的地方政府能够很容易监控个人收入变化，但自身不具备这些税收的地方政府会发现如果州政府不提供此类信息，它们几乎不可能获得——除非通过10年普查。

第 28 节

人　口

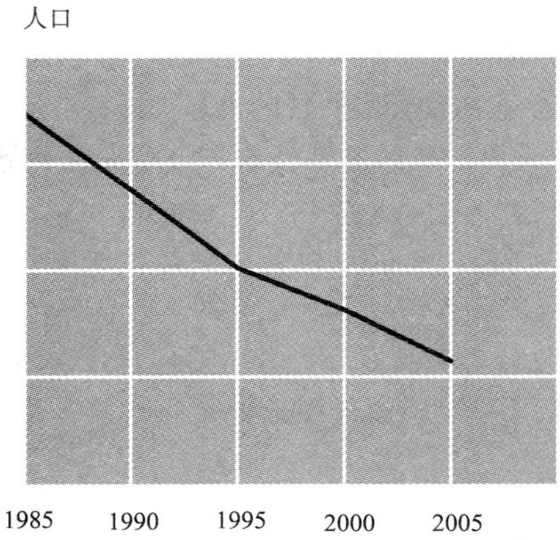

警示性趋势：

人口剧烈变化

公式：

人口

图 43　人口变化

一、概述

人口变化同其他经济学和人口学因素之间的确切关系并不确定。但是，人口变化可以直接影响政府收入：例如有些税收是建立在人均基础之上的，许多政府间收入和补助也是根据人口分配的。突然的人口增加会直接产生对新增资本费用支出和更高水平服务的压力。在固定基础设施已配置完全的地区，在发生合并时，依然产生增加相关营运服务支出的需求。

简单地看，人口下降似乎会缓解支出的压力，因为需要服务的人口减少了。事实上，面对人口下降情况的地方政府，很少能够同人口降低一样成比例地降低支出。首先，许多成本，如债务、养老金、政府法定支出等，都是固定的，在短期内不能减少；其次，如果迁出人口都是中产或高收入家庭，那么遗留在本地区的人口很可能是穷人或老人，他们是最依赖于政府提供服务的。而且，人口水平同其他经济和人口方面因素之间的相互作用，使人口下降对收入产生累积的消极作用：人口下降越大，对就业、收入、住房和企业活动的危害作用就越大。

单单人口数量可能不会完全反映评估人口变化作用的全部信息。建议使用监控因子 29 和 30 来共同评估人口变化作用。人口普查中的附加信息可以帮助当地政府来进行分析，例如可以使用附录 A 中列示的联邦人口普查数据来帮助审查当地社区人口变化情况。

二、评价

财政趋势监控系统使用者反馈表明本监控因子很有效。如前所述，当人口变化经过人口学特征刻画和对当地财政影响评估后，这些信息才会最有用。

人口监控因子信息通常是在主要人口普查年限（每 10 年进行一次）之间进行评估的。尽管这些评估可能不太准确，但这些信息依然十分有效。附录 A 工作表 7 附注说明了这些估计信息。

三、分析建议

如果出现警示性趋势，请辨析其原因（为什么会出现?），评估其重要性（是否重要?）并确定行动策略（能够做什么?）。以下是建议分析点：

- 假如人口下降，请考虑以下问题：

— 人口迁出是由于工作计划减少，还是由于经济或社会环境恶化引起的? 例如，商业税是否比相邻地区要高? 年轻人是否大部分外迁?

— 是否由于住房和工作机会减少而导致人口迁入速率下降?

— 工业或商业地产需求是否下降? 政府能否采取措施扭转这种趋势? 见监控因子 33、36 和 39（财产价值、空置率和企业活动）；

— 小规模家庭数量是否增加，由此导致了政府额外服务成本增加? 如果是，小规模家庭增加是否由于更少家庭生育儿童?

— 住房建设造成了更多的多户家庭还是小规模家庭的出现?

- 地方官员能否通过以下措施解决人口下降问题：

— 通过降低建筑条例标准、建设收费或其他土地使用限制来刺激房地产发展；

— 调整规划以鼓励住宅产业发展；

— 开发和提升可营销土地的发展项目。

- 如果人口增加，考虑以下问题：

— 是否是由于开发成熟地区合并、住房再发展或新住房建设而导致人口增加?

— 提供新居民服务的成本是否同从其获得的收入相持平? 商业发展水平是否同当地居住水平相适应? 见监控因子 38（就业基础）；

— 人口增加是否使以下情况变得紧张：水供应、污水处理能力、交通状况、路边停车能力、电力或其他公用设施、废物处理能力、空气质量以及其他公共空间资源。增加服务的基础设施资本预算支出是多少? 新增营运成本是多少?

— 是否应当颁布或增加开发费、使用费、土地集约利用或建设要求，以保证新发展要付出相应成本？

— 当地官员是否可以并能够保证发展在控制之内？

四、进一步的分析建议

许多地方经历过临时性或季节性人口增减，这些增减可能在人口普查中并没有反映出来。如果本地区属于这种情况，就需要想办法监控这些临时性人口变化，并决定服务需求或收入增加水平。

监控因子 28

人 口

警示性趋势：
人口的剧烈变动

公式：
人口

表 33

序号	概述	数据来源	财政年度数据				
			第一年	第二年	第三年	第四年	第五年
1	人口	附录 A，附表 8，行 1					

注：使用本工作表列出监控因子分析所需数据；
按照行手工绘制工作图，或利用计算机表格程序收集数据并作图。

第29节

人口密度

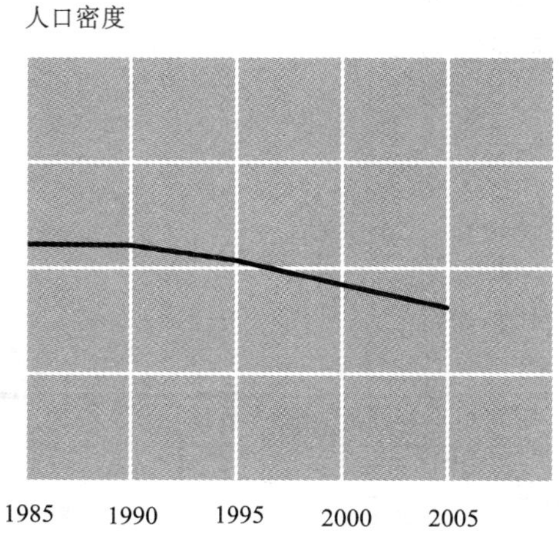

警示性趋势:

人口密度不断下降

公式:

$$\frac{\text{人口}}{\text{辖区面积(平方英里)}}$$

图44　人口密度变化

一、概述

影响公共产品和服务生产的地区因素之一就是社区人口密度。该监控因子可以帮助衡量地方政府提供服务的成本，有些地区布局紧凑，人口密度较高。这种情况下，提供公共服务，如街道维修、消防和公共安全服务等的家庭平均成本较低。如果人口同样多而地域扩展2倍，提供相同服务的成本就会上升。当人口密度过高时，成本曲线就会呈“U”型。原因可能是人口高度密集的中心城区常常承受过多的社会问题负担，这样造成人均政府成本很高。

二、评价

当同其他地区进行比较分析时，人口密度非常有效。我们可以计算本地区内4—5个相邻地区，并列出由低到高的不同人口密度。

三、分析建议

如果出现警示性趋势，请辨析其原因（为什么会出现?）、评估其重要性

（是否重要?）并确定行动策略（能够做什么?）。以下是建议分析点：

- 如果人口密度越来越低，是否其他因子（如监控因子 10［人均财政支出］、监控因子 12［人均政府雇员］）比预期要高，或相比其他社区要高?
- 如果人口密度看起来较高，能否通过政府协同行为来减少公共服务的生产?

四、政策建议

政策可以建议地区通过填充式发展获得受益。这种发展可以通过新服务的边际增长，如街道维修和消防等，而产生附加收入。

- 对于那些街道、公用设施和其他基础设施已发展成熟的地区来说，地区发展行动应主要采取填充式发展。

监控因子 29

人口密度

警示性趋势：
人口密度不断降低

公式：

$$\frac{\text{人口}}{\text{辖区面积（平方英里）}}$$

表 34

序号	概述	数据来源	财政年度数据				
			第一年	第二年	第三年	第四年	第五年
1	人口	附录 A，附表 8，行 1					
2	辖区面积	附录 A，附表 8，行 7					
3	人口密度	行 1/行 2					

注：使用本工作表列出监控因子分析所需数据；
　　按照行手工绘制工作图，或利用计算机表格程序收集数据并作图。

第 30 节

18 岁以下和 64 岁以上人口

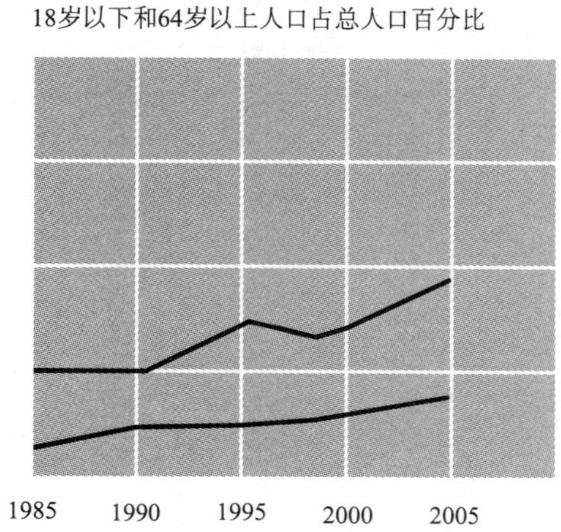

警示性趋势:

18岁以下和64岁以上人口占总人口百分比逐年增加

公式:

$$\frac{\text{18岁以下和64岁以上人口}}{\text{总人口}}$$

图 45　18 岁以下和 64 岁以上人口比重变化

一、概述

居住在本地区的 18 岁以下和 64 岁以上人口数是衡量地区需求的标准之一，它有助于衡量当前和未来需求以及地区负债水平。这部分人群的服务需求要比可工作人员的平均需求要高，同时，将本监控因子结果同其他地区相比较可以获得最佳评价结果。另一个衡量地区需求的监控因子是高中和大学毕业生比重，如果该部分数据比较容易获得，可以将它们包含在分析过程中。

二、评价

18 岁以下和 64 岁以上人口作为社区之间的比较因子最具意义。可以选择在本地区 4—5 个人口最具有代表性社区，对该因子进行比较分析。如果选择使用高中和大学毕业生比率，同样也可以进行类似比较分析。

三、分析建议

如果出现警示性趋势，请辨析其原因（为什么会出现?），评估其重要性

（是否重要?）并确定行动策略（能够做什么?）。以下是建议分析点：

- 如果18岁以下人口比例高于其他地区，本地区是否也对年轻人提供了比其他地区更多的公共服务，如公园和娱乐项目?
- 如果64岁以上人口比例高于其他地区，本地区是否也向老年人提供了更多的公共服务，如老年活动中心等?
- 如果其中某个或两个比重均很高，是否监控因子31，人均收入较低？如果是，当为上述人群提供服务时，地方政府是否会面临较大困难?

监控因子 30

18 岁以下和 64 岁以上人口

警示性趋势：
18 岁以下和 64 岁以上人口占总人口百分比逐年增加

公式：

$$\frac{18\text{ 岁以下和 }64\text{ 岁以上人口}}{\text{总人口}}$$

表 35

序号	概述	数据来源	财政年度数据				
			第一年	第二年	第三年	第四年	第五年
1	18 岁以下人口	附录 A，附表 8，行 2					
2	64 岁以上人口	附录 A，附表 8，行 3					
3	总人口	附录 A，附表 8，行 1					
4	18 岁以下人口占总人口比重	行 1/行 3					
5	64 岁以上人口占总人口比重	行 2/行 3					

注：使用本工作表列出监控因子分析所需数据；
按照行手工绘制工作图，或利用计算机表格程序收集数据并作图。

第 31 节

人均收入

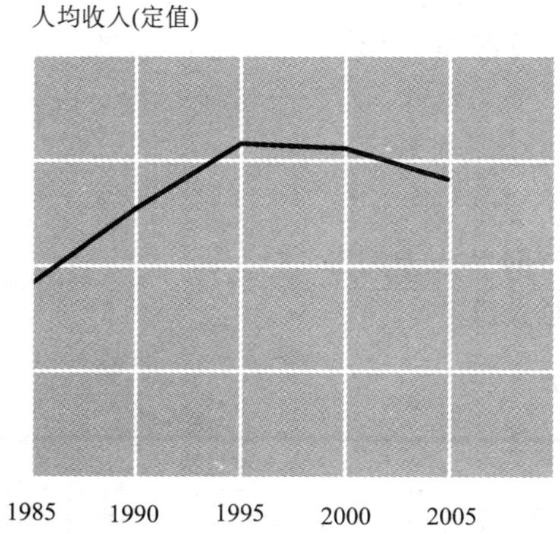

警示性趋势:

人均收入(定值)水平或增长率不断降低

公式:

$$\frac{\text{个人收入(定值)}}{\text{人口}}$$

图 46　人均收入变化

一、概述

人均收入是衡量税收支付能力的重要标准之一：地区人均收入越高，可以征收的财产税、销售税和所得税越多。如果收入是平均分布的，人均收入越高，则意味着对政府服务的依赖程度越低，如交通、健康、娱乐和社会保障等。信用评级机构利用人均收入作为衡量地方政府负债能力的重要指标，它们通常比较人均收入和人均财政支出，来判断收入增长速度是否与支出增长速度相匹配。如果不相匹配，地方税收负担处于上升阶段，可能导致政府未来无力支付负债。

人均收入下降会导致消费购买力下降，这对商业有重大影响，特别是零售业，会经历痛苦的下降过程，并波及当地其他经济部门。

对于那些没有商业和工业税收基础的地区，如郊区，人均收入变化情况非常重要，因为个人收入是提供税收收入的最基本来源。在具有雄厚商业和工业基础的社区，个人收入的重要性相对较低一些。

收入的分布同样很重要。具有相同人均收入的两个地区，可能具有不同的家庭收入模式：一个具有很少的特别富有家庭和大部分低收入家庭；另一个主要由中等收入家庭构成。前一个社区需要大量与低收入家庭相关的服务需求，后一个可能需要较少量服务，且社区经济繁荣。

在州内或地区范围内比较人均收入应比较有意义，因为这种比较通常在政府间补助和收入转移支付时纳入考虑。

二、评价

财政趋势监控系统（FTMS）使用者反馈表明本监控因子有效。尽管本监控因子有效，但低层次政府通常收集不到使用数据，中高层政府通常使用年度估算数据。

家庭收入平均值是另一个衡量个人收入的因子。许多分析者认为本指标更有效，因为对政府服务的需求通常更直接与家庭收入相关，而不是跟人均收入相关。

三、分析建议

如果出现警示性趋势，请辨析其原因（为什么会出现?），评估其重要性（是否重要?）并确定行动策略（能够做什么?）。以下是建议分析点：

- 人均收入是否是由于地方政府不能控制的宏观经济环境恶化造成的?
- 人均收入下降是发生在整个地区还是仅发生在本地区? 能否实行经济再发展策略来吸引或留住高收入家庭? 政府力量是否能用于鼓励兴建更高价值的住房? 能否进一步升级服务和基础设施，使社区成为一个更适宜居住和商业活动的地区?
- 人均收入下降是否是由于中高收入家庭外迁引起的? 是否会导致本地区成为一个需要大量服务但人均收入很低的社区? 见监控因子1（人均财政收入）；
- 人均收入下降是否是由于大量低收入人口迁入引起的? 见监控因子32（贫困家庭及公共补助接受者）；
- 人均收入下降是否导致政府收入下降? 如果是，能否成比例减少支出? 如果不能，是否有足够资源来维持现有服务水平，或是否有削减未来支出的计划?

监控因子 31

人均收入

警示性趋势：

人均收入（定值）水平或增长率不断降低

公式：

$$\frac{\text{个人收入（定值）}}{\text{人口}}$$

表 36

序号	概述	数据来源	财政年度数据				
			第一年	第二年	第三年	第四年	第五年
1	个人收入	附录 A，附表 8，行 4					
2	当地消费物价指数（CPI）	劳动部统计数字					
3	CPI 百分比	行 2/100					
4	个人收入（定值）	行 1/行 3					
5	人口	附录 A，附表 8，行 1					
6	人均收入（定值）	行 4/行 5					

注：使用本工作表列出监控因子分析所需数据；
　　按照行手工绘制工作图，或利用计算机表格程序收集数据并作图。

第 32 节

贫困家庭及公共补助接受者

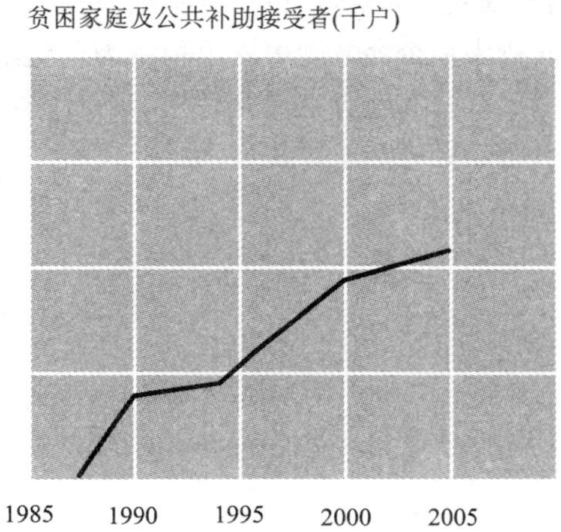

警示性趋势:

贫困家庭及公共补助接受者不断增加

公式:

$$\frac{\text{贫困家庭及公共补助接受者}}{\text{家庭数量(千户)}}$$

图 47　贫困家庭及公共补助接受者数量变化

一、概述

作为衡量个人收入总体变化的辅助因子，贫困家庭及公共补助接受者人口增加是未来某些服务需求量或水平增加的标志，因为低收入家庭相对缺乏个人财产，而服务需求相对较高。

二、评价

财政趋势监控系统（FTMS）使用者反馈表明很少使用本因子。使用本监控因子的相关数据很难收集，特别是对于小地区，且没有替代数据来源。

三、分析建议

如果出现警示性趋势，请辨析其原因（为什么会出现?），评估其重要性（是否重要?）并确定行动策略（能够做什么?）。以下是建议分析点：

- 这种增长是否是属于对收入和支出有不利影响的个人收入总体下降中的

一部分？见监控因子 31（人均收入）；

- 这种增长是否是由于失业或当地经济环境恶化引起的？见监控因子 38 和 39（就业基础和企业活动）；
- 对贫困家庭或公共补助接受者来说，其家主的性别及平均年龄是什么？他们的家主是老人、退休人员、未成年人还是带小孩的单亲妈妈？
- 是否有由慈善组织营运或地方政府通过州补助及其他基金提供资金来源的项目，能用于提高低收入居民的就业技能和总体就业能力？
- 贫困家庭是否居住在贫民窟？由于居民没有能力提供足够维修，是否存在财产价值下降等副作用？更严格的执法行为是否会鼓励房屋出租者为租住给贫困家庭的房产提供足够维修？建立特别税赋区或实施资本提升计划能否提高本地区基础设施水平？联邦住房补助计划能否用于提升本地区住房水平？住房救助金是否适用于低收入家庭？

监控因子 32

贫困家庭及公共补助接受者

警示性趋势：
贫困家庭及公共补助接受者占总人口比重逐年增加

公式：

$$\frac{\text{贫困家庭及公共补助接受者}}{\text{总人口}}$$

表 37

序号	概述	数据来源	财政年度数据				
			第一年	第二年	第三年	第四年	第五年
1	贫困家庭	附录 A，附表 8，行 5					
2	公共补助接受者	附录 A，附表 8，行 6					
3	居民家庭数	附录 A，附表 8，行 13					
4	以个为单位的家庭数量	行 3/1000					
5	贫困家庭或公共补助者占家庭数（千户）比重	行 1 或行 2/行 4					

注：居民家庭数也可用人口代替。

注：使用本工作表列出监控因子分析所需数据；
按照行手工绘制工作图，或利用计算机表格程序收集数据并作图。

第 33 节

财产价值

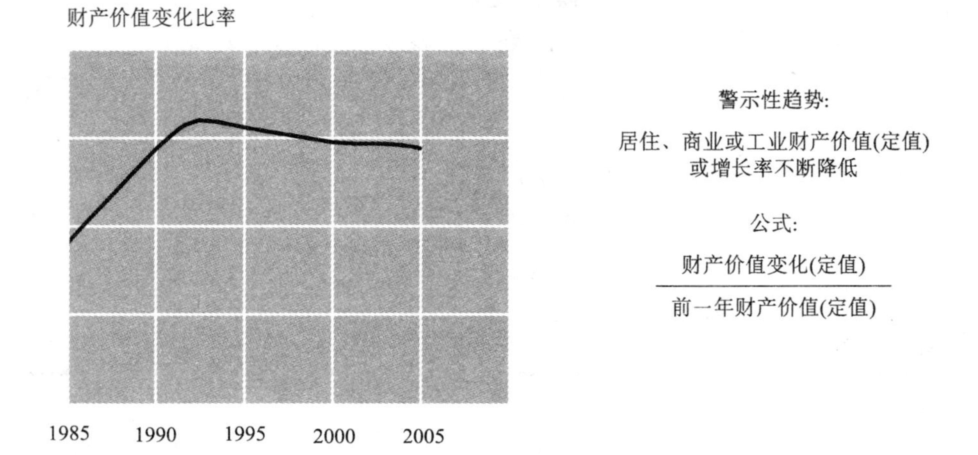

图 48 财产价值变化

一、概述

财产价值变化非常重要，因为绝大部分地方政府都依赖于财产税，并作为其收入基础部分，特别是在固定或稳定税率的地区，总体财产价值越高，收入也就越高。处于人口和经济增长期的地区，短期内其单位财产价值可能相应上升，因为短期内房屋供应是固定的，而需求增加会促使单位房产价格上升。在人口和经济下滑地区，更可能看到的是财产市值不断下降。

财产价值下降对政府收入的影响取决于政府对财产税的依赖程度，并会影响地方的经济状况和其他收入，如销售税，但其影响程度很难估计。所有经济和人口因子都是紧密相关的，财产价值下降最多是其他问题（潜在问题）的表现而非原因。

二、评价

财政趋势监控系统（FTMS）使用者反馈表明本因子很有效，也同样获得了财政预算官员协会（GFOA）的高度评价。标准普尔通过审查税基以及组成部分评价地方政府财政能力。同评价过去5—10年内财产价值趋势一样，需要按居民、商业和工业税收收入对总收入贡献比例进行分类分析。无论地方政府是否依赖于财产税，本书都建议尽力发展并使用本监控因子，因为财产价值是衡量地方经济健康状况的重要指标。

为确定居民、商业和工业等主要类别财产市值上升和下降过程，按大类对主要财产价值进行趋势分析是十分有益的。

三、分析建议

如果出现警示性趋势，请辨析其原因（为什么会出现?），评估其重要性（是否重要?）并确定行动策略（能够做什么?）。以下是建议分析点：

● 财产价值的下降是否是由于地方政府不可控制的地区性趋势？这种下降对收入是否具有消极的影响？是否制定了应急计划？

● 财产价值下降是否是由于人口和企业活动的下降导致的？见监控因子28和29（人口及企业活动）；

● 财产价值下降是否是由于资本设施状况恶化引起的？下列手段能够提高设施水平：

— 改进维护和替换计划；

— 建设新的或更好的设施；

— 提升通信网络结构；

— 再发展和其他长期财政计划；

— 积极争取一次性补助；

— 使用影响费①来提升道路、公园、自来水及污水处理设施水平；

— 积极刺激私人投资。

● 财产价值下降是否是由于住房市场存量恶化引起的？下列手段能否提升住房市场存量：

— 再发展计划；

— 复兴借款；

— 住房补助；

— 抵押贷款补助；

— 严格执法；

— 设立特别税赋区；

— 新发展和改善住房激励措施。

---

① 如现行美国向开发者所课征的影响费（impact fee）及关联费方案（linkage programs），就是以外部性概念处理土地开发对环境冲击影响的具体表现，如交通影响费、开发影响费等，译者注。

四、进一步的分析建议

财产价值的快速增长和快速下降，都是深层次问题的标志。如果财产价值比个人或中位收入增长速度都要快，而财产税再评估也紧跟这种增长趋势，越来越多的公民将不能支付他们的财产税——特别是依赖固定收入的老年人。

为评估这种情况的潜在可能性，比较本监控因子变化率（［今年－上年］÷上年数）和监控因子 31 的变化率。使用超过 64 岁人口变化数（见监控因子 30，18 岁以下和 64 岁以上人口）也可以计算出变化率并比较此信息。尽管这种比较不能显示出财产税什么时候或是否成为老年人的沉重负担，但它们可以让我们知道这种可能性的大小。

监控因子 33

财产价值

警示性趋势：

居住、商业或工业财产价值（定值）或其增长率不断下降

公式：

$$\frac{\text{财产价值变化量（定值）}}{\text{前年财产价值（定值）}}$$

表 38

序号	概述	数据来源	财政年度数据				
			第一年	第二年	第三年	第四年	第五年
1	财产（居住、商业和工业）市场价值[①]	附录 A，附表 8，行 9—11[②]					
2	当地消费物价指数（CPI）	劳动部统计数字					
3	CPI 百分比	行 2/100					
4	财产价值（定值）	行 1/行 3					
5	财产价值变化量	当前年行 1 – 上年行 1[③]					
6	财产价值变化率	当前年行 5/上年行 4					

注：使用本工作表列出监控因子分析所需数据；

按行手工绘制工作图，或利用计算机表格程序收集数据并作图。

① 财产市场价值是最好的衡量标准。因为它可以直接衡量财产财富价值。然而，市场价值有时很难获得，这种情况下也可以用评估价值或其他合理办法。

② 按类别单独对财产进行评估。

③ 如果前十年数据可以获得的话，从 1990 到 2000 年的数据可以通过平均前十年数据获得。

第 34 节

前五位纳税者

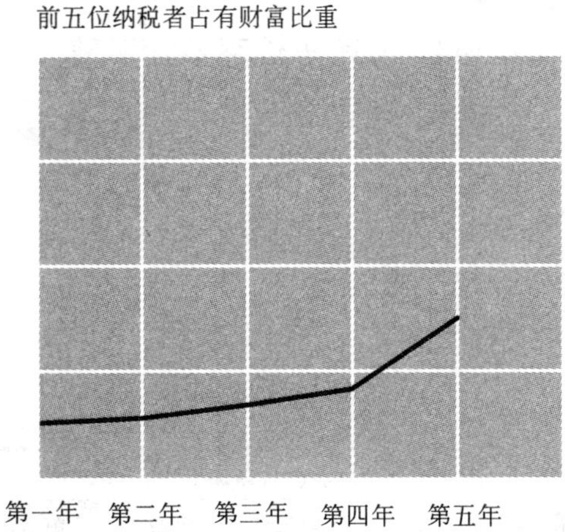

警示性趋势:

少数纳税者评估财产价值比重不断增加或占有较高比例

公式:

$$\frac{\text{前五位纳税者评估财产价值}}{\text{总评估财产价值}}$$

图 49　前五位纳税者占有财富比重变化

一、概述

本因子衡量了社区财富的集中程度，并可以帮助分析由于财富集中于少数纳税人而导致的经济基础脆弱性。信用评级机构也常使用本因子来判断财富的集中程度，并刻画和评估了主要纳税者对地区经济的直接和间接影响。如果地方政府严重依赖少数纳税者的财产税，它对这些纳税者财产评估值的任何变化都非常敏感。

二、评价

地方政府年度综合财政报告（CAFR）的统计数据部分经常可以显示地区内的最大雇主或最大纳税者，通过财产税纳税记录可以很方便地区分前五位纳税者。纳税收入来源的集中性应引起同监控因子 3（政府间收入）一样的关注，只不过该因子刻画了从州和联邦政府取得收入的集中程度。

总体上，如果前五位纳税者占有地区总纳税财产价值 20% 以上，地方政府就要引起相当注意了。

三、分析建议

如果出现警示性趋势，请辨析其原因（为什么会出现?），评估其重要性（是否重要?）并确定行动策略（能够做什么?）。以下是建议分析点：

- 通过经济发展，能否分散地区财产税基础?
- 前几位纳税者财政是否稳健？它们的服务需求是同地方整体需求相一致还是相互冲突?
- 能否扩大或增加其他收入来源，使总收入多样化?

监控因子 34

前 5 位纳税者

警示性趋势：
少数纳税者评估财产价值占总体评估价值比重不断上升或占有较高的比例

公式：

$$\frac{\text{前五位纳税者评估财产价值}}{\text{总评估财产价值}}$$

表 39

序号	概述	数据来源	财政年度数据				
			第一年	第二年	第三年	第四年	第五年
1	前 5 位纳税者评估财产价值	附录 A，附表 8，行 12					
2	地区总财产评估价值	附录 A，附表 8，行 8					
3	前 5 位纳税者评估财产价值/总评估价值	行 1/行 2					

注：使用本工作表列出监控因子分析所需数据；
按照行手工绘制工作图，或利用计算机表格程序收集数据并作图。

第 35 节

家庭房屋所有权比率

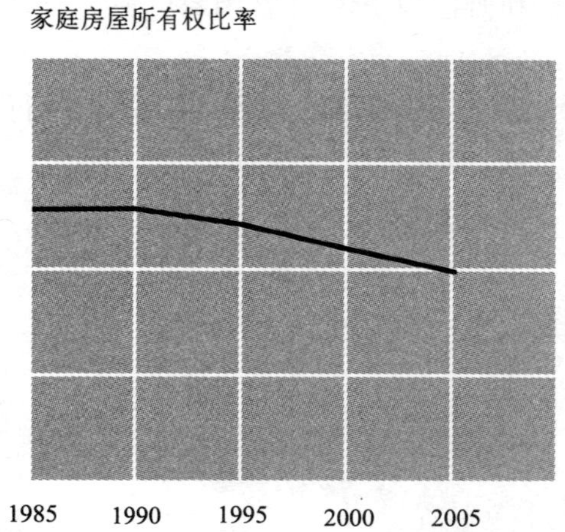

警示性趋势：

家庭房屋所有权比率不断下降

公式：

家庭房屋所有权比率

图 50　家庭房屋所有权比率变化

一、概述

另一项衡量地区需求的比率就是居住权比率，即家庭房屋所有权比率。本监控因子可衡量当前和将来需求以及地方负债水平、房屋购置能力以及可获得房屋人口的财政能力。经济条件对家庭房屋所有权比率的影响类似于对空置率的影响（见监控因子 36［空置率］）。对于以房地产为主导产业的地区来说，还要考虑另一些附加分析标准——房屋平均寿命和置换率。联邦政府通常将这两项标准作为地方发展补助基金的分配基础，且对分析地区社会经济基础非常有益。

二、评价

本监控因子同因子 36（空置率）很类似，只是从不同角度衡量了地方房地产发展情况。尽管本监控因子提供的信息很有效，但只能在每 10 年经济普查时才能提供相关数据。附录 A 附表 8 的附注建议了一些数据来源，但总体而言，本监控因子数据较难获得。

三、分析建议

如果出现警示性趋势，请辨析其原因（为什么会出现?），评估其重要性（是否重要?）并确定行动策略（能够做什么?）。以下是建议分析点：

- 家庭房屋所有权比率下降是否是由于地区总体经济环境下降引起的?
- 家庭房屋所有权比率下降是否是由于个人收入下降或地区贫困家庭增加引起的?（见监控因子 31［人均收入］和监控因子 32［贫困家庭或公共补助接受者］）
- 家庭房屋所有权比率下降是否预示有必要对第一次购买房屋者进行公共资助?

监控因子 35

家庭房屋所有权比率

警示性趋势：
家庭房屋所有权比率不断降低

公式：
家庭房屋所有权比率

表 40

序号	概述	数据来源	财政年度数据				
			第一年	第二年	第三年	第四年	第五年
1	家庭房屋所有权比率	附录 A，附表 8，行 14					

注：使用本工作表列出监控因子分析所需数据；
按照行手工绘制工作图，或利用计算机表格程序收集数据并作图。

第 36 节
空置率

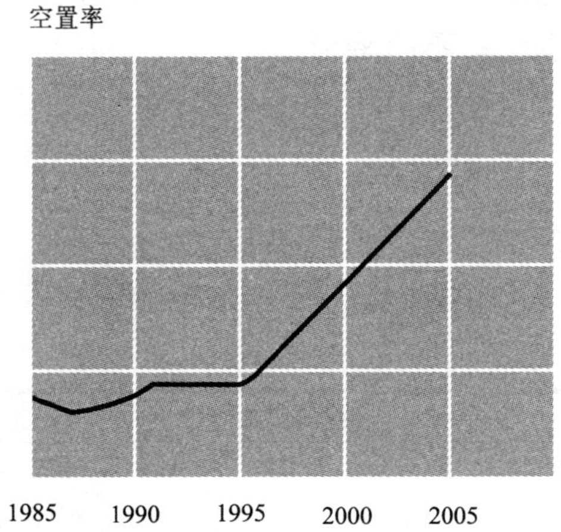

警示性趋势:

居民、商业和工业房产空置率不断上升

公式:

空置率

图 51　空置率变化

一、概述

如果经济发展停滞或下滑，对居住、商业和工业的租赁性建筑需求就会下降，空置率会上升。如果本地区适宜居住或企业活动，对各种租赁性建筑的需求会较高，空置率会较低。经济发展的短期波动会造成空置率暂时上升，尽管这并不表明存在任何问题，但它可以作为一个短期内过度建设的信号。无论如何，空置率追踪分析可以提供潜在的经济或人口问题的早期预警信号。

二、评价

财政趋势监控系统（FTMS）使用者反馈表明很少使用本因子。尽管本监控因子提供的信息对当地官员很有效，但它很难获得。附录 A 附表 8 附注建议了一些数据来源。但如数据无法获得，也很正常。

三、分析建议

如果出现警示性趋势，请辨析其原因（为什么会出现?），评估其重要性

（是否重要?）并确定行动策略（能够做什么?）。以下是建议分析点：

- 空置率上升是否是由于当地总体经济环境恶化所致？见监控因子 39，企业活动；
- 商业和工业建筑空置率上升是否是由于纯粹的设计或建筑风格原因？地方政府能否鼓励或帮助财产所有者进行改良？
- 商业或工业建筑空置率上升是否是由于公司迁移至邻近地区？本地区能否改善其竞争条件？见监控因子 39（企业活动）。

监控因子 36

空置率

警示性趋势：
居住、商业和工业房产空置率不断上升

公式：
空置率

表 41

序号	概述	数据来源	财政年度数据				
			第一年	第二年	第三年	第四年	第五年
1	居住房产空置率	附录 A，附表 8，行 15					
2	商业房产空置率	附录 A，附表 8，行 16					
3	工业房产空置率	附录 A，附表 8，行 17					

注：使用本工作表列出监控因子分析所需数据；
按照行手工绘制工作图，或利用计算机表格程序收集数据并作图。

第 37 节

犯罪率

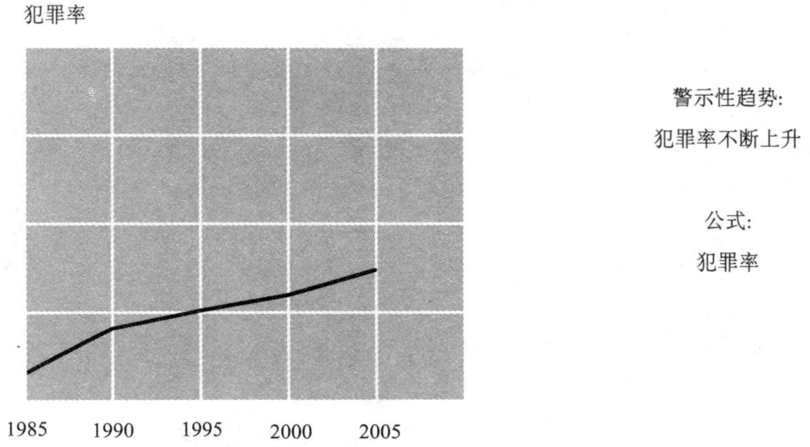

图 52　犯罪率变化

一、概述

犯罪率代表了地方发展的负面因素，它影响了本地区当前和未来的经济发展潜力。犯罪率也衡量了对公共安全服务需求水平——以公共安全支出的形式表现出来。犯罪率信息通常可以从当地警察部门获得，它们随时追踪分析犯罪统计数据。在全国或地区范围内比较本监控因子是非常有意义的。

二、评价

地方警察部门定期报告当地犯罪率并联合其他部门发布相关对比例行报告。通过这些渠道，信息很容易获得。需注意的是，要确保本监控因子衡量的是犯罪率整体情况或地方政府感觉最重要的犯罪信息。

三、分析建议

如果出现警示性趋势，请辨析其原因（为什么会出现?），评估其重要性

（是否重要?）并确定行动策略（能够做什么?）。以下是建议分析点：

- 如果犯罪率上升，它是在州范围内还是地区性趋势，抑或是单纯地方性趋势?
- 犯罪率上升是否导致公共安全支出增加，并使地方政府预算变得紧张?
- 如果犯罪率上升，它是否排挤了现有商业或压制了新兴商业发展，从而危害了当地经济的长远发展?

监控因子 37

犯罪率

警示性趋势：
犯罪率不断上升

公式：
犯罪率

表 42

序号	概述	数据来源	财政年度数据				
			第一年	第二年	第三年	第四年	第五年
1	犯罪率	附录 A， 附表 8， 行 23					

注：使用本工作表列出监控因子分析所需数据；
按照行手工绘制工作图，或利用计算机表格程序收集数据并作图。

第 38 节

就业基础

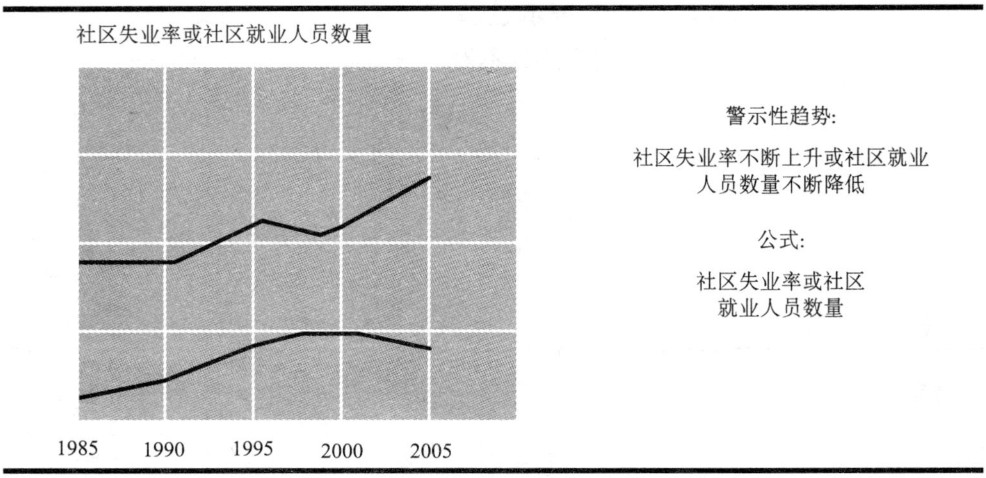

图 53　就业基础变化

一、概述

将失业率和地区就业人员数量一同考虑，是因为它们密切相关，为讨论方便统称为就业基础。就业基础直接同企业活动和个人收入密切相关。失业率变化同个人收入变化相关，因此是衡量和影响地方政府支持商业部门的能力的标准①。地区内工作数量②的变化也是一个衡量和影响企业活动的标准。

如果就业基础上升，如果就业基础有足够的多样性能为短期波动或某个部门的衰退提供缓冲，而且如果就业基础能够提供足够收入支持当地商业，它会对地方政府财政状况产生积极影响。反之，如果就业基础下降——以失业率或社区内工作数量作为衡量标准，可能是经济全面下滑以及政府收入下降的早期信号。

二、评价

财政趋势监控系统使用者反馈表明本监控因子中等有效。但是信用评级机构

---

① 失业率反映了居住在本地区范围内（无论其工作是否在本地区）的市民的工作状态。

② 地区内工作数量包括在地区地理范围内，由公共或私人部门提供的所有工作数量。

认为就业基础是一项衡量地区未来经济发展活力的基础性指标，如标准普尔集团就衡量过去12年内失业率和劳动力增长水平。从当地来源获得本监控因子数据可能有些困难，但当地商业部门可能有这些数据。更多建议见附录A附表8附注。

无论从何处获得数据，本监控因子应按行业分析就业基础，如制造业、服务业、政府、金融/保险/房地产、批发和零售，以及交通/公用设施/建筑等部门，等等。

三、分析建议

如果出现警示性趋势，请辨析其原因（为什么会出现?），评估其重要性（是否重要?）并确定行动策略（能够做什么?）。以下是建议分析点：

● 就业基础下降是不是由于地方政府无能为力的地区性或全国性趋势导致的?

● 就业基础下降是不是由于当地条件的变化，如人口、收入、财产价值或企业活动等导致的? 分别见监控因子28（人口）、31（人均收入）、33（财产价值）和39（企业活动）。

● 地方政府是否有与经济发展相适应的策略计划?

● 地方政府能否充分利用州、联邦或其他项目来提高当地居民就业技能和增加就业机会?

监控因子 38

就业基础

警示性趋势：

社区失业率不断上升或社区就业人员数量不断下降

公式：

社区失业率或/社区就业人员数量

表 43

序号	概述	数据来源	财政年度数据				
			第一年	第二年	第三年	第四年	第五年
1	失业率	附录 A，附表 8，行 18					
2	社区就业人员数量	附录 A，附表 8，行 19					

注：使用本工作表列出监控因子分析所需数据；
按照行手工绘制工作图，或利用计算机表格程序收集数据并作图。

第 39 节
企业活动

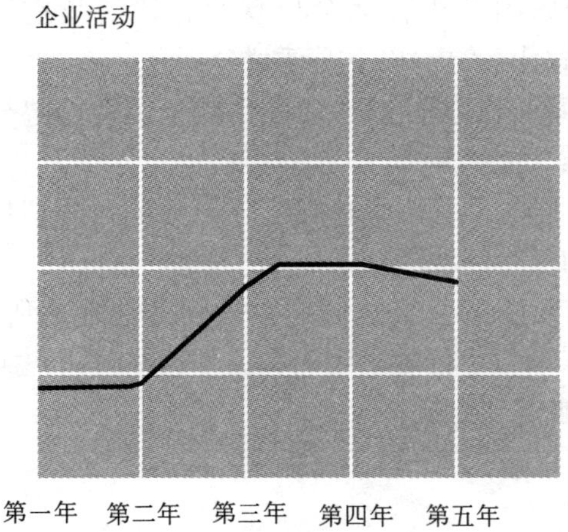

警示性趋势:

以零售额、工商业单位数量或总收入
为标准的企业活动下滑
(如有可能，采用定值)

公式:

零售额(定值)
工商业单位数量
总收入(定值)

图 54　企业活动

一、概述

企业活动水平可以从两个方面影响地方政府财政状况：一方面，它直接影响到地方政府收入，因为这是企业活动的直接后果，如那些与销售和企业活动有直接关联的税收；另一方面它具有非直接的影响力，企业活动变化可以影响人口和经济领域，如个人收入、财产价值、就业基础等。企业活动变化具有累加效应，例如，企业活动下降可以伤害地区的就业基础，反过来又会导致企业活动进一步加速下滑。

二、评价

财政趋势监控系统（FTMS）使用者反馈表明很少使用本监控因子。有些地方依赖于州政府提供就业基础和数据，可能发现数据获得相对容易一些。零售额信息可能是最普通的，它可以从管理销售税的州或地方政府办公室获得。零售额信息通常按企业类型或地区进行划分。具备发放执照收入、收费、总收入或职业税税基的地区，能够从管理这些收入的部门获得关于企业数量、种类以及经营状况等信息。

社区、地区和州商业部（局）可以作为附加信息来源。银行和地方、州商业部门也可以获得当前的以及未来1—5年内预测数据。更多建议见附录A附表8。

三、分析建议

如果出现警示性趋势，请辨析其原因（为什么会出现?），评估其重要性（是否重要?）并确定行动策略（能够做什么?）。以下是建议分析点：

● 企业活动下降是否是由于地方政府无法控制的地区性或全国性趋势导致的？这种下降对收入是否具有消极影响？是否制定了应急计划？

● 这种下降是否是由于人口、个人收入或就业基础下降导致的？分别见监控因子28（人口）、31（人均收入）和38（就业基础）；

● 企业活动下降是不是由于企业无法经营或它们准备迁到其他地区所致？在第二种情况下，地方政府是否能够采取以下措施来吸引和留住这些公司：

→ 增加工商业所依赖的公共服务水平和数量；

→ 减少政府收费和解除管制；

→ 简化审批手续；

→ 提供企业发展奖励措施；

→ 提高地方硬件水平；

→ 增加可用的工业和商业发展用地；

→ 以更积极的态度来推广地方优势。

● 这种下降是否是由于商业和工业设施老化引起的？见监控因子33（财产价值）；

● 同全国或地区性水平相比，本地区是否维持了其按零售额或其他标准衡量的企业活动份额？如果不能，是不是由于以下原因造成的：

→ 其他地区更强有力的竞争；

→ 地方商业服务落后于地区或邻近地方需求；

→ 硬件设施老化；

→ 适宜企业发展的地产供应减少。

● 地方硬件设施老化是否阻碍了新兴行业的振兴？

监控因子 39

企业活动

警示性趋势：
以零售额、工商业单位数量或总收入为标准的企业活动下降
（如有可能，采用定值）

公式：
零售额（定值）
工商业单位数量
总收入（定值）

表 44

序号	概述	数据来源	财政年度数据				
			第一年	第二年	第三年	第四年	第五年
1	零售额①	附录 A，附表 8，行 20					
2	工商业单位数量	附录 A，附表 8，行 21					
3	总收入①	附录 A，附表 8，行 22					

注：使用本工作表列出监控因子分析所需数据；
按照行手工绘制工作图，或利用计算机表格程序收集数据并作图。

① 按照百分化 CPI 折算后的定值进行计算。

第八章

政府间约束

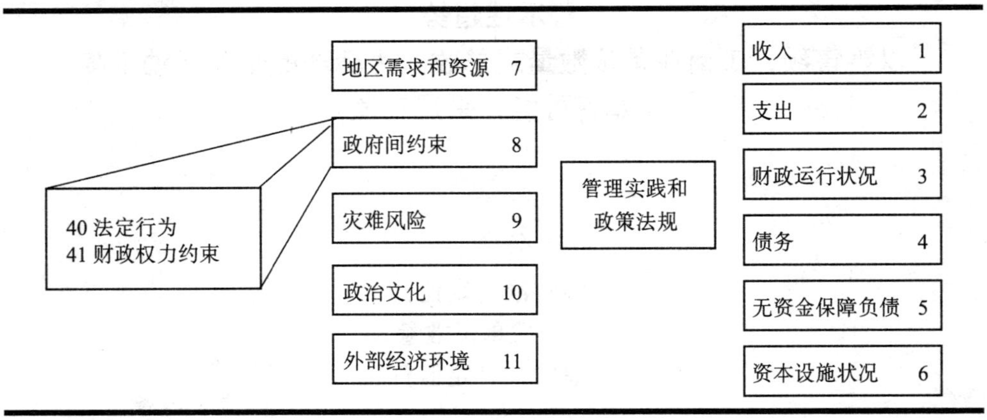

图 55　政府间约束监控因子

根据州和联邦宪法，地方政府是州政府产物，并在州范围内组建。即使那些根据自治条例组建的地方政府，州政府也经常干预条例形成过程。根据政府组织法，地方政府还受到其他的政府间约束限制，如政府间内部合作协定以及联邦约束等。这些约束影响地方政府结构、服务响应能力及财政能力。地方政府官员常常会发现这些约束限制了其决策的灵活性。

多年来，联邦政府和州政府颁布了许多新服务项目或支出水平规定。某些非常时期，高一级政府常把削减对下级政府的转移支付作为平衡预算赤字的办法，这种行为严重损害了许多地方政府的财政状况。

第 40 节
法定行为

法定行为支出占净营运支出比重

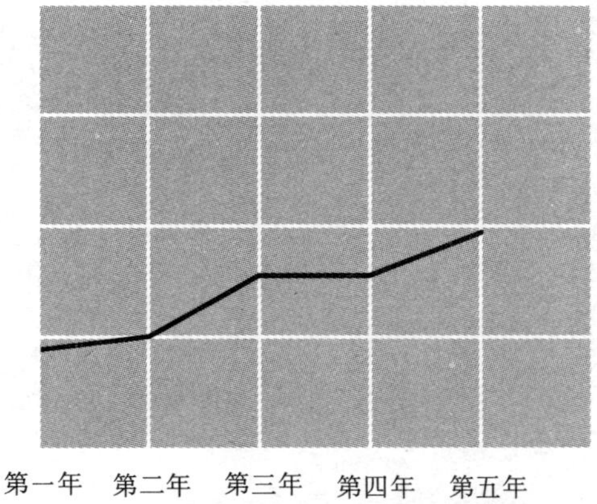

警示性趋势:

法定行为支出占净营运支出比重不断上升

公式:

$$\frac{\text{法定行为支出}}{\text{净营运支出}}$$

图 56　法定行为支出占比

一、概述

联邦或州政府会规定地方政府提供某些服务，该服务称之为法定行为，这些服务也可能是法院判决的结果。无论地方政府的财政能力是否能够同提供服务的能力相匹配，这些法定服务都必须提供。有时，上级政府会对这些服务及服务水平作出特别说明，有时会让地方政府来决定服务水平。法定行为和由地方政府决定服务水平的法定行为都会对地方政府财政灵活性产生很大限制。

很难精确测量法定行为的服务水平，本监控因子依赖地方政府管理者的专业判断，来评估法定行为成本及其对地方财政自由裁量权的影响。

二、评价

地方政府、州和联邦政府的许多关系都涉及法定行为。作为将法定行为量化衡量的一项努力，本监控因子表明所有保持在地方政府手中的财政自由裁量权水平。

三、分析建议

如果出现警示性趋势，请辨析其原因（为什么会出现?），评估其重要性（是否重要?）并确定行动策略（能够做什么?）。以下是建议分析点：

- 政府间转移收入是多少？与这些转移收入相对应的法定服务支出是多少？转移收入管理成本是多少？见监控因子3（政府间收入）；
- 法定行为支出是多少？能否从颁布该项服务的相应层次政府获取全部支出资金？

监控因子 40

法定行为

警示性趋势：
法定行为支出占净营运支出比重不断上升

公式：

$$\frac{\text{法定行为支出}}{\text{净营运支出}}$$

表 45

序号	概述	数据来源	财政年度数据				
			第一年	第二年	第三年	第四年	第五年
1	州政府法定行为支出	附录 A，附表 5，行 2					
2	联邦政府法定行为支出	附录 A，附表 5，行 3					
3	法院判决行为支出	附录 A，附表 5，行 4					
4	法定行为支出合计	行 1 + 行 2 + 行 3					
5	净营运支出	附录 A，附表 4，行 11					
6	法定行为支出占净营运支出比重	行 4/行 5					

注：使用本工作表列出监控因子分析所需数据；
按照行手工绘制工作图，或利用计算机表格程序收集数据并作图。

第41节

财政权力约束

警示现象：
高水平的外部财政权力约束

公式：
见趋势工作表

一、概述

与前一个监控因子（法定行为）关注支出的外部控制不同，本监控因子关注地方政府自身管理或增加收入的能力。在目前的联邦制下，州政府可以剥夺地方政府提高税收的权力；自治条例可以限制地方政府管理者的财政决策能力；选民倡议同样能够限制决策者在财政领域的自由裁量权。本监控因子评估了地方政府财政弹性的约束水平。

其实，现实中很难精确评估财政约束水平，它主要依赖于地方政府管理者的专业判断来评估外部限制对地方财政自由裁量权的影响程度。本监控因子很难作出趋势判断，建议作为当前限制水平内的自我评价因子使用。

二、评价

在联邦制下，地方政府提供了绝大部分面向大众的直接服务，但却只拥有最小的权力来决定如何为这些服务提供资金。本监控因子可以帮助评估地方政府管理其财政事务的自由裁量权水平。它可以帮助地方政府思考其涉及的各种财政弹性约束。一般来说，不同地方政府限制不同，但提高收入和发债上的约束对地方政府财政能力有很大影响。地方政府按需调整地区税基的能力可以降低财政压力，而没有这种能力会产生很大的压力。

三、分析建议

如果在政府收入和财政管理上的约束很严厉，请辨析其原因（为什么会出现?)、评估其重要性（是否重要?）并确定行动策略（能够做什么?)。以下是建议分析点：

- 如果提高税率，地方政府距离税率封顶还有多远?
- 如果发行债务，地方政府距离债务封顶还有多远?
- 财政权力约束是地方性的（自治条例或选民倡议）还是州政府法定的?
- 政治上的补救措施是否可能或可行?

监控因子 41

财政权力约束

注意现象：

财政权力外部约束处于高水平

公式：

见趋势工作表

表 46

序　号	监控现象	来　源
1	本地区是否适用州内自治条例的自治地区？（是，10；否，0）	
2	在税收增长上，是否有州限制？（是，0；否，10）	
3	本地区自治条例是否有年度税收增长限制？（是，0；否，10）	
4	是否有需要选民表决的地方税收限制？（是，0；否，10）	
5	州立法是否限制地方政府征收某种税收？（是，0；否，10）	
6	州立法是否限制服务收费的增长？（是，0；否，10）	
7	总分：0～20 为低地方限制；40～60 为高地方限制	

注：使用本工作表列出监控因子分析所需数据；
按照行手工绘制工作图，或利用计算机表格程序收集数据并作图。

第九章

灾难风险

灾难包括火灾、地震、飓风、暴风雪、洪水、龙卷风、山崩以及类似事件，它们需要地方政府巨额支出，并严重破坏当地经济；其他一系列突发的、自然或人为情形也可以导致紧急状况：工业有毒化学物质泄漏、罢工等。从某种程度上说，它们是可以预测的，并能够提前计划应对措施，因此，可以降低其对财政状况的影响程度。维持足够的政府紧急情况储备以及高效的风险管理体制，可以预防地方政府陷入财政危机中。但如果自然灾害损失特别巨大时，它将严重威胁到政府财政安全，其巨额成本单凭政府间补助基金可能不能完全负担得起。如，标准普尔就将地震列为对偿债能力有重大潜在影响的自然灾害。

自然灾害和突发性事件可以在很多方面侵害当地的财政状况。首先，它们可能破坏和损毁政府物资，公共设施以及财产；其次，它们需要政府提供紧急公共安全、火灾、污水处理和普惠性救灾服务；第三，地方政府不得不帮助社区替换或修理损毁的私人财产；第四，自然灾害可能临时性危害当地的企业活动。如果企业活动和就业下降，政府收入就会下降，支出压力增大，直到商业部门从危机中回复过来。最后，如果灾害特别巨大，居民和企业会永久性离开，直接侵害了地方的社会经济和人口基础。

尽管地方政府不能预测灾难的准确时间和地点，但假如灾难确要发生，计划和提前准备大有裨益。

第42节

灾难风险

警示现象：
对可预见的自然灾害缺乏资金准备

公式：
见趋势工作表

一、概述

灾难降临可以使地方政府财政状况变得紧张。某些地区可能更容易遭受灾害：古老木制建筑或靠近森林地区易遭受火灾；易发地震、飓风、暴风雪或龙卷风的地理区域；易遭受山崩或洪水的地形。本监控因子鼓励地方政府检测本地区自然灾害发生概率并为相关事件做好财政准备。建议地方政府做好对当前自然灾害的潜在可能性及其准备水平的自我评价。

二、评价

地方政府当中，对自然灾害的准备很少有一致性。有些事件，州和联邦政府可以提供资金支持。然而，绝大部分地方政府不可能承担灾害造成的全部损失。类似的，尽管本地区可以采取很多步骤来减少自然灾害造成的损失，也不可能减少全部损失或支出。如果潜在的自然灾害等级很高，地方政府应及早开始准备财政计划及物资计划。

三、分析建议

如果破坏巨大的自然灾害发生可能性很高，应及时确定行动策略（能够做什么?）。以下是建议分析点：

- 地方政府是否完成应对自然灾害或紧急情况的政府储备需求分析？见附录C“储备分析”部分。
- 地方政府是否完成紧急情况综合应急计划？
- 如果本地区过去遭受过灾害的损失，是否采取了相应措施以减少未来潜在的类似损失？例如，限制洪泛区或活火山周边地区发展；

• 政府保险是否覆盖完整？近期是否需要重新评估？如果保险覆盖面过小，该问题是否已同主管官员进行探讨？

监控因子 42

灾难风险

注意现象：
对可预见的自然灾害缺乏资金准备

公式：
见趋势工作表

表 47

序　　号	监控现象	来　　源
1	最近 20 年超过 100，000 美元的损失数目（一项损失计 1 分）	
2	如果有 1 中损失出现，地方政府是否采取措施以减少未来损失？（是，0；否，10）	
3	紧急意外情况应急计划在过去 5 年内是否完成或升级？（是，0；否，10）	
4	救援队伍在 30 分钟内是否能够集合出动？（是，0；否，10）	
5	本地区发生地震或山崩的可能性多大？（没有，0；很高可能性，5）	
6	本地区发生飓风、龙卷风或暴风雪的可能性多大？（没有，0；很高可能性，5）	
7	本地区发生洪水可能性多大？（没有，0；很高可能性，5）	
8	本地区发生致命性火灾的可能性多大？（没有，0；很高可能性，5）	
9	本地区发生有毒化学药品泄漏及其他工业意外事件的可能性多大？（没有，0；很高可能性，5）	
10	灾后救济政府储备水平（充足，0；没有政府储备，10）	
11	总分：超过 25 分就应当引起人们注意	

注：使用本工作表列出监控因子分析所需数据；
按行手工绘制工作图，或利用计算机表格程序收集数据并作图。

第十章
政治文化

这里的政治文化是指地方对税收和服务的态度。政治文化可以对地方政府财政状况有很重要的影响，但是，在所有影响财政状况的因素中，它也是最难以分析的，显然，它易受个人倾向以及不同经济、道德、宗教和社会背景的交叉影响。

除了社会和人口特征外，其他需要考虑的问题是：

- 政治表现的方式；
- 公众参与的程度；
- 政府组织的结构；
- 决策过程；
- 政治问题的内容；
- 地区年龄、大小及人口密度。

由于政治文化的高度主观性，本书没有相应的监控因子或评估标准来衡量它。但是，建立在自身知识或同地方决策者访谈基础上的评估，对地方财政状况评价是非常有益的。

第十一章

外部经济环境

外部经济环境包括国家、州及地区的通货膨胀、就业、经济发展状况、利率水平和企业活动等趋势。在某种程度上，这些因素是不受地方政府左右的，对它们只能被动反应，因此，预测和提前准备就成为适应外部经济环境变化的最好手段。

长期来看，这意味着地方政府要建立一个不仅能够充分利用上升经济环境，而且能够抵抗经济环境突然衰退的经济基础。要建立这样的经济基础，地方必须在经济发展和资本设施维护方面花费足够，以提供高水平服务来吸引工商业驻足发展。同时，它必须有一个稳定的、可提供收入的商业和工业部门，且这些工业或商业部门不会因为全国性经济衰退而衰退。地方要认真运用土地使用控制计划和其他政府权力，税收水平同提供类似服务的其他辖区相比要具有竞争优势，这样工商业和居民才不会离去。地方还需要一个高素质的劳动力队伍、充足的资本，加上其他资源，如便捷的交通网和现代化的通信设施。

缺乏数据和分析过程使准确衡量外部经济环境对地方财政状况的影响很困难。因为当前，大部分分析技术成本较高并需要专家进行，而地方政府一般没有，因此评价这些外部经济因素总体效果并不好。尽管本书为某些监控因子提供了通货膨胀指引，但在外部经济环境因素对地方影响方面本书并没有给出明确的衡量措施。

当不能量化这些影响因素时，以下问题可以帮助地方政府评估适应外部经济环境的程度：

- 地方税基组成是什么？它们对国家、州及地区经济环境敏感程度如何？为帮助地方政府分析这些问题，参见以下监控因子：1（人均财政收入）、2（限制性收入）、4（弹性收入）、6（税收）、28（人口）、34（前5位纳税者）、38（就业基础）、39（企业活动）；
- 政府间收入水平是多少？见监控因子3（政府间收入）；
- 州法律及地方法规要求提供的服务和水平是多少？见监控因子40（法定行为）；
- 在政府预算中，固定支出水平是多少？见监控因子13（固定支出）；
- 在过去，当面临不利经济环境变化时，地方官员是否采取了必要财政政策（如增加税收、削减支出）？见第三部分——管理实践和政策法规。

第三部分

管理实践和政策法规

地方政府管理和立法当局对环境影响的反应对财政状况有至关重要的作用，如图 57 中强调的一样。

图 57（同本书概要部分图 1）再次阐明了这样一个事实：管理实践和政策法规是影响信息流动的中心环节。地方政府对环境因素（左边）变化的反应通过组织的管理实践和政策来影响财政因素（右边）。

管理实践和政策法规常被认为是对地方政府财政状况最具影响力的因素，因为理论上，地方政府可以通过调整其支出模式和一定程度上的收入模式来适应环境变化。这种状况的前提条件是地方政府已经充分注意到了存在的问题，理解其实质内容，知道如何行动并愿意采取这种行动。但显然这种假设过于乐观了，实践和政策实际上是地方政府最难控制的因素。在解决各类财政问题时，地方政府能够通过管理实践和政策的杠杆作用来决定未来的财政状况。

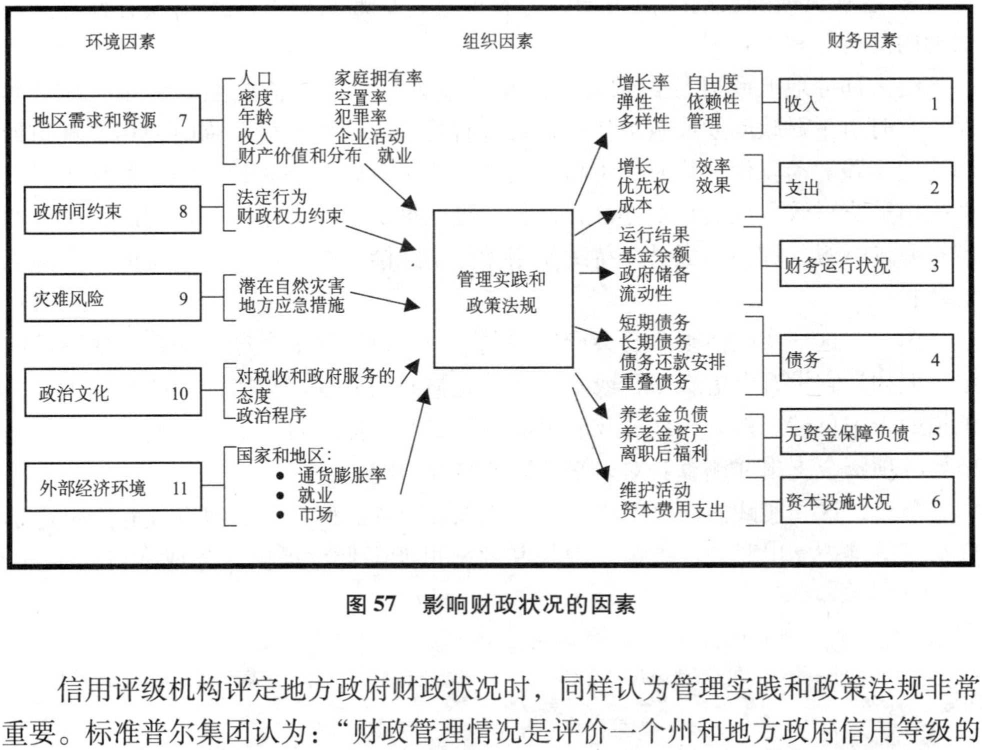

图 57　影响财政状况的因素

信用评级机构评定地方政府财政状况时，同样认为管理实践和政策法规非常重要。标准普尔集团认为："财政管理情况是评价一个州和地方政府信用等级的主要因素之一。"并进一步解释到："同原计划相比过去的表现、管理经验的深度、主要领导的风险偏好，所有这些均对评级底线有影响。财政管理主要包括以下内容：经济分析和收入预测、税收政策、政府会计政策、财政策略和债务管理。”①

按照休·谢尔伍德的话，信用评级公司通过审查财政报告和资本安排计划②质量以及政府是否使用某些财政技巧③来评估其“专业水平”，并通过考察选举官员在需要时是否愿意增加税收来判断立法机构的反应④。简而言之，正确的财政实践和政策能够使地方政府保持良好的财政状况并避免陷入财政危机。

本书第三部分可以帮助我们：（1）判断地方政府是否不恰当地使用管理政策，不经意间损害了其财政状况；（2）评估政府政策法规是否能够保持其良好的财政状况。一旦相关政策法规付诸实践，测定本地区执行政策的应急反应就成为良好财政管理的关键环节。

一、财政管理实践评估

管理实践非常多，本书不可能一一进行评估。然而，我们可以快速评估地方政府是否使用了一些原本不坏，但如果长期使用会损害地方财政状况的管理活动。这些活动可以分为三类：

- 重复使用一次性收入，如以前年度储备，或通过处置资产来平衡预算；
- 递延大额当前成本支出，如推迟资产维护活动或递延养老金负债；
- 忽视负债的长期或使用期内完整成本，如购买资本资产而没有计算其使用期内的运行和维护成本。

绝大部分地方政府意识到此类活动的危害性，通常情况不会使用它们。然而，有时迫于财政问题或政治压力，地方官员发现他们不得不临时使用或被迫使用这些实践活动。作为临时性策略，这些方法可以解决临时性问题，并提供时间来找出解决财政危机的长期办法，例如，推迟维护支出 1 年，可以实施新的节约措施或进行服务调整。但是，持续使用类似实践活动会在以下三个方面损害地方财政状况：

第一，这些实践活动本身会产生问题。一个地区肯定会经常存在一些财政问题，但如果它没有考虑新项目或新工程的完整周期成本，会使地方政府背上未曾预想的未来负债。例如，地方政府可能保证给雇员提供附加福利，但却没有首先精算各项资金支出并测算其对未来预算的财政影响。

第二，这些实践活动可能进一步恶化现有问题。例如，当地方政府决定递延资本设备维护支出时，设备运行效果和效率可能降低，提供服务成本可能上升。

---

① 标准普尔，公共财政标准，（纽约：2003），45。

② Hugh Sherwood，如何评级公司和政府债务：内部观察标准普尔的评级系统（纽约，20 世纪基金，1974），9。

③ Ibid.，121。

④ Ibid.，127。

而且，同经常进行维护相比，设备可能更易破损并使维修费用更加昂贵。

最后，这些实践活动可能延迟对现有问题的再认识。这是最恶劣的结果，因为它掩盖了问题并使其进一步恶化，最终，同以前阶段相比，解决问题花费的成本更大、更困难。例如，如果几年内地方政府没有为应付养老金负债足额提存资金，当收入不再增长时，养老金成本最终会在某一时刻成为很大比例的固定支出，并导致政府的其他服务水平剧烈下降。

发现这些实践活动如何损害地方财政状况及其程度很不容易。要评价这些实践活动是否损害了地方财政状况，请仔细阅读本书本部分的实践说明。如果某项监控因子与上述某项实践政策相关，请仔细检测它是否使用了有问题的财政管理实践政策。

在审核实践活动和监控因子后，利用表 48 中的问题来评价并对结果进行总结。

表 48　　管理实践评估问题

管理实践活动	1. 最近 5 年内，是否持续 2 年或 2 年以上使用？或其中 3 年内使用了这些活动？			2. 如果是，使用这些实践是否产生或恶化了财政问题？			3. 如果是，是否制订计划来应对这些问题？		
	是	否	不确定	是	否	不确定	是	否	不确定
使用储备来平衡预算									
使用短期借款来平衡预算									
使用内部借款来平衡预算									
变现资产平衡预算									
使用以前年度会计政策调整平衡预算									
递延养老金负债									
递延维修费用支出									
未计算非工资性福利支出									
忽视完整周期内的全部成本									
最终问题： 4. 最近 3 年内，是否使用 1 个或 1 个以上实践活动？　是　否　不确定 5. 使用这些实践活动是否有模式？　是　否　不确定									

二、持续的营运赤字活动

当前支出超过当前收入时，就会出现赤字。尽管年度预算是平衡的，但营运赤字仍可能出现，因为一次性收入（如以前年度盈余）能够用于补充当前收入。

单独某一年度内的营运赤字不会引起人们的关注，但经常性和不断增长的营运赤字就是一个危险信号。如果允许营运赤字持续存在并不断增长，需要关注两个问题：

• 政府是否提供了不能长期支撑的服务或支出？

• 政府是否忽视了潜在的营运赤字问题，如税基减少或服务效率降低，以及由此产生的协同问题？

地方政府官员可能不易发现营运赤字，因为大部分地方政府会计系统不能清晰提供营运赤字信息。也就是说，当前地方政府会计系统不使用成本会计，且收入和支出都不是权责发生的。这两个因素使地方官员很难获取详细的政府运行情况信息。毫无疑问，某些警示性信号可以预示营运赤字存在，这些信号是重复性使用以下实践活动：使用以前年度储备（基金余额）、短期借款、内部借款、变现资产以及以前年度会计政策调整。

1. 使用储备

对大部分政府而言，以前年度盈余是缓冲器，可以满足它们当前的现金流需求、临时性收入短缺或未预料的支出需求——且不用在预算年度内突然调整税率或削减支出。基金余额同样也可以帮助地方政府避免短期借款，节省利息支出（尽管基金余额利息收入损失了）。

基金余额在过去几年内持续减少是政府持续出现营运赤字的标志。依赖储备支撑赤字有两点坏处：第一，留给政府处置紧急意外情况的资源不断减少；第二，依赖储备会影响政府信用等级，因为信用评级机构会审查基金余额使用历史。

要确定地方政府是否使用储备或基金余额来平衡预算，见监控因子 15（营运赤字或盈余）和监控因子 17（基金余额）。

2. 短期借款

在短期借款行为中，政府所借款项必须在 12 个月内偿还。当收入或以前年度盈余（基金余额）不能提供足够的现金以满足当前支出时，可以发行待付税款票据（TANs）来获取现金。当税收收集后，可以赎回票据。类似地，可以发行预期债券票据（BANs）来提前获取债券资金。

只要借款是临时性的，且税收足够大以保证在本年内及时偿还，资金借出机构和地方政府均认为这样行为是可接受的财政过程。然而，有时收入减少或过度支出也可能使地方政府不能及时偿还到期短期借款。这种情况下，它们可能选择偿还借款并立即再次借入，或简单支付借款利息而非本金，这种实践活动叫短期借款“展期”，实质上将短期借款变成长期借款。某些分析师通过分析年末短期借款占收入比重①来判断财政危机状况。在考虑现金流分析基准时，信用评级机构将短期借款流动性状况作为一个首要的决定性因子②。

短期债务展期对地方政府产生以下几个问题：

---

① David T. Stanley，危机城市（哥伦比亚，俄亥俄州：当代问题论文集，1976），7。

② 标准普尔，公共财政标准，（纽约：2003），14。

• 利息支出会在债务持有期间增加；

• 会影响政府信用等级。投资者或债券信用机构在评价政府债券投资价值时，会很看重短期债务状况；

• 如果收入不能增加或债务展期到下一年，政府会被迫削减服务水平或下一年度提高收入来偿还债务。

要决定地方政府是否使用短期借款来平衡预算，见监控因子 15（赤字或盈余）和监控因子 19（流动负债）。

3. 内部借款

内部借款是当一个政府基金资金用完并从另一个政府基金“拆借”资金，而不是从外部借款的行为。在私人企业中，所有业务活动都可以看成一个单一实体而相互拆借。但在政府会计系统中，收入和支出分别在不同的基金中进行记录，每个基金都有自己的资产负债表和营运报表，因此，资金可以在各个基金间进行相互转移。

不是所有内部基金间资金转移都是“借款”，有些转移常常是以某种明确的政策形式表现的。例如，如果企业基金出现盈余，它们可以定期转移到普通基金账户以补贴其他支出，并不需要随后进行偿还。类似的，政府可能转移一定数量的资金到内部服务基金，以反映一个部门向另一个部门提供服务的价值。真正的内部借款发生在有某种特殊目的的累积基金和其他基金之间，如资本设施折旧基金转移资金到另一个基金，并需要该基金日后进行偿还的行为。

由于内部借款通常比外部借款代价要低，因此可以节约地方政府资金，且内部借款更容易和快捷，因为它涉及的行为方较少。

然而，重复使用内部借款可能导致地方政府没有资源进行偿还日后负债，这可能导致日后服务水平的突然下降或借出基金资金短缺。例如，如果资本设施折旧基金借出资金而没有及时得到偿还，更新设施将不得不推迟或取消。如果资金由自营基金（如退休金基金）借出，政府大大损害了其承担重大损失的能力。要判断地方政府是否依赖内部借款平衡预算，见监控因子 15（赤字或盈余）和监控因子 17（基金余额）。

4. 变现资产

大部分政府都拥有自己的资产或设施，如空地或未使用的建筑，它们可能对其他政府或私人公司有吸引力。出卖这些资产会产生一次性收入。例如，地方政府可以将污水处理设施出售给某一独立授权机构并提前将该部分资金用于一般预算目的。当一次性收入用于当前营运支出而非一次性需求时，可以用于补充赤字。除用于弥补赤字外，变现资产可以在以下几个方面损害地方政府的长期财政状况：

• 提供服务的弹性可能下降，因为政府失去了对如何提供服务的控制；

• 如果是在紧急收入压力下变现资产，可能会导致资产售价低于资产正常价值；

● 如果政府决定赎回这些资产，将来可能会付出更大代价；

● 公用设施或娱乐设施出售，可能使地方政府在价格和提供服务有效性上依赖于他人。

判断地方政府是否依赖于变现资产平衡预算，见监控因子5（一次性收入）、监控因子15（赤字或盈余）。

5. 以前年度会计政策调整

地方政府可以使用以前年度会计政策调整来平衡预算。例如，如果工资开支日是在某一财年的最后一天，地方政府可能临时拖后一天来记录这笔支出，这样可以使当年支出看起来变小，并使年末盈余变大或赤字变小（或不存在）。有三种方法可以实现以前年度会计政策调整：（1）推迟当年成本到下一年度；（2）将下一财年权益收入计入当年（提高当年收入）；（3）延长财年期限，如变12个月为13个月，这样第13个月的收入可以作为当年收入计算。

许多有财政问题的地方政府依赖于对以前年度进行会计政策调整来平衡预算，但这种行为并不会解决其内在问题，它们只是掩饰了这些问题[①]。信用评级机构以及其他分析专家非常不希望看到这些行为。即使它们没有违背会计准则和州法律，对以前年度进行会计政策调整也是不好的，因为它们违背了这些准则和法律的初衷。

三、递延当前成本的活动

地方政府当前收入不能满足当前支出时，它们通常会递延当前成本来平衡预算。可以被递延的两个典型支出是雇员养老金年缴费额和资本设施维护支出。递延当前成本支出有以下几个公认的缺点：

● 它维持了政府不能长期支撑的服务和支出水平；

● 它会影响地方政府债券等级。债券评级机构认为无资金保障负债是一个消极信号[②]；

● 由于这些成本通常不会在政府财政记录中体现，因此只有当问题相当严重时才可能显示出来。

两类递延支出应特别注意：递延养老金负债和递延资本设施维护活动。

1. 递延养老金负债

养老金负债是政府在未来某一期限内必须支付雇员养老金的法定义务。有两种基本方法为负债提供资金保障：第一，“足额提存”，也就是说完全按照应付负债在某一特殊基金中存储资金。“量入为出”记账方法要求在受益到期前，当

---

① Stanley，危机城市，7。

② Sherwood，公司和政府债务，114。

前养老金支付由一般预算基金列支。政府会计标准委员会（GASB）在 1980 年颁布的 27 号公告，基本废止了“量入为出”法在基金负债会计系统中的应用。当前，地方政府均按要求精算其养老金金负债，即按“年度应缴费额”（ARC）来分期提存当前受益并按时间顺序分摊一定比例的无资金保障负债。推迟支付“年度应缴费额”（ARC）表明地方政府面临严峻的财政压力，且不论即使是支付了“年度应缴费额”（ARC），地方政府依然可能面临将来重大的养老金负债。

分析无资金保障养老金负债需要很高的技术。建立并仔细分析监控因子 23（养老金负债）和监控因子 24（养老金资产）可以帮助判断地方政府是否推迟养老金负债以及推迟到什么程度。

2. 递延维护支出

政府基础设施包括街道、建筑物、公用设施以及设备。如果没有对这些资产进行良好维护或任由它们变得破败、效率下降，维护和重置成本会大大上升，本地区也会成为一个缺乏居住和商业吸引力的地方。

在财政紧张时期，地方政府常把推迟维护支出作为一种相对“无痛”的短期减少支出方法。然而持续地推迟维护活动支出可能导致严重问题，因为将来需要大量资金重置这些设施。以下是推迟维护支出可能产生的问题：

- 安全危害或其他可能产生的或有负债，如未维修的街道；
- 居住或企业财产价值的降低；
- 设备效率下降，如一辆破损卡车在修理厂的维修时间要远大于其工作时间；
- 未来资本设施维修支出的增加。例如，如果街道维修推迟很长时间，可能会导致整条街道不得不进行重建；
- 现有和潜在的商业机会迁移到其他地区，导致税收收入的减少。

要判断地方政府是否存在推迟维护活动支出活动，见监控因子 26（维护活动）。

四、忽视全程成本行为

没有考虑长期负债成本的政府可能会因未来收入和支出的不平衡而损害其财政状况。由于没有估算雇员合同的非工资性收益支出，或没有充分估算营运及维持成本就购置或建设相关资产设施，很多地方政府都会存在这些问题。

1. 非工资性雇员受益

非工资性雇员受益包括养老金计划、健康和生命保险、旅游、病休及休假、递延补贴、残疾保险和教育补助。由于它们价值在不同雇员或雇员群体之间往往不同，且受益取决于诸如职位或雇员工作期限长短等变量，因此这些收益的成本较难估算，将它们列入预算时需要特别谨慎。如果非工资性收益没有计算，地方政府可能会面临以下问题：

- 当前预算下不能准确地安排收益支出资金；
- 使长期支出测算陷入困境，因此不可能按预期发生支出增长来预测和准备预算；
- 使地方政府在同劳工组织谈判过程中处于不利地位：没有准确的成本支出信息，很难判断相关方案的优劣；
- 使地方政府不能预测人员增减对预算的影响。

2. 资本设施

地方政府资本资产通常是有很高原始成本的长期投资。在资产计划和预算过程中，地方官员通常对如何筹集建设资金考虑很细，而对营运和维护资产的长期成本——即“全程”成本，考虑不足。营运和维护成本考虑不足通常因为资本和营运预算是分离的，而且某些资产的营运和维护成本是随时间变化的。例如，营运和维护一项资产通常随其使用年限延长而增加。一般来说，营运已存在资产的成本要小于其替代资产的置换成本，但也存在相反的可能性。

以下是未计算全程成本的几个不利点：

- 地方政府不能准确给出资产运行成本的预算；
- 地方政府可能错失节约资金的机会。例如，如果拥有和维护一个垃圾车队成本很高，那么以签约外包的形式提供固体垃圾处理服务可能更便宜、合理；
- 地方政府可能在预测长期需求支出时有较大的麻烦。

五、政策法规评估

本部分帮助地方政府评估政策法规在保护和提升财政状况方面的有效性，同时，提出了一些如何发展和改进政策的建议。尽管广义上的建议、决定和行动都可以理解为财政政策，但本书将财政政策定义为地方政府财政操作行为的目标。设定目标对地方政府财政健康是非常重要的，它也给地方官员提供了一个看待当前财政管理办法的长期视角，同时帮助地方官员在达到一个什么样的财政目标上保持一致。

大部分地方政府的财政政策体现在预算、资本提升计划、财政综合计划、章程、补贴实施计划、决议以及行政实践过程中。当财政政策散布在这些文件中，没有单独描述或只是就事论事，相关财政决策极易草率决定，而不考虑当前的其他相关决策决定、过去的决策决定和未来的政策替代方案。非正式或没有广泛协调的政策决定可能会导致以下结果：

- 政策冲突。政府部门之间可能会作出相互冲突的决定；
- 政策缺乏连贯性。政府部门可能在这个问题上采取这种政策，转过来在类似问题采取其他政策；
- 政策缺乏完整性。在某些财政管理方面政府部门可能没有任何政策。

以某种方式集中所有政策，可以帮助市长或政府部门及时发现财政政策中相互冲突、不连贯和缺失的地方，同时也可以帮助市政主管或政府部门在财政决策管理和立法过程中建立相似的预期目标。

以下是建立正式财政政策的一些其他有益方面：

• 面向公众的政策说明可以大大提高公众对政府的信心。同样，这些财政政策说明可以向信用评级机构或长期投资者表明地方政府在建立良好财政管理和财政完整性方面的义务；

• 建立正式政策可以节约市政主管和选举官员的时间和精力。一旦这些政策制定完毕，就无需在每次决定前进行讨论了；

• 制定全面财政政策过程可以指导管理层和选举官员考虑政府的整体财政状况，而非集中于某一方面；而且，制定政策的过程也需要将长期财政计划同日常执行情况相结合；

• 在制定整体财政政策过程中，将所有问题统一考虑能够提供问题表面下的深层次信息，并可以揭示需要特别注意的地方；

• 讨论财政政策过程可以教育选举官员，使他们充分理解其作为政策制定者在保持良好财政状况中的作用；

• 讨论财政问题并制定正式解决方案，可以帮助地方政府应对财政危机并避免依赖于临时性应对措施（见“持续运行赤字活动”部分的临时性应对措施例子）；

• 制定政策可以提高财政状况的稳定性，帮助地方官员脚踏实地，提前2—3年计划税率和支出情况，并保持相关计划措施的稳定性；

• 最后，清晰的财政政策可以对政府财政事务的连续性作出贡献。“铁打营盘流水兵”，地方官员可以随时间发生变化，但政策可以持续指导那些管理政府的人。

要评估政府政策的有效性，需要进行以下四个步骤：

1. 统一目前所有明显和不明显的财政政策。内部文件汇编和政策手册是该项任务的最好起点，地方和州关于财政管理方面的法律也应考虑在内。

2. 组织当前的财政政策说明。可以按照功能对政策进行分类：预算、会计、资本项目、债务管理和现金管理，或者可以利用本书的财政因子对它们进行分类：收入、支出、运行财政状况、债务结构、无资金保障负债和资本设施状况。对所有财政监控因子的政策建议汇编见表49。

3. 检查财政政策冲突。仔细审查当前政策，检查是否存在直接或间接冲突的地方。

4. 检查财政政策缺失。地方政府可能缺少财政管理某个主要方面的政策说明，可以使用以下几个方法来进行检查：

• 利用1—9因素中的42个监控因子。大部分财政监控因子包含政策建议，可以利用其检查是否存在漏洞；

• 审查其他地方政府政策。除了精算政策外，本书附录B列举了其他地方政府财政政策的例子；

• 请部门领导审查财政政策。他们可能有新政策或改变现行政策的主意。在本过程中，财政部门主管应给予格外注意。

一旦完成这几步后，我们应当对现行财政政策的适用性以及如何进行改变有了相当的了解。但如果想得到真正高效的执行，所有政策必须面向广大公众并得到立法机构的批准同意。一旦完成对现行政策、标注遗漏以及需要修订地方的评估后，可以将结果报告给选举官员。解释用以确定这些政策的过程（以上四步）。之后，鼓励官员们重新确认有效政策，必要时及时采用新政策。

无论政策多么好，如果不能实际应用到财政决策中，它们都将毫无意义。在如何应用财政政策保护地方政府财政状况方面，这里有3个建议：

• 将政策同口头或文字的财政状况评价过程相结合。报告中，将构建的每个财政监控因子趋势同政策指导大纲相比较，如果地方政府符合指导大纲，这有助于向读者或广大听众解释这些监控因子。如果某项因子偏离了政策设定的目标，我们也可以知道政府需要在那些地方制订计划来提高其财政管理水平，或重新评估其设定目标。其中，比较基金余额并建立相关政策尤为重要；

• 将政策同预算过程相结合。在审查部门预算和汇总预算时，作一些简要分析来判断政策目标是否应用到预算过程中；

• 将政策同资本预算和资本提升计划相结合。可以在资本预算和资本提升计划的每一项增列“政策比较”项，在此项中比较每个项目是否应用了相关政策。

最后，我们要重新强调管理实践和政策法规对地方政府的重要性，然而大部分情况是很少人注意到财政状况的这些方面。第三部分给那些想在这些方面开始进行评估的职业管理者提供了一些精心设计的指南。当进行这些审查后，那些特别适合本地区的财政管理措施会水落石出。总之，掌握整体的财政状况是最重要的。

表 49 政策建议

财政监控因子	政策建议
1. 人均财政收入	一个多样化且稳定的财政收入系统可以保持地方政府的稳定性，免受任何单项财政收入短期波动的影响
	预计未来______年内的财政收入是逐年提高的。每项现行及潜在的财政收入来源都应逐年进行重新检验
2. 限制性收入	尽可能避免收入使用方面的限制。收入资源的年度分布将由立法机构决定
3. 政府间收入	所有可能的政府间补贴的相关配套要求都要仔细检查（在资金和绩效水平上），且相关政府间收入配套资金不能超过净经营性收入的______%
	用于经常性支出目的的政府间收入不得超过净营运收入的______%
	政府间补助只能用于符合资本提升计划和地方优先发展的项目支出上，且相关营运和维护成本已包含在未来预算中
4. 弹性收入	应尽量寻求弹性和非弹性收入之间的结构平衡。如果未达到预期平衡，应寻求新的收入资源来达到预期平衡
	每次新增收入或已有收入费率调整，都应仔细评估其对弹性收入和非弹性收入平衡的影响效果
5. 一次性收入	只有在详细检查一次性收入是否有助于弥补营运收入和支出赤字，且长期（3—5 年）预测表明该赤字是不会持续的情况下，才可以使用一次性收入
	一次性收入只能用于一次性支出服务项目
6. 税收收入	良好的评估程序可以维持当前财产价值。财产价值应按照市值的______% 进行评估
	财产税收入每年实际增长率应不超过______%
	至少______年内，对所有财产评估一轮
	应监控销售税变化情况，以确保消费者不会因避税而到其他社区进行消费
	同样应监控所得税变化情况，以保证居民不会因避税而迁移到其他社区居住
	销售税和所得税应定期进行审计
7. 未征集财产税	年度未征集财产税比率不允许超过______%
	地方政府应采取积极的财产税征收政策
8. 使用费收入保证率	对每一项与使用费有关的服务，都要设定一个特定的成本（含直接和间接成本）保证率（如 50%、70%、100%）。同时，应设定相应的收费水平保证该比率
	每一年都要对使用费支持服务的全部成本进行重新计算，以确定通货膨胀或其他成本增长因素的影响
	无论有无政府管理机构的审核，每年都要根据成本增加或减少，自动对使用费保证率进行重新校订
9. 收入赤字或盈余	对所有收入预测应持保守态度
	预算收入同实际收入之间的日常比较报告应由______（如财政主管或主管会计）准备并向______（如城市经理或管理委员会）报告

续表

财政监控因子	政策建议
10. 人均财政支出	实际收入、支出同预算情况的比较报告应定期提交
	如有可能，绩效评价和效率因素应引入预算过程
11. 功能化支出	支出（定值）水平应在______、______和______方面保持稳定。在______和______方面的服务水平增加会导致相应功能支出增加（定值）
12. 人均政府雇员	无
13. 固定支出	在政府执行任何可能产生固定支出的协议时，该协议隐含的所有成本（包括运行成本以及资本支出）都应进行仔细研究
	所有由外部资金提供支持的法定服务都应充分进行估算（包括日常运行费用），以完全补偿所有支出
14. 附加福利	所有非工资性福利，如带薪休假、带薪假期及培训奖励，都要计算成本，并评估其对未来预算的影响情况
	所有利益补偿谈判都要着眼于总补偿支出：直接工资和雇主附加福利承担部分
	工资增长的成本分析应当包括相关附加福利雇主负担增长部分
15. 赤字或盈余	所有当年营运支出应由当年收入来支付
	不允许寅吃卯粮的预算行为，如推迟正常支出、提前计入收入或短期债务展期等行为
16. 企业基金运行状况	每个企业基金的所有使用费或收费都要设定在能够足额弥补所有直接和间接费用水平上。间接成本应包括年度摊销和折旧
17. 基金余额	建立政府储备以应对紧急情况之需。该项储备应保持在一般预算的______%
	建立政府紧急情况储备以提供非重复性的未预见支出或未预见服务成本增加。该项储备应保持在普通营运基金的______%
18. 流动性	定期对所有基金进行现金流量分析。付款、征收和存款应统筹安排以确保现金最大有效性
	会计系统应及时提供现金流和投资绩效信息
	除非法律禁止，不同基金间的现金应集合投资
	至少______%的闲置资金应用于投资
19. 流动负债	预期税款债务应按年清偿，预期债券票据则应在债券发行后6个月之内清偿完毕
	年末未偿付短期债务应不超过净营运收入的5%（包括待付税款票据，而不包括预期债券票据）
20. 长期负债	长期债务不能用于当前的营运性支出
	长期债务应同资本提升计划结合，不能太大以至超出当前收入负担能力
	债券应在不超过固定资产有效使用期限内偿还完毕
	如有可能，尽量使用特赋债券、特种收入债券或其他自偿债券来替代普通债券
	保持同信用评级机构的良好沟通，并遵循充分披露每个财政报告和债券说明的政策

续表

财政监控因子	政策建议
	长期债务发行期限应不超过其提供资金支持的资产的预期有效使用期限，且最长不得超过 20 年
21. 偿债支出	普通债券的偿债支出应不超过净营运收入的 10%
	在发行长期债券前，应分析其偿债支出对年度固定支出的影响
22. 重叠债务	无
23. 养老金负债	预算应对所有养老金系统提供足额资金
24. 养老金资产	无
25. 离职后福利	雇员最多允许累计______小时休假，超过该数量的假期要么使用，要么失效（该项政策可以根据不同层次雇员而改变）
	雇员只有在过去 12 个月内至少休______小时假期后，才可以申请累积假期现金支付
	对未来离退休人员的健康保险负债，应按照政府会计报准委员会（GASB）第 27 条规定，进行养老金精算分析
26. 维护活动	预算应对资本类设施及设备的维护和逐次替换提供足够资金支持
	所有资产应维持在可以保护投资、最小化未来维护和替代成本水平上
	预测未来 5 年内需替换和维修的所有设备，并对该预测每年进行一次重新估算。同时，建议在该预测基础上，发展和拟定所有设备的维护和替换安排计划
	对所有新设施的未来维护成本应足额列入成本
27. 资本费用支出	见监控因子 26（维护活动）建议政策
28. 人口	无
29. 人口密度	对于那些街道、公用设施和其他基础设施已发展成熟的地区来说，地区发展行动应主要采取填充式发展
监控因子 30—39	无
40. 法定行为	地方政府应尽力避免上一级政府命令的法定行为，除非该服务由颁布命令的政府提供营运资金支持
41. 财政权力约束	地方政府应尽力避免立法机构通过约束性法规或游说立法机构修订目前的约束财政权力的政策法规
42. 灾害风险	地方政府应制定并随时更新紧急情况应急计划

附录 A

监控因子选择和数据工作表

为让使用者能够发现趋势，财政趋势监控系统的 42 个财政监控因子中的 40 个需要按时间顺序收集相关财政和人口数据。本附录包括的 7 个数据工作表是收集数据的基本指南，这些工作表表明了哪些数据是需要收集的以及如何收集。同时，它们也被趋势工作表交叉引用。使用者可以方便地将收集到的数据转移到相关表格中，进行一些必要计算后对结果作图。

在收集数据之前，建议使用者重新审查一下本书概要部分，尤其是注意一下选择因子部分。有些因子可能对本地区并不合适，或地方政府想要分析少量关键因子。那么这就需要确定研究的范围，提前作好这些决策有助于节约后期数据收集时间。

本书附表 1 因子选择工作表提供了记录所选择构建监控因子的空间。在本附录末有两个额外表（附表 11 和附表 12）用来区别构建监控因子的数据因素。附表 11 列出每项监控因子，表明计算公式并给出参考页。例如，附表 11 表明监控因子 1 是人均财政收入，它可以由净营运收入（定值）除以人口计算得出，详细讨论见书第 22 页。

附表 12 列出了需要收集的数据并表明哪个监控因子会用到这些数据，同时，还列出了每个数据出现的数据工作表，这样就可以参考这些数据工作表并获知它们是如何收集的。例如，附表 12 表明在普通收入类下，其中需要的一项数据是净营运收入，可以用于监控因子 1、2、4、5、9、15、17、19 和 27。同时，如果需要知道如何得到净营运收入数据的话，附表 12 可以引导我们到附表 3。

一、数据工作表设计

在数据工作表中使用的分类标准可以在某种程度上反映出政府会计标准委员会（GASB）颁布的通用会计准则（GAAP）分类标准。记录在这些工作表中的收入和支出数据应当建立在通用会计准则（GAAP）或地方政府选择用于记录其财政信息的其他任何准则基础上。

总体而言，数据工作表是完整的和可行的，而且有广泛的适用范围。然而，不同的地方政府在收入和支出结构上差异很大，例如选用会计记录的方式方法。这就造成某些辖区可能发现数据工作表的某些方面并不适用。因此，如果希望获得的数据和由此分析出的趋势是真实和有效的，数据工作表应根据相应的环境和地区需求进行适当调整。例如，有些数据工作表的个别项需要添加附注，用来区别那些包括在辖区综合年度财政报告中的数据。数据工作表不应成为一个必须遵守的僵化的格式，而应成为组织和收集信息的指南。

如果改变了数据工作表的格式，进而同时改变了数据的数字序号，应尽量保持每项数据的原始序号。这种做法可以保持数据工作表同趋势工作表之间的关联性并使数据收集后的计算相对简单。

在收集数据之前，审查数据工作表，理解并掌握数据是如何定义的以及哪些数据是我们所需要的。同时，也可以同其他部门的同事进行沟通，帮助你确定数据工作表给出的定义是否能为辖区提供有效的监控因子。本附录附表 11 和附表 12 给出了数据和因子关联关系的基本构架；数据工作表则提供了构架的细节。

当考虑是否调整工作表格式时（这将会改变某些数据的定义），考虑以下事项：

- 数据的可获得性；
- 收集的成本；
- 定义的连贯性；
- 监控因子数据的准确性。

确保数据的准确性非常重要，例如净营运收入或支出，应严格按照数据工作表指南收集数据，确保所收集的数据只包括营运收入和支出，而不含其他的企业基金、信托基金等收入和支出项目。

附表 11 和附表 12 在帮助我们决定是否及如何修改数据工作表过程中特别有效。值得注意的是有些数据可以用于多个监控因子（如前所述的净营运收入），对用到本数据的监控因子来说，其定义应当是一致的。有些数据，如使用费和收费收入（监控因子 8［使用费收入保证率］）是依据其他用于同一监控因子的数据来定义的（见附表 3，行 2）。在这种情况下，某一个数据工作表中一项基础性数据的变化就需要其他数据工作表进行同样的变化。当这样的问题产生时，必须在工作表附注中予以特别说明。

同样需要注意的是每个数据工作表列出了每项数据所应用的监控因子。

收集数据和分析监控因子时，记住每个因子讨论部分的“更进一步讨论建议”，这样当计划进行附加分析时，可以同时将所需要的数据收集到位（可以将附加分析计划标记到因子选择工作表部分）。

而且，我们也可以设计新的监控因子或进行本书中未建议的其他分析。如果根据本地区需求想要寻找新的监控因子或变更已有的监控因子，也可以自己构建它们。

二、数据来源

大部分数据工作表的财政数据可以直接由政府年度会计报表、填报说明以及其他标准年度报告中获得。对于一些更细节的财政数据，可能需要直接获取一些账户的期末数。由于需要从其他部门获得一些非财政方面的数据，如人力资源、公共工程或计划，在此过程中，要及早同其他部门管理层取得联系以获得他们的合作。

在使用不同数据来源时，有一点需要注意，即确保组织数据的统一性。例如，如果从年度报告中收集使用费收入数据，但却分别从不同部门获取支出数据，就需要确保这些数据均用于相同的行为范围。否则，我们可能发现，娱乐行业使用费收入中夹杂着自来水项目收入，而支出数字中却不含自来水项目。当进行监控因子分析时，类似的不匹配会使我们陷入困惑中。

附表 8 中有少量的人口和经济数据信息需要由地方政府提供。不过不用担心，其后的附表 9 中包括了从哪里获得数据的建议。

三、数据收集

大部分使用者发现最好不要直接在数据工作表中记录数据，而是制作一些支持表格或自动计算表格。一旦支持表格中数据准确并进行正确汇总，使用者可以将其直接转移到数据工作表中。例如，附表 3，行 2，需要收集覆盖服务成本的收费和使用费收入数据，可能有很多这样的收入，但数据工作表中没有如此多的空间允许我们罗列，只允许给出合计数。因此，在支持表格记录好各单项数据，求和后，将总数记录到数据工作表中。

如果计划使用自动计算电子表格软件，可能会需要将数据工作表直接同因子趋势工作表相关联，这样记录在数据工作表中的数据就可以自动而又准确地转移到趋势工作表中。软件操作手册需要给出工作表间联系说明（ICMA 国际城市管理协会提供一款软件——Indikit 系统。它由一系列相互连接的电子表格构成，可以方便地计算 10 个财政趋势监控因子。相关信息请访问 bookstore. icma. org）。

一旦已经决定哪些监控因子需要分析（使用因子选择工作表），并区分好这些监控因子所需要的数据（附表 11 和附表 12）后，下一步就是审查整个数据工作表，并区别哪些是合计数据，这些数据需要由若干基础数据汇总计算得出。之后，建立支持表格来获取这些合计数据。

支持工作表是控制工作进程的关键环节之一。使用它们来标记任何信息或定义调整，并标记数据是从哪里获得的（也就是说文件名和页码）。详细的记录可以使监控因子分析更容易理解和解释，尤为重要的是，来年的更新将会可持续并很容易完成；对那些依赖新雇员来完成更新的地区来说更至关重要。记住，要确保支持工作表同分析的其他材料相关联。

四、时间构架

财政监控因子数据（附表 2—附表 7）应收集 3—5 年内的数据，这样长的期限才有可能至少包含一次地区或全国内的短期经济波动，并能提供足够的信息来表明趋势。

当开始收集数据时，首先从最近年份开始，因为最近的年份我们最熟悉，也最容易完成。

当向前推进收集以前年度数据时，可能会发现记录某类特殊服务的财政数据变化了。例如，在过去2年内，市政高尔夫项目是作为企业基金来记录的，但在此之前可能是作为一般预算服务项目记录的，其收入和支出分别作为一般预算收入和支出进行记录。如果面对这样的变化，首先要决定涉及的数据是否实质性影响了监控因子分析，如果涉及的数据很重要，就需要确定最合理的方法来记录高尔夫项目，并根据统一的方法对监控因子分析期内的所有数据进行修正。推荐的方法是采用最能准确反映当前状况的方法，在前面的例子中，这就意味着在整个期限内，将高尔夫项目按企业基金进行记录。

其他类似情况同样也可能发生。例如，地方政府可能变更了其会计记账基础，或对以前年度会计政策进行重大调整。这样的话同样需要进行调整。要想构建有效监控因子，一贯性是至关重要的。

如有可能，使用过去5年内数据加上十年人口普查数据来构建经济和人口监控因子（附表8）。这样可以提供评价经济和人口长期变化的必要信息。例如，如果当前是2005年，使用当地数据估算2001—2005年数据，然后加上2000年人口普查数据；如有可能，加上1990年数据。

五、通货膨胀调整

许多监控因子需要按“调整通货膨胀影响”后的定值美元进行估算。转化为定值美元的过程在趋势工作表中列示了，主要是运用本地区消费物价指数（CPI）作为通货膨胀调整指数。美国劳工统计局消费物价指数子项目提供了如何评估和使用消费物价指数，具体网址是 http：//www. bls. gov/cpi/，“常见问题FAQ”部分（http：//www. bls. gov/cpi/cpifaq. htm）为查询当地消费物价指数（CPI_s）提供了提示。

最好使用本地区消费物价指数，因为价格在不同地区之间是有波动的。同时，要保证在使用某月或某季度消费物价指数上的连续性，如果决定使用第三季度的数据进行分析，那么每年分析时都需要使用第三季度数据。

当然，对所有辖区来说，消费物价指数可能不是最准确的，替代通货膨胀调整指数因子讨论见本书附录C“通货膨胀调整”部分。

六、总结

以下步骤假定我们要构建大部分监控因子：

1. 审查本书的概要部分和附录A开始部分。
2. 选择我们希望构建的监控因子（使用因子选择工作表）。
3. 使用附表11来确定所需要的数据。

4. 使用附表 12 确定你将使用的数据工作表，这些表格包含这些数据并对其进行了限定。圈阅或对数据工作表中数据项打勾检查。

5. 决定数据工作表定义的数据是否符合本地区需求。

6. 在第 5 步工作基础上，根据需要调整数据工作表。

7. 确定数据资源。

8. 设计支持工作表收集原始数据。使用这些工作表来记录 5 年期内的数据，并通过附注仔细记录数据收集过程。

9. 转移支持工作表中的合计数并完成数据工作表。

10. 使用趋势工作表中“数据来源”栏作为指南，把数据工作表中的数据转移到趋势工作表中。

11. 按照构建监控因子的需求来进行趋势工作表计算，随后按照计算结果作图或使用电子表格作图程序来构建每个监控因子的发展趋势（见附录 D，使用 Excel 分析数据趋势）。

12. 按照每个监控因子第一、第二部分的说明评价并解析结果。

13. 构建政策说明。

14. 按年度对趋势图进行更新。

必须记住的是，对某些由政府会计政策和政府理念不同而产生的问题，没有什么硬性规定，也没有任何简单的“对”或“错”。不要过分纠缠于某些小的定义细节，最重要的是，在选择和应用相关定义和数据时保持一致就可以了。

附表 1

因子选择工作表

监控因子 序号和名称	“概述” 部分附注	“进一步分析”部分附注 （特别的附加数据要求）	附表 11 和 附表 12 附注	是否构建该因子？ （是/否）
1. 人均财政收入				
2. 限制性收入				
3. 政府间收入				
4. 弹性收入				
5. 一次性收入				
6. 税收收入				
7. 未征集财产税				

续表

监控因子 序号和名称	“概述” 部分附注	“进一步分析”部分附注 （特别的附加数据要求）	附表 11 和 附表 12 附注	是否构建该因子？ （是/否）
8. 使用费收入保证率				
9. 收入赤字或盈余				
10. 人均财政支出				
11. 功能化支出				
12. 人均政府雇员				
13. 固定支出				
14. 附加福利				

续表

监控因子 序号和名称	“概述” 部分附注	“进一步分析”部分附注 （特别的附加数据要求）	附表 11 和 附表 12 附注	是否构建该因子？ （是/否）
15. 营运赤字或盈余				
16. 企业基金营运状况				
17. 基金余额				
18. 流动性				
19. 流动负债				
20. 长期负债				
21. 偿债支出				

续表

监控因子 序号和名称	“概述” 部分附注	“进一步分析”部分附注 （特别的附加数据要求）	附表 11 和 附表 12 附注	是否构建该因子？ （是/否）
22. 重叠债务				
23. 养老金负债				
24. 养老金资产				
25. 离职后福利				
26. 维护活动				
27. 资本费用支出				
28. 人口				

续表

监控因子 序号和名称	“概述” 部分附注	“进一步分析”部分附注 （特别的附加数据要求）	附表 11 和 附表 12 附注	是否构建该因子？ （是/否）
29. 人口密度				
30. 18 岁以下 64 岁以上人口				
31. 人均收入				
32. 贫困家庭及公共补助接受者				
33. 财产价值				
34. 前五位纳税者财产价值				
35. 家庭房屋所有权拥有率				

续表

监控因子 序号和名称	“概述” 部分附注	“进一步分析”部分附注 （特别的附加数据要求）	附表 11 和 附表 12 附注	是否构建该因子？ （是/否）
36. 空置率				
37. 犯罪率				
38. 就业基础				
39. 企业活动				
40. 法定行为				
41. 财政权力约束				
42. 灾难风险				

数据工作表 1

总账数据

附表 2

序号	概　　述	可用到此数据的监控因子号码	财政年度数据				
			第一年	第二年	第三年	第四年	第五年
	普通、特殊收入，以及偿债支出基金①						
1	现金						
2	短期投资						
3	现金和短期投资合计（1 +2）	18					
4	应付账款						
5	应计负债						
6	短期债务						
7	到期（当年）长期负债						
8	其他流动负债						
9	流动负债合计（4 +5 +⋯ +8）	18，19					
	其他普通基金数据						
10	净直接长期债券债务②	20					
11	长期重叠债券债务③	22					
12	普通基金营运盈余或赤字④	15					
13	企业基金收入和营运资金⑤	16					
14	基金余额⑥						
15	基金余额之外的其他储备⑥						

续表

序号	概　　述	可用到此数据的监控因子号码	财政年度数据				
			第一年	第二年	第三年	第四年	第五年
16	非限定性基金余额（可随时用于拨款）（14－15）	17					
17	未征集财产税⑦	7					
18	净财产税税负⑦	7					

①为计算方便，为每类基金单独设立分别的数据工作表。

②净直接长期债券债务定义，见监控因子 20。

③长期重叠债务定义，见监控因子 22 及其趋势工作表附注。

④如果确定存在赤字，其他基金同样需要考虑并包括进去。盈余可以作为负赤字处理。

⑤列出每个单项企业基金行为。

⑥分别列出普通、特别及偿债基金基金余额。

⑦该部分数据可以从税务征收机构记录获得。在有些地方，总财产税和净财产税负相同。大部分地方一般都对非税和减税财产进行了技术处理，同时，政府会对低收入或固定收入者、老年人以及其他特殊收入阶层出台一些减、免税政策。

数据工作表 2

收　　入①

仅限普通、特种收入及偿债基金

附表 3

序号	概　　述	可用到此数据的监控因子号码	财政年度数据				
			第一年	第二年	第三年	第四年	第五年
	地方营运收入②						
1	财产税、销售税和所得税收入	6					
2	用于支持附表 4、行 16 服务成本的使用费和收费收入③	8					
3	其他使用费和收费收入						
4	其他当地收入④：如果占总收入比例超过 5%，应单独列出						
5	汇总其他小于 5% 收入						
6	地方营运收入合计（1 +2 + … +5）						
	非地方性营运收入②						
7	政府间营运收入	3					
8	其他非地方性营运收入						
9	其他非地方性营运收入合计（7 +8）						
10	总营运收入①（6 +9）	3					
11	减：限定用于资本提升计划的收入						
12	减：法定资本结转及其他特殊目的收入（见附注①的 B 和 C）						
13	净营运收入（10 －11 －12）	1，2，4，5，9，15，17，19，21					

续表

序号	概　　述	可用到此数据的监控因子号码	财政年度数据				
			第一年	第二年	第三年	第四年	第五年
14	限定性营运收入⑤	2					
15	弹性营运收入⑥	4					
16	一次性营运收入⑦	5					
17	预算净营运收入⑧	9					

①地方政府会计记录可能会对营运收入和非营运收入作了很好区分，类似于上述工作表中的分类一样。如此，请使用这些定义并相应对工作列别进行调整。如果进行调整，需要注意的是本书第一部分和第二部分的描述性信息可能不会100%适用。如果地方政府会计记录没有类似本表样式进行很好区分，那么请按照本表定义进行区分，或按照政府自身需求进行划分。总营运收入（行10）是普通基金、特种收入基金和偿债基金收入总和，净营运收入（行13）是总营运收入中可用于一般政府服务的部分。因此，净营运收入是指没有进行任何内部转移之前的普通基金、特种收入基金和偿债基金收入合计再减去用于法定资本提升计划收入和其他特殊目的收入。用于法定资本性支出和其他特殊目的收入见附注A、B、C部分，企业基金和内部服务基金应单独进行分析。

从总营运收入中减掉的三类收入如下：

A：虽计入营运基金但专项用于资本性提升计划的收入。尽管这些收入原本记录在某项营运基金中，但按法律、补助或其他法律义务规定必须用于资本提升计划，且资本提升支出最终由收费进行偿还。例如，根据州法律规定燃油税必须用于道路建设支出，这部分收入最初记录并保持在一个特种收入基金中，专项用于资本费用支出。

B：法定资本费用支出结转。这部分收入最初记录在营运收入基金中，但随后即结转到资本项目基金，因为法律、补助或其他法定义务规定必须用于资本费用支出。例如，暴雨排水沟建设补助收入，最初该部分收入记录在特种收入基金中，但随后结转到资本项目基金中。

按照本定义，在地方政府自由裁量权之内的一般预算收入，如转移到资本费用支出基金的财产税，仍被看作为营运收入，尽管它被用于非营运目的。判断的标准是：如果地方政府按规定将收入用于非营运目的，它应被看作为非营运性收入；如果地方政府选择将收入用于非营运目的，它应被看作为营运性收入，因为政府决定将收入用非营运性目的不会改变收入可用于营运性目的的可能性。因此，该部分收入依然可以代表地方政府营运支出财政能力（定义在附表4）。

C：特殊目的收入。该部分收入最初记录在营运收入中，但根据法律规定，只能用于特殊、非营运性目的。特殊目的收入也可以转移到信托基金，用于非营运性目的。如果数额特别巨大，特殊目的收入应按照“一事一议”的原则进行处理。

信托基金和资本项目基金通常不会包括在普通营运基金中，但如果特殊情况要求，也可能包括。为计算方便，应对每类基金设立单独数据工作表。

②地方性收入是指在地方自主权限内由地方资源，如财产税、建筑许可或地方所得税等产生的收入。非地方性收入是由外部实体，如州政府等产生的收入。它包括来自州、联邦或其他政府补助或补贴。州和地方共享税种（如某些销售税）既可以认为是地方的，也可以认为是非地方的，这取决于地方政府对该收入的控制程度。当在决定某项收入是地方性还是非地方性时，牢记监控因子3（政府间收入）的目的。

③列出的收费或使用费收入项目，应与数据工作表3行16所列的部分或全部提供成本的政府服务项目一致。对营运预算中占有非常重要地位的收费或使用费服务项目，要单独进行分析。参见监控因子8（使用费收入保证率）。

④本表附注①中的定义表明总营运收入包括任何内部转移之前的普通基金、特种收入基金和偿债基金

收入。然而，在少数地方政府中，其他基金的超额收入，如公用设施收费，按年度结转到普通基金收入中，地方政府也将其作为普通基金收入用于营运目的。在这种情况下，忽视这部分内部转移资金将低估地方政府净营运收入。因此，符合本条件的内部转移应包括在净营运收入中。

⑤限定性营运收入是指根据法律、补助条件、合约以及其他外部规定，净营运收入（行13）中用于特殊目的收入。

⑥弹性营运收入是指净营运收入中弹性部分。定义见监控因子4（弹性收入）及其趋势工作表附注。

⑦一次性营运收入是指净营运收入中（行13），未来不会重复或不具备持续基础的部分。其定义见监控因子5（一次性收入）及其趋势工作表附注。

⑧在年末或其他调整之前计算的每年原始预算净营运收入数。为准确比较预算数和实际收入数，需要按实际收入科目组织方式来重新组织预算收入科目。这样可以同时获得预算和实际净营运收入数。确保预算收入科目同实际收入科目一致，同时，要确保使用原始预算数字，而不要使用任何年末调整后数字。

数据工作表3

支　出
普通、特种收入及偿债基金

附表4

序号	概　述	可用到此数据的监控因子号码	财政年度数据				
			第一年	第二年	第三年	第四年	第五年
	净营运支出①						
1	工资及薪金支出②	14，23					
2	附加福利③	14					
3	物资（商品）						
4	购买或签约服务						
5	资本费用支出④	27					
	净直接偿债支出⑤						
6	本金（只限长期债务）						
7	借款利息（长期和短期债务）						
8	净直接偿债支出合计（6+7）	21					
9	其他支出						
10	结转到内部服务基金的资金（如果以上未包含）						
11	净营运支出合计（1+2+3+4+5+8+9+10）	10，11，13，27，40					
	其他数据						
12	政府雇员数量⑥	12，25					
13	未使用休假负债⑦	25					
14	未使用病假负债⑦	25					
15	退休人员健康保险的无资金保障精算应计负债⑧	25					

续表

序号	概　　述	可用到此数据的监控因子号码	财政年度数据				
			第一年	第二年	第三年	第四年	第五年
16	收费或使用费服务支出⑨	8					
	功能化营运支出⑩						
17	一般行政管理费用	11					
18	司法	11					
19	高速公路及道路	11					
20	公共安全	11					
21	健康和福利	11					
22	退休人员支出	11					
23	政府间支出	11					
24	偿债支出	11					

①净营运支出是指普通、特种收入及偿债基金支出合计，减去其中的资本项目支出（资本项目支出可能计入其中某个基金中，因为提供项目资金的收入记录在基金中）。例如，假如燃油税记录在某个特别基金中，道路建设支出也应直接计入该基金，那么，当计算营运支出时，这些支出应从普通、特种收入及偿债基金支出合计中扣除。

②工资和薪金支出是指直接支付给雇员的补偿。

③附加福利包括联邦社会保险金（FICA）、养老金、生命保险、健康保险以及其他属于附加福利的自保险基金应缴费额的成本支出。

④资本费用不包括资本项目的建设支出。见本表附注①。

⑤见监控因子 20（长期负债 - 净直接债务）。

⑥政府雇员数量应包括附注 1 负担的所有雇员数量。尽管该数字可按人头计数，如有可能，应提供全职人员数量，而且提供永久的全职雇员人员比例。

⑦未使用休假和病假应包括行 12 中所有雇员的未使用假期。见本表附注⑥。

⑧从雇员附加福利精算报告中获得。

⑨包括提供服务的所有成本（含沉入成本），其收费和使用费提供部分或全部相关成本（见附录 C “地方政府服务成本”项目）。这些支出应同附表 3 行 2 中所列收入的服务项目一致。对于在营运预算中占有重要地位的收费和使用费服务项目要单独进行分析。见监控因子 8（使用费收入保证率）。

⑩在年度综合财政报告（CAFA）政府一般预算基金表格中所列的功能性支出列在本表中，当然地方政府也可以根据其自身情况对列表进行调整。

数据工作表4

总固定成本[1]

普通、特种收入及偿债基金[2]

附表5

序号	概　　述	可用到此数据的监控因子号码	财政年度数据				
			第一年	第二年	第三年	第四年	第五年
1	偿债支出[3]						
2	州政府法定行为支出[4]	40					
3	联邦政府法定行为支出[4]	40					
4	法院判决行为支出[4]	40					
5	养老金支出						
6	签约服务支出						
7	其他长期合同						
8	其他固定成本						
9	固定成本合计（6+7）	13					

①固定成本支出是指短期内地方政府无法控制的支出，因为它们由固定合约或州、联邦法律规定必须支出。本表建议的分类格式代表了一些常用的固定支出，每个地区需要区分其自身固定成本并相应进行调整分类。更详细的解释见监控因子13（固定支出）。

②为每类基金分别设立支持工作表。如有必要，企业及内部服务基金应单独列出。

③同数据工作表3行8。

④其他政府法定的服务支出。如果数量明确，只要在法定服务范围内的支出就可以包括在内，超出法定服务范围外的成本应排除在外。

数据工作表 5

固定资产维护和修理费用①

附表 6

序号	概　　述		可用到此数据的监控因子号码	财政年度数据				
				第一年	第二年	第三年	第四年	第五年
	以下项目的维护和修理费用支出及数量：							
1	居民道路	支出（美元）						
		数量②						
2	主干道路	支出（美元）						
		数量②						
3	路边石及人行道	支出（美元）						
		数量②						
4	建筑物	支出（美元）						
		数量②						
5	停车场	支出（美元）						
		数量②						
6	桥梁	支出（美元）						
		数量②						
7	其他③							

①维护和修理费用是指用于保持固定资产处于良好状态的支出，包括预防性检查、日常修理、部分置换、大修等其他维护固定资产状态的行为。维修费用的目的是使固定资产持续提供日常服务并完成其最佳服务周期（GAAFR，1998，169 页），但不会增加其预期使用寿命。例如，建筑物房顶重铺是一项不能增加其使用寿命的正常维修行为。本表格中的支出应包括雇员工资支出以及签约服务、物资及资本费用。

本表中列出的分类只是表明了一个地方政府通常需要考虑的资产分类，每个政府都应根据其自身情况以及获取信息难易来修改这些分类。

本表收集数据仅用于监控因子 26（维修活动）。因为需对每类资产单独进行计算，所以每类资产要包含其类似资产，并能按同一方式进行计量（如亩或英尺）。每类资产的计量方式依赖于其通常使用的办法和信息获取的难易程度。

每类资产的支出数据在会计记录中可能没有，但在部门记录中能够查到。资产数量方面的数据只有在部门记录中能够找到。

②例如，英尺或平方米。

③例如，交通信号、街道设施、路灯及雨水管道等。

数据工作表6

养老金数据[①]

附表7

序号	概　　述	可用到此数据的监控因子号码	财政年度数据				
			第一年	第二年	第三年	第四年	第五年
1	无资金保障精算应计负债[②]						
2	养老金进项[③]	40					
3	养老金资产	40					
4	养老金收益分红[④]	40					
5	投资收入						

①养老金数据只包括既定收益的养老金计划。既定收益养老金计划是指雇员只有退休后才能领取收益，或对领取收益的方法进行了约定的养老金计划。在这样计划下的雇主应提存年缴费额，实际上是由可支付的预期收益决定的。如果州养老金计划中直接归因于地方政府的部分不能区分开来，州养老金计划应排除在本表外。养老金负债的详细信息见监控因子23（养老金负债）讨论部分。

②由当前养老金年度精算报告获得，见监控因子23（养老金负债）。

③养老金进项包括雇员、雇主对养老金应缴费额以及养老金财政声明或基金管理人声明的投资收益。

④养老金收益分红是指在养老金财政声明中支付给退休人员的投资收益。

数据工作表 7

经济及人口统计数据①

附表 8

序号	概　述	可用到此数据的监控因子号码	长期历史数据②		当年最新信息			
			1990 年	2000 年	第一年	第二年	第三年	第四年
1	人口	1，1012，20，22，23，28，29，30，31						
2	18 岁以下人口	30						
3	64 岁以上人口	30						
4	人均收入	20，31						
5	贫困家庭数量	32						
6	公共补助接受者	32						
7	辖区面积（平方英里）	29						
8	经评估财产价值	1，10，20，22，23，24						
9	居住财产市值或估值	33						
10	商业财产市值或估值	33						
11	工业财产市值或估值	33						
12	前五位纳税者评估财产价值	34						
13	住户	1，10，32						
14	家庭房屋所有权拥有率	35						
15	居住房屋空置率	36						
16	商业财产空置率	36						
17	工业财产空置率	36						
18	地方失业率	38						
19	地区工作岗位数量	1，10，38						
20	零售额	39						
21	企业单位数量	39						
22	总营业收入	39						
23	犯罪率	37						

①每个数据单元的附注和信息查找指南见下页。

②复习本附录概要部分“时间构架”。

经济及人口统计数据收集指南

附表9列出了附表8中所示的数据元素，同时列出了下一页中的数据来源参考代码，其中，许多数据来自网络。当使用或查询这些数据时，有以下几点注意事项：

- 美国联邦统计局刊物几乎包括了所有种类和大小的城市、镇、街道、县以及其他独立的通常意义上的地方政府。人口普查局《当前人口报告》也包含大部分地区的人口及估计个人收入。其他数据来源一般仅包括县、大城市或都市地区的信息。
- 当比较不同信息来源时，特别是与收入有关的数据，应详细检查以确保具有相同的人口基数和范围。
- 当按时间比较数据时，应牢记任何影响到数据准确的时间段，如合并附属地区或同其他地区进行合作等。

附表9　　经济和人口统计数据参考代码

数据来源见附表10，每项数据元素附加数字指向表内序号。例如，要查找1990年人口年龄信息，见数据来源4。

概　述	长期历史数据		当年最新数据
	1990年	2000年	
人口	1，4	1	2，3
人口年龄	4	1	5，12
人均收入	4	6	2，3
贫困家庭	4	6	8
公共补助接受者	4	6	7
财产市值	4，9	9，10	9，11
财产评估价值	4，9	9，10	9，11
居住财产价值	9	9	9，11
商业财产价值	9	9	9
工业财产价值	9	9	9
住户	4	1	9，11
家庭房屋所有权比率	1，4	1	2，3
居住房屋空置率	4	10	11
商业财产空置率	12	12	12
工业财产空置率	12	12	12
地方失业率	4	6	12，15
地区工作数量	4	6	12，15
零售额	16	17	18，19
企业单位数量	20	21	19
总营运收入	12，22	12，22	12，22
犯罪率	13	14	13

附表 10　　经济—人口数据来源表

序号	数据来源	序号	数据来源
1	美国联邦统计局；人口和住房（http://factfinder. census. gov/servlet/BasicFactsServlet）	13	查阅城市及县执法机构信息
2	美国联邦统计局；人口估计和预测 P－25（http://www. census. gov/prod/www/abs/popula. html#popest）	14	2001 年数据可以在联合犯罪报告中获得；美国的犯罪—2001，索引，表 6－11a（http：www. fbi. gov/ucr/01cius. htm）也可以查阅城市和县执法机构数据
3	美国联邦统计局对县、城市及都市地区的年度报告"细节表"部分；以及补充调查统计表；（http://factfinder. census. gov/servlet/BasicFactsSerlet）	15	有些当地数据可以从美国联邦劳动统计局获得；见当地失业率统计数字（http：//www. bls. gov/lau/home. htm#data）．见州就业、保障、劳动及经济和社区发展部门信息。http：//almis. dws. state. ut. us/occ/projections. asp？page＝ProjSites）．也可以查阅美国联邦劳动部各州每周失业率公告（http://www. ows. doleta. gov/unemploy/uiclaims. asp）
4	美国联邦统计局；1990 年人口普查（http://www. census. gov/www/cen1990. html）	16	美国联邦统计局；1997 年经济普查；按邮政编码统计，零售额（http://www. census. gov/epcd/ec97/zip/us/US00000. HTM）
5	尽管美国联邦统计局提供定期补充调查，但有些数据从联邦渠道较难获得。见：（http://www. census. gov/acs/www/SBasics/RelDataes/RD2. htm）．查阅州及地方政府办公室关于人口信息，如生命，健康，计划和发展等部门统计办公室。学校儿童的信息可以从当地学校机构获得；老年人口信息可以从医疗补助和医疗补助记录获得	17	美国联邦统计局；月度零售交易及食品支出数据（http://www. census. gov/mrts/www/mrts. html）
6	美国联邦统计局；经济数据：就业，收入和贫困人口（http://factfinder. census. gov/servlet/BasicFactsServlet）	18	美国联邦统计局；月度零售额及食品支出数据（http://www. census. gov/svsd/www/advtable. html）
7	从州福利和人力资源部门获得数据	19	对当地信息，查阅州、县及地方政府销售税管理部门
8	对大部分地方政府来说，联邦数据来源不可靠。查看州个人所得税、福利和人力资源部门记录获取信息	20	1990 年及以前县商业模式数据可以从美国联邦统计局；县商业模式 http：//www. census. gov/mp/www/pub/bus/msbus28. html 下载。1993 年及以后可以由出版报告中获取。见（http：//www. census. gov/prod/www/abs/cbptotal. html）
9	查阅州、县或地方政府财产评估办公室	21	美国联邦统计局；邮政编码分区模式，2000（http：//censtats. census. gov/cgibin/zbpnaic/zbpsect. pl）；也可见美国联邦统计局；美国商业统计（到县级）（http：www. census. gov/csd/susb/susb. html）
10	美国联邦统计局；住房信息：空置、租赁、所有者成本。更多数据参见：（http://factfinder. census. gov/servlet/BasicFactsServlet）	22	查阅管理总营业收入税的公共机构
11	对从联邦和州政府不能获得的数据，查阅当地财产交易商、银行及租赁组织。部分县、城市或都市地区年度报告可能有该数据，美国联邦统计局，补充调查统计表：（http://factfinder. census. gov/servlet/BasicFactsSerlet）		
12	对从联邦和州政府不能获得的数据，查阅当地计划或其他公共机构，它们可能因自己的目的收集这些数据。类似机构可能包括交通、学校、再发展、政府委员会及地区计划部门。当地银行、商会、房地产协会、大学及社会服务机构等也可能收集数据。州机构，如就业保障委员会，也可能有一些有用数据		

附表 11　　　　因子计算公式汇总

本表汇集了所有因子及其计算公式。要了解更详细的信息，需要知道每部分数据如何获得，见附表 12 以及附注相关数据工作表。

因子序号及标题	公　　式	参考页码
1. 人均财政收入	净营运收入/人口	22
2. 限制性收入	限定性营运收入/净营运收入	27
3. 政府间收入	政府间营运收入/总营运收入	31
4. 弹性收入	弹性营运收入/净营运收入	34
5. 一次性收入	一次性营运收入/净营运收入	37
6. 税收收入	税收收入（定值）	41
7. 未征集财产税	未收集财产税/净财产税	45
8. 使用费收入保证率	收费和使用费收入/相关服务支出	48
9. 收入亏空或盈余	收入亏空或盈余/净营运收入	52
10. 人均财政支出	净营运支出/人口	58
11. 功能化支出	每项功能营运支出/总营运支出	62
12. 人均政府雇员	政府雇员数量/人口	66
13. 固定支出	固定成本/净营运支出	69
14. 附加福利	福利费用支出/工资及薪金	72
15. 赤字或盈余	普通基金赤字或盈余/净营运收入	78
16. 企业基金营运状况	企业基金现金流或营业收入（定值）	81
17. 基金余额	未限定性基金余额/净营运收入	84
18. 流动性	现金及短期投资/流动负债	87
19. 流动负债	流动负债/净营运收入	93
20. 长期负债	净直接长期债券债务/评估价值、人口或个人收入	96
21. 偿债支出	净直接偿债支出/净营运收入	101
22. 重叠债务	重叠长期债券债务/评估价值	104
23. 养老金负债	养老金负债/工资及薪金	109
24. 养老金资产	养老金资产/年度养老金分红	113
25. 离职后福利	离职后雇员福利负债合计/雇员数量	115
26. 维护活动	总维修费用支出（定值）/资产数量	119
27. 资本费用支出	营运基金资本费用支出/净营运收入	122
28. 人口	人口	128

续表

因子序号及标题	公　式	参考页码
29. 人口密度	人口/辖区面积	132
30. 18 岁以下 64 岁以上人口	18 岁以下和 64 岁以上人口/总人口	135
31. 人均收入	个人收入（定值）/人口	138
32. 贫困家庭及公共补助接受者	贫困家庭及公共补助接受者/家庭（千户）	141
33. 财产价值	财产价值增减额（定值）/以前年度财产价值（定值）	144
34. 前五位纳税者财产价值	前五位纳税者财产评估价值/总财产评估价值	148
35. 家庭房屋所有权比率	家庭房屋所有权比率	151
36. 空置率	空置率	154
37. 犯罪率	犯罪率	157
38. 就业基础	当地失业率或地区内工作数量	159
39. 企业活动	（1）零售额（定值） （2）企业单位数量 （3）总营业收入	162
40. 法定行为	法定行为支出/净营运收入	166
41. 财政权力约束	见趋势工作表	168
42. 灾难风险	见趋势工作表	172

附表 12　　必须数据汇总

本表表明了监控因子计算必须数据（列 2）以及该监控因子用到该数据（列 4）。要了解每项数据是如何收集的，见数据工作表列 3。列 3 的数字是指附表序号及行号（例如，4/1，是指附表 4，行 1）

总类	具体数据	参考数据工作表（附表号/行号）	使用该数据的监控因子序号
收入	总营运收入	3/10	3
	净营运收入	3/13	1，2，4，5，9，15，17，19，21
	限制性营运收入	3/14	2
	政府间营运收入	3/7	3
	弹性营运收入	3/15	4
	一次性营运收入	3/16	5
	税收收入	3/1	6
	未征集财产税	2/17	7
	净财产税负	2/18	7
	收费和使用费收入	3/2	8
	相关服务支出	4/16	8
	预算净营运收入	3/17	9
支出	净营运支出	4/11	10，11，13，27，40
	政府雇员数量	4/12	12，25
	固定成本	5/9	13
	附加福利	4/2	14
	工资及薪金	4/1	14，23
财政运行状况	普通基金营运亏空或盈余	2/12	15
	企业基金收入和营运资金	2/13	16
	非限定性基金余额	2/16	17
	现金和短期投资	2/3	18
	流动负债	2/9	18，19
	净直接长期债券债务	2/10	20
	净直接偿债支出	4/8	21
	长期重叠债券债务	2/11	22
无资金保障负债	无资金保障精算应计负债	7/1	23
	养老金资产	7/3	24
	养老金受益分红	7/4	24
	未使用休假负债	4/13	25
	未使用病假负债	4/14	25
	退休人员健康保险的无资金保障精算应计负债	4/15	25
资本设施	固定资产维护和修理费用支出	6/—	26
	资产数量	6/—	26
	资本费用支出	4/5	27

续表

总类	具体数据	参考数据工作表（附表号/行号）	使用该数据的监控因子序号
社区需求及资源	人口	8/1	1，10，12，20，22，23，28，29，30，31
	18 岁以下和 64 岁以上人口	8/2—3	30
	个人收入	8/4	20，31
	贫困家庭数量	8/5	32
	公共补助接受者	8/6	32
	住户数量	8/13	1，10，32
	居住商业工业财产估值	8/9—11	1，10，20，22，23，33，34
	居住商业工业财产市值	8/9—11	33
	前五位纳税者财产估值	8/12	34
	家庭房屋所有权比率	8/14	35
	居住商业工业房屋空置率	8/15—17	36
	犯罪率	8/23	37
	地方失业率	8/18	38
	地区工作数量	8/19	1，10，38
	零售额	8/20	39
	企业单位数量	8/21	39
	总营业收入	8/22	39
政府间约束	法定行为	5/2—4	40

附录 B
财 政 政 策

本附录包括了 8 个地方政府当前正在使用的财政政策实例，它们表明地方政府可以赋予财政政策以不同的内容和形式，也可以帮助地方官员根据其地区需要发展自身的财政政策。

一、弗吉尼亚州菲尔法克斯县

弗吉尼亚州菲尔法克斯县（2000 年，人口 985161），建立了一套叫做“良好财政管理十原则”的财政政策体系，以此作为财政计划和运行管理工作指南。这些财政政策用来帮助菲尔法克斯县保持其穆迪和标准普尔信用评级机构“AAA”信用等级。自 1975 年县议会第一次通过实施以来，这些财政政策已经过多次修订和重申。

弗吉尼亚州菲尔法克斯县
良好财政管理十原则

1. 将资本提升计划（CIP）、资本和营运预算与计划体系整合，且至少每隔 5 年对土地使用计划重新审查一次。

2. 年度预算要反映出财政制约条件，并维持不少于联合普通基金支出 2% 的可用政府储备。

3. 削减拨款或增加收入来避免任何即将出现的赤字。

4. 确保县净债务占经评估财产价值不超过 3%；偿债基金支出不超过总普通基金支出的 10%；5 年内债券发行额不得超过 750 万美元。

5. 维持现有现金管理系统，并不断获取政府其他各部门支持。

6. 将目标管理方法（MBO）融入预算过程中，推行绩效预算。

7. 不断精简操作过程，增加服务和管理人员效率及效能。

8. 裁减冗员及功能交叉部门。

9. 保持“或有”债务处于绝对最小值。

10. 不断多样化县域经济基础。

二、马里兰州黑格斯敦市

马里兰州黑格斯敦市（2000 年，人口 36687），在以下领域建立了财政政策：

营运预算、收入、采购、投资、债务、信息技术、资本提升计划、阳光基金分红计划、社区改善、风险管理、负债保证率以及普通基金/限制性收入比。以下表明的是收入政策。

马里兰州黑格斯敦市
收入政策

1. 政府应保持多样化和稳定的收入系统，来避免某一类收入来源短期波动对其造成影响。

2. 无论是财政的还是非财政的，政府应不断寻找新的收入来源，作为多样化其收入基础和保持预算平衡的手段。

3. 无论何时何地，接受政府或公用设施服务的团体均应通过付费、使用费或其他措施来足额补偿它们接受的服务，这包括作为“使用者”的政府自身以及其他内部部门。

4. 征收地方政府自身收入时，应保持积极态度。

5. 除非能够确保收入可持续增长，否则非持续性收入和其他资金来源收入不能用于持续性的营运支出，并尽量避免对持续性支出做长期承诺。

6. 政府应预测 5 年内收入情况，并按年对其不断进行更新。

7. 收入预测应建立在合理基础上并尽可能切合实际。如基金余额不能满足一时短缺，则应采用更保守的收入估计办法。

8. 政府应按年审查其收费及服务使用费政策，以确保收入能够完成确定目标并与提供服务成本维持一致。

9. 在制定收入、使用费及利率时，应参考提供类似服务的公共和私人机构市场利率和使用费率水平。

三、艾奥瓦州厄班达尔市

艾奥瓦州厄班达尔市（2000 年，人口 29072），在 1981 年建立了一套财政绩效目标，并应用于政府运行和资本提升计划预算准备过程中。这些绩效目标，主要应用于收入、营运支出、储备、投资、资本提升计划、债务以及财政报告等领域，并由艾奥瓦州审计办公室印刷成册发到其他地方政府。州审计办公室同时赞扬厄班达尔地方官员：“在政府运行绩效评价方面，厄班达尔市政府为其公民及雇员提供了一个切实可行的行动指南，其工作卓有成效。鼓励其他城市、学校和县研究并应用类似程序，来更好的满足其自身绩效评价需求。”厄班达尔市在储备方面的考核目标如下。

艾奥瓦州厄班达尔市
储备绩效目标

政府应建立紧急储备，用于：

a. 为未预见紧急情况或非重复性事件需要提供临时资金支持；

b. 由于其他政府主体行为而导致收入损失时，允许按法定顺序调整预算；

c. 为公共或私人补助提供地方配套；

d. 满足服务提供成本的非预见性小幅增长。

紧急政府储备应维持在不少于普通营运收入 2% 的水平，并在结转额中单独列出。当紧急政府储备进行调整时，政府预算应相应进行调整。

政府应维持一个可以提供足够现金流的年度“冲转余额”，以减少短期借款的需求。冲转余额至少应占普通营运收入的 4%，并独立于紧急政府储备。

政府应提取设备折旧基金并按年拨款，以满足设备置换需求。该储备应维持在满足设备置换的数额，且设备置换应建立在设备置换计划基础上。

四、得克萨斯州达拉斯市

得克萨斯州达拉斯市（2000 年，人口 1188580）实行财政管理绩效考核标准，以反映维持良好财政状况所必需的财政政策情况。这些建立在人们广泛接受的投资衡量标准基础上的标准，应用于目前的政府财政管理实践中，包括以下几个方面内容：营运程序、资本和债务管理、会计、审计、财政计划、预算、现金管理、补助和信托以及自来水系统。以下摘录的内容包含资本和债务管理的财政绩效考核标准：

得克萨斯州达拉斯市

资本和债务管理绩效考核标准

1. 任何由发行债券提供资金支持的资本项目工程，债券发行周期不得超过其寿命周期（发行路面重铺债券的周期不应超过 10 年）。

2. 净（非自偿式）普通债务（G. O.）不应超过达拉斯可纳税财产市值的 4%。

3. 全部直接债务（加上重叠债务），不应超过达拉斯可纳税财产市值的 8%。当包括直接债务（含重叠债务）在内的所有债务超过市值的 6% 时，应同所有重叠辖区政府仔细计划，共同商讨应对策略。

4. 只有企业化基金设施在实际营运前发生的利息支出及其他相关资本费用支出才可以资本化。

5. 平均（加权）普通债券到期日应保持在或低于 10 年水平上。

6. 年度普通债务偿债支出，包括保荐债务单据而发生的风险管理费用，不应超过全部政府基金支出的 20%（包括普通基金、特种收入基金、偿债基金以及资本项目基金）。

7. 人均普通债务（包括债券证书、设备获取票据、普通债券），不应超过最近官方统计的达拉斯年人均收入的 10%。

8. 在以下几种情况下，债务可以用于延长原先永久性资本设施服务的周期以改善其营运状况：

- 以前资本提升计划处于或接近于预期服务周期；
- 这种改善至少可以延长其服务周期 1/3；
- 资金周期短于改善使用周期；
- 通过债券证书或普通债务来提供改善资金。

9. 普通债券利息收入应独立于资本设施支出、偿债支出，或用于资本设施的紧急情况储备。

10. 债权证书只能用于已经过投票批准的税收支持工程，或由市议会授权风险管理基金以及由市议会批准同意的非税收支持工程。

11. 债权证书（C. O.），包括按价值征税支持的风险管理基金，不应超过全部授权公开发行普通债务（G. O.）的 15%。所有用于代替收入债券的债权证书不应超过已发行普通债务（G. O.）的 10%。

12. 债权证书应限定于适用于债务发行财政管理绩效考核标准的工程。

13. 企业基金债权证书应只限于通过其自身收入或其他抵押资源而非财产税等从价税来支持其债权证书的工程。

14. 从市议会授权开始，债权证书授权有效期应不超过 5 年。

15. 授权风险管理基金的债权证书期限应不超过 20 年。

16. 为提供足够安全边际，在收入超过 1. 25 倍公众债务成本地区，应建立税收增额融资区（TIF）。

17. 除限定用于公共目的土地外，在税收增额融资区不超过 10% 的房产（例如，小块土地）可用于居住目的，“居住目的”包括不多于 5 个居住单元的住房。

18. 税收增额融资区只能包含不多于 5% 的城市税收基础。

19. 所有公共设施提升区（PID）和税收增额融资区（TIF）的提案，即使是“量入为出”项目，也需要对其支出影响进行评估。建立公共设施提升区（PID）和税收增额融资区（TIF）的请求必须附加 5 年财政影响分析报告，包括内部拆借借款偿还期限。

20. 所有由收入提供支持的公共设施提升计划区（PID）或税收增额融资区（TIF）债券发行，必须满足以下标准：

- 保证率测试。项目计划应满足提供收入（不含重叠税收）跟年度偿债支出最低 1. 25 倍比率的要求。如果满足以下条件，在保证金率达到 1. 25 倍之前，也可以考虑发行税收增额融资区债券：
  - → 发展商或财产所有者提供了信用支持，如信用证明或 AAA 级财政机构对债券发行提供全额担保；
  - → 在税收增额融资区（TIF）收入不足以满足其债券情况下，还需要称为“TIF 债券援助服务”的信用提升机制，此时偿还信用提升者的紧急借款成为发展商和附属机构的唯一负债；
  - → 提供信用担保的财政机构信用等级发生变化，这种情况下，90 天内，应由其他 AAA 级财政机构来代替该机构作担保；

→ 在没有替代 AAA 级财政机构担保情况下，在达到 1.25 保证金率之前，不能对发展商及其附属机构的任何附加 TIF 工程提供进一步的 TIF 债券融资支持。

- 附加债券测试——在运行保证金率测试同时，对项目计划进行附加债券测试：

→ 储备基金。项目计划应包括一个偿债支出储备基金以满足年度偿债支出的最高要求；

→ PID/TIF 债券数量的限制。PID/TIF 债务总额应作为城市重叠债务的一部分进行管理；

→ 公开发行 PID/TIF 债券总额不应超过公开发行普通债券总额的 20%；

→ PID/TIF 债券应限定在先前一贯适用债务发行财政管理绩效考核标准的工程；

→ PID 债券应限定于通过其自身收入，或通过其他担保来源而不包括财产税等从价税来增强其偿债支出能力的工程；

→ 从获得市议会批准之日起，PID/TIF 债券的授权有效期不应超过 5 年。

21. 所有适用 PID/TIF 债券的发行到期日，必须在或早于单个 PID 或 TIF 地区发展计划截止日，而且所有债券应同地区财政计划相一致，即在或在计划预计到期日前，所有支出已支付（包括债券偿还本身）。

22. 政府应不准发行任何无等级、高回报的 PID 或 TIF 垃圾债券，除非在政府财政顾问协助下，发行小额（少于 500 万美元）定向私人债权。

- 所有项目应进行详细的信用价值评估，同时，无论是否获取信用等级，均应高于这些标准。

23. 只有在已考虑过其他办法的情况下，才选择使用 PID 或 TIF 债券。

24. 当净现值节约额超过已发行债券面值 4% 时，应考虑提前转期和发行新债券取代旧债券交易。当净现值节省额超过已发行债券面值的 3% 时，应考虑债券转期快速交易（不超过 90 天或约定时间）。

25. 每项企业基金（如有可能）应保持全额偿债支出储备，如果更具经济优势，担保债权（或其他类型的信用产品，如信用证）也可用于替换储备基金。

五、加利福尼亚州圣路易斯奥比斯波县

加利福尼亚州圣路易斯奥比斯波县（2000 年，人口 44174）制定了一个 2 年财政计划，主要强调长期计划，对主要目标进行了重点发展和预算，为完成目标设立切实可行的时间表，为稳定操作和确保政府长期财政健康提前设立预算，推进更有序的支出模式，并减少准备年度预算的时间和资源。此类 2 年预算模式，第一次应用在 1983—1985 年，并保持至今，它包含了 14 个领域内的正式预算政策及主要政府目标。以下是娱乐项目收费政策。

加利福尼亚州圣路易斯奥比斯波县
娱乐项目使用者成本补偿目标

以下成本补偿政策适用于政府娱乐项目：

1. 面向成人的活动的成本补偿应处于较高水平；

2. 面向青少年和老年人的活动的成本补偿应处于相对较低水平。在私人部门也提供类似服务的情况下，成本补偿水平应更高一些。尽管支付能力可能不是所有青少年和老年参与者的关注焦点，但它们属于必须的程序行为，而且按需服务成本要比对所有参与者提供统一服务的成本要高得多。更进一步，在不考虑财政状况下鼓励公众更积极地参与到青少年和老年人活动中，具有广泛的社区意义。

3. 娱乐活动成本补偿目标设定如下：

较高水平成本补偿活动（60%—100%）

a. 培训（成年人和青少年）；

b. 日常护理服务；

c. 成年体育活动（羽毛球、垒球、软球、游泳等）；

d. 设施租赁（杰克屋，除城市/县图书馆以外的室内设施）。

中等水平成本补偿活动（30%—60%）

e. 城市/县图书馆房间租赁；

f. 特殊运动（铁人三项，以及其他城市赞助的特殊活动）；

g. 青少年田径；

h. 少年棒球联盟；

i. 青少年篮球；

j. 游泳培训；

k. 室外设施及设备租赁。

较低水平成本补偿活动（0—30%）

l. 公众游泳池；

m. 特殊游泳培训项目；

n. 社区公园；

o. 青少年体育联盟（星空体育）；

p. 青少年服务；

q. 老年人服务。

4. 对于成本补偿少于100%的活动，对居民和非居民应采取不同的费率。然而，当收费降低了活动关注程度且并未显著节约成本时，公园和娱乐部门主管可以根据授权来降低或取消非居民收费差异。

5. 对非政府支持或联合支持活动，应对使用房间、游泳池、体育馆、球场、特殊用地以及娱乐设施进行收费评估。然而，对于高峰时间使用频繁的设施或大部分由非居民使用的设施，公园和娱乐部门主管可根据授权收取接近100%成本补偿的费用。

6. 对于使用政府设施从事赢利行为的个人或组织，至少要收取总收入10%的买卖佣金。

7. 为推动新的娱乐项目或复兴老项目，公园和娱乐部门主管可根据授权在一定期限内（一般不超过8个月）采取一些类似介绍费、家庭优惠、优惠券等降低费用的措施。

8. 只有当政府管理办公室书面认定公众已负担过重时，公园和娱乐部门才可以考虑放弃收费。

六、科罗拉多州朗蒙特市

科罗拉多州朗蒙特市（2000年，人口71093）每年都进行重新审查，如有可能，重新修订由市议会决定采用的综合财政政策，并在预算文件中刊出。朗蒙特市建立了关于收入、营运预算、服务收费、投资和债务管理、储备、管理和集中采购费用、企业化基金以及资本提升计划等方面的政策。以下是企业化基金政策说明，并讨论了当前预算或财政管理实践是如何遵守或违背这些政策的。

科罗拉多州朗蒙特市
企业基金政策说明

公用设施费率。公用设施使用收费（自来水、污水处理、电力及通信）反映了服务成本并建立其营运收入和营运支出之间的基本平衡。根据基金储备水平，管理委员会可以决定临时性年度营运亏损。其中，使用收费的一部分要用于准备公用设施替换成本。

公共设施费率研究。公共设施应每四年一轮定期进行综合费率研究。在每轮周期内，管理人员将审查历史数据，预测收入和支出数据，判断是否需要进行综合费率研究。

照明和通信信号。提供朗蒙特市人行道路灯、街灯、廊灯（当行人或街道照明熄灭时）、公园路灯以及交通信号灯的电力成本应作为政府电力基金支出并通过辖区内收费进行全额补偿，如果不这样，就会导致城内和城外使用者费率不同。

城市自来水服务。提供朗蒙特市自来水服务的成本应作为自来水基金支出并通过自来水费进行补偿。

城市污水处理服务。提供朗蒙特市污水处理服务的成本应由接受污水处理服务的对象承担。

城市电力服务。提供朗蒙特市电力服务和临时性电力服务的成本应由接受电力服务的对象承担。收费率应根据市议会批准的电费和税率执行。

城市通信服务。提供朗蒙特市通信服务的成本应由接受通信服务的使用者承担。收费率应根据市议会批准的通信费和税率执行。

城市卫生服务。在城市内提供垃圾处理服务的成本应作为卫生基金支出处理，本项支出应由垃圾填埋和废弃物处理费进行补偿。

城市洪水处理服务。提供朗蒙特市洪水处理服务的成本应由接受洪水处理服务的对象承担。

资本性收入。资本性收入不能用于经营性支出，它们应单独用于系统提升和扩张方面。（自来水和污水处理基金仍保持单独基金来记录资本性收入和支出情况以及单独用于系统提升和扩张的收费情况。）

卫生设施费。垃圾收集、废弃物处理及填埋应收取足够的费用，至少应100%补偿卫生企业基金支出。

高尔夫费。应建立合理的绿化费、年检及其他高尔夫服务费率，至少在高尔夫营运预算中，支出费用（包括全额分摊的管理费）应100%补偿。对高尔夫锦标赛和高尔夫慈善赛免费的申请，应按高尔夫免收费政策进行审查、评估。

排洪费。对于所有收到的、用于城市排洪系统营运和升级的收入，应计入排洪基金中。这些收入只能用于基金营运、维护、重新安置以及排洪系统升级上。政府应收取足够的收入，至少能够100%补偿排洪基金支出。

机场费。在参考通用费率基础上，朗蒙特市政府应建立合理的机场收费率，以补偿机场基金所有营运支出。收费和使用费应按年进行审查，以判断是否补偿所有营运支出。

七、华盛顿州贝尔维市

华盛顿州贝尔维市（2000年，人口109569）建立了综合财政管理政策，并以此作为为财政计划和政府内部财政管理服务的指南和目标。该市政府官员认为政府资源应审慎使用，确保各类服务、公用设施以及基础设施有足够资金支持，以满足社区当前及将来需求。这些政策确保了完成政府目标所必须的财政稳定性。综合财政管理政策主要集中于总体财政计划、一般预算政策、公用设施和其他资金预算、州政府法定需求、预算过程和调整政策、收入、营运储备、总人工费用、资本设施项目、政府间收入、投资、债务管理、医疗基金以及会计、审计和财政报告政策。以下部分是关于会计、审计和财政报告政策的说明。

华盛顿州贝尔维市
会计、审计和财政报告政策

为提供有效的管理手段，政府应保持一套所有项目和基金的完整财政监督、控制和报告系统，保证满足总体城市目标和要求。

A. 会计记录和报告。政府应根据州、联邦法律法规来保持其会计记录。预算报告应满足州预算法律和法规要求，并根据州法律和政府通用会计准则（GAAP）报告其财政状况和营运结果。

B. 审计。州审计署按年度对政府财政和应用审计情况进行评估。他们的意见将包括在政府年度综合财政报告（CAFR）中。年度审计结果应及时送往市议会审查。

C. 财政报告质量情况。作为政府财政报告质量情况的附加独立证明，政府应每年争取获得政府预算官员协会（GFOA）优异财政报告证书。政府年度综合财政报告其实是作为政府在财政事务方面同公众进行交流的手段而设计提出的。

D. 简化基金结构。政府应尽量缩减其基金数量。出于报告目的，基金应根据通用会计准则（GAAP）进行分类，尽管有些基金可以按功能进行分类，但最终应按照贝尔维市基金类型进行分类。

八、北卡罗莱纳州卡里镇

为指导财政部门主管对临时存在镇银行账户的现金进行投资，北卡罗莱纳州卡里镇（2000 年，人口 94536），根据所有可适用的州法律，在一贯坚持的最安全原则下，建立了一套确保获得最高受益而且满足镇政府日常运行的现金需求的投资体系。

北卡罗莱纳州卡里镇
投资政策

1. 投资政策是关于保存资本和投资公共基金的政策，它按以下方式运行：在满足政府日常营运现金需求和符合所有管理公共基金投资的州和地方法律的前提下，追求最大安全性下的最高回报率。

2. 本投资政策适用于所有镇投资组合中所列的财政资产，包括债务处置。

3. 适用于管理人员的谨慎标准叫“谨慎人”条款。“谨慎人”理念不鼓励投机交易，资本保全是首要的，其次才是产生利息和资本利得。经授权人员，如果根据书面程序以及州法律进行了操作并履行了审慎原则，只要这些偏差被及时报告并及时采取相应措施以防止情况进一步恶化，对单支股票等证券产品信用风险或市场价格变动应相应减轻个人责任。

4. 按照优先顺序，镇投资活动的基本目标是：安全性、流动性和产出。

a. 资本的安全性是投资项目的首要目标。镇投资将按确保所有投资组合资本安全的方式进行。为完成本目的，多样化是必需的，这样可以使单支证券的潜在损失不超过剩余投资组合产生的收益。

b. 镇投资组合应维持足够的流动性，以使镇政府能够满足所有营运需求，该流动性可以通过结构成熟度和市场化证券来合理预测。

c. 在最小化风险和保持流动性前提下，投资组合应追求市场回报率水平。

5. 北卡罗莱纳州 G. S. 159 – 25（a）6 条款将投资程序管理责任授权给财政部门主管。对投资运行程序，财政部门主管应根据本政策建立并保持符合投资政策的书面过程，它包括对投资交易个人责任的明晰授权。任何人不得单独负责一笔交易，除非本政策提供了许可且财政部门主管制定了相应担保程序并由市政主管批准。财政部门主管应对所有进行的交易负责，并建立约束下属的控制系统。

6. 涉及投资过程的官员和雇员，应限制从事可能同正确履行投资程序发生冲突或可能影响他们作出无偏见决定的个人商业活动。雇员和负责投资的官员应向市政主管报告他们在本辖区内从事商业活动的金融机构获取的任何物质利益，以及任何可能与镇投资组合相关的个人大型金融/投资情况。雇员和官员应将个人投资交易从属于镇政府，特别是在考虑买卖时机上。

7. 财政部门主管应维持一批授权提供投资服务的财政机构，可授权的财政机构包括在北卡罗莱纳州有办公地址的银行和纽约联邦储备银行认可为主交易商的证券发行者/交易者。财政部门主管应根据信用价值程度以及其他标准对财政机构进行评估。原则上，应选择并保持不超过5家的授权财政机构。

8. 北卡罗莱纳州 G. S. 159－30（c）授权镇政府可以对以下证券进行投资：

a. 美国国债或其他由国家信用全额保证本金和利息的债券。

b. 联邦融资银行、联邦农业信贷银行、联合银行、联邦中期信贷银行、联邦土地银行、联邦住宅贷款银行、联邦住宅贷款担保公司、联邦全国抵押协会、联邦住宅署、美国农业信贷管理局以及美国邮政署的债券。

c. 北卡罗莱纳州州政府的债券。

d. 任何北卡罗莱纳州地方政府或公共机构的债券或票据。

e. 任何银行发行的全额担保存款凭单，或符合北卡罗莱纳州法律的存、贷款行为。

f. 至少一家全国性信用评级机构评为最高级，且没有任何全国性特殊债券评级机构评为最高级以下的原始商业票据。

g. 商业银行或其控股公司的银行承兑票据，承兑银行或控股公司应为：（i）北卡罗莱纳州注册公司，或（ii）持有良好公众性债券，它们至少被一家全国性信用评级机构评为最高级，且没有任何全国性特殊债务评级机构评为最高级以下的债券。

h. 在地方政府投资共同基金中参股，此类基金投资限定于以上说明的高质量投资并由地方政府委员会提供担保。

i. 有价证券的未来利息和本金支付所有权或部分不可分割利息所有权，该有价证券要么直接是美国政府债务，要么是本金和利息由美国政府担保但根据美国法律或任何州托管能力法规定由银行或信托公司持有的债务。

j. 美国政府债务回购协议或本金及利息由美国政府担保的债权回购协议，如按照1934年证券交易法规定那样，由联邦储备银行或其他任何商业银行、信托公司或国民银行协会等机构认可为主交易商的经纪人或交易商进行交易，该回购协议存款由联邦存款保险公司或其顺序后公司进行依次担保。

9. 所有镇政府进行的交易，包括回购协议抵押物，都应建立在交易—支付分离基础上。有价证券由财政部门主管指定的签约第三方进行托管，并妥善保存好收据以证实其存在。

10. 镇政府应通过证券种类和机构选择来多样化其投资，除国债和授权投资池之外，对单一证券种类或单一金融机构投资额，不得超过其投资总额的25%。

11. 镇政府应尽可能将其投资同预计现金流相匹配。超出现金流需求以外的资金，政府可用于投资，以避免不必要的资产集中于单一到期日。但是镇政府不能直接投资到从购买之日起到期日 5 年以上的有价证券。镇政府可以对投资期更长一些、但不超过 10 年的长期投资的回购协议提供担保。

12. 在投资时，镇政府就应尽最大可能持有所有投资到到期日，以确保所有投资收益。然而，经济或市场条件是变化的，可以按照政府利益最大化的原则在到期日前对证券进行买卖交易。

13. 除债券处置收益外，所有从投资中获得的资金，应按月、按每个基金月度平均现金流余额，在不同基金之间按照各自所占投资组合比重进行分配。债券处置收益将直接用于以上进程。

14. 财政部门主管负责给市政主管准备月度投资财产清单报告，其中包括：投资种类、成本、市值、到期日、收益以及平均投资组合收益。

附录 C
分 析 技 术

地方官员可以应用本附录描述的 5 种分析技术来获取综合财政信息，以提高他们的财政决策能力。这些技术既可以同财政趋势监控系统（FTMS）结合使用，也可以单独使用。本附录不是提供如何应用每项技术的详细信息，而是：

- 介绍该项技术；
- 解释它们如何提高财政决策能力；
- 列出每项技术所需信息种类；
- 说明使用者需要进行的运算类型。

正如本书描述那样，这 5 项技术有 2 个目的：第一，当同财政趋势监控系统（FTMS）联合使用时，它们可以帮助地方官员分析和解析趋势，例如，监控因子 17（基金余额）表明未限定基金余额下降了，那么“分析储备”部分就可以帮助地方官员决定该趋势是否威胁到了地方政府的财政健康。

第二，这些分析技术通过监控因子之外的信息对财政趋势监控系统（FTMS）进行补充。例如，趋势工作表只依赖于历史数据而没有要求使用者预测未来财政信息，但把财产税、人口和财产价值监控因子同收入支出预测和财政影响分析联合后，地方官员可以更好地预测政府可能面临的压力，并且能够获得更多的反应时间来决定如何更好地解决这些问题。

附表 13 表明了地方政府财政健康、选择性监控因子和本附录分析技术之间的关系。

每项分析技术讨论至少包括 3 项内容：（1）分析技术描述；（2）分析技术所需要的过程和计算手段；（3）地方政府如何应用该技术。

尽管本附录使地方官员了解了一些可用的财政管理技术，但并未给出如何应用这些技术的详细信息。读者如感兴趣，可通过本附录后参考书目获取关于这些技术的附加信息。

一、通货膨胀调整

通货膨胀调整是指将当前货币价值转换为定值，它反映了由于通货膨胀而导致的名义增长。该项信息可用于以下几个方面：

- 帮助财政趋势监控系统（FTMS）构建监控因子；
- 在考虑通货膨胀对收入和支出的影响条件下，计划年度预算；

附表 13　　财政问题、相关监控因子和适用分析技术

财政问题	相关监控因子	分析技术
通货膨胀对地方政府预算的影响是什么？	1. 人均财政收入 2. 税收收入 10. 人均财政支出 16. 企业基金营运状况 26. 维护活动 31. 人均收入 33. 财产价值	通货膨胀调整
收入增长是否同支出增长相适应？未来收入需求是多少？	1. 人均财政收入 9. 收入亏空或盈余 10. 人均财政支出	预期收入和支出
社区增长和变化对营运和资本预算的影响是什么？替代规划方案的影响是什么？	1. 人均财政收入 6. 税收收入 10. 人均财政支出	财政影响分析
使用费对服务成本补偿率是多少？	8. 使用费收入保证率	地方政府服务成本
地方政府是否有足够储备来保护其财政状况？	16. 企业基金营运状况 17. 基金余额 42. 灾难风险	储备分析

- 帮助预测通货膨胀对具备上升条款（如集体谈判合同、长期租赁协议等）合约的影响程度；
- 帮助预测价格趋势，使通货膨胀对采购和签约服务的影响最小化；
- 衡量通货膨胀依时间顺序对政府预算的影响程度。

通货膨胀调整涉及三类：（1）选择价格指数；（2）选择比较的起始基准年份；（3）根据价格指数对每年的数字进行调整。

1. 选择价格指数

价格指数表明商品及服务价格随时间变化的情况。通过比较不同时间段内相同数量的商品和服务成本，可以计算通货膨胀的影响程度。最常用的价格指数是消费物价指数（CPI），它通过追踪城市普通工薪阶层和办事人员购买商品和服务的价格来实现，其中包括食品、住房、服饰、健康以及交通和娱乐。尽管 CPI 很普遍而且容易获得，但它能给地方政府提供的仅是一个关于通货膨胀影响的大概信息，因为地方政府支出不可能同 CPI 中适用的服务范围一致①。

另一个联邦政府提供的价格指数是“对州及地方政府购买商品和服务的内在价格折算指数”。这个价格指数使用在职人员名单数据以及全职人员数据构建而来，调整反映了政府工作人员组成上的变化。许多分析家倾向于本指数而非

① CPI 可以在 http：//www. bls. gov/CPI 查到。本网址给出了完整的 CPI 历史信息。

CPI，因为它更关注于传统的政府商品和服务。然而对大部分人，它不如 CPI 熟悉①。

市政成本指数（MCI），另一个地方政府可以应用的价格指数，由美国“城市和县”杂志开发，并按月登在杂志上面②。MCI 表明了通货膨胀对典型市政服务成本的影响。它集中于构成市政服务支出的项目上：工资、物资及供应和签约服务。MCI 由 CPI 而来，主要衡量预期市政工资率上升压力，并通过工业产品物价指数（PPI）来追踪地方政府通常购买商品（如卡车、办公用品、汽油和水泥等）的成本情况，最终，MCI 接近于美国商务部刊发的建筑成本指数。对地方政府来说，最重要的建筑支出是那些用于资本项目建设的支出。

MCI 的好处是它专注于市政支出并随时可用，不利因素是它只表明了全国水平上的价格变动情况，而实际上全国范围内价格变化非常大。在有些州，市政价格指数（MPI）已经或正按照该州地方政府通常购买的商品和服务进行构建。在 MPI 可用州，它为地方政府提供了最准确的通货膨胀调整指数，MPI 通常由某所大学或市政协会开发完成。

2. 选择基准年

一个指数一般包括从某个基准年开始每年的指数水平，例如，CPI 可以类似附表 14 中那样标明。

附表 14　　CPI 举例系列数字

年	指数水平（7 月份）
1983	99.9
1984	104.1
1985	107.8
1986	109.5
…	…
1998	163.2
1999	166.7
2000	172.8
2001	177.5
2002	180.1

CPI、MCI 和 PPI 分别按月、季度和年计算。对任何一年来说，都有一个指数范围，依赖于所选择的月份。当比较 2 年或 2 年以上指数时，在每一年选取相同月份非常重要。这可以确保在每一个比较期限内使用全额的 12 个月份。

---

① 州及地方政府内含价格折算指数可以在不同版本的“商业调查”中查到（美国商业部）。

② MCI 可以在 http://www.americancityandcounty.com 查到。在其网页上有 MCI 活动链接，本网址提供了 MCI 的完整历史，见“网页精品”。

附表 15　　净营运收入转化为定值

序号	概述	来源	财政年度数据				
			1998	1999	2000	2001	2002
1	净营运收入	附录 A，附表 3，行 13	$ 8000000	$ 8200000	$ 8500000	$ 9000000	$ 9100000
2	消费物价指数（CPI）	CPI	100. 0	102. 1	105. 8	108. 7	110. 3
3	百分化 CPI	行 2/100	1. 000	1. 021	1. 058	1. 087	1. 103
4	净营运收入（定值）	行 1/行 3	$ 8000000	$ 8031342	$ 8034026	$ 8279669	$ 8250227

附表 16　　内华达州莱诺市通货膨胀影响表

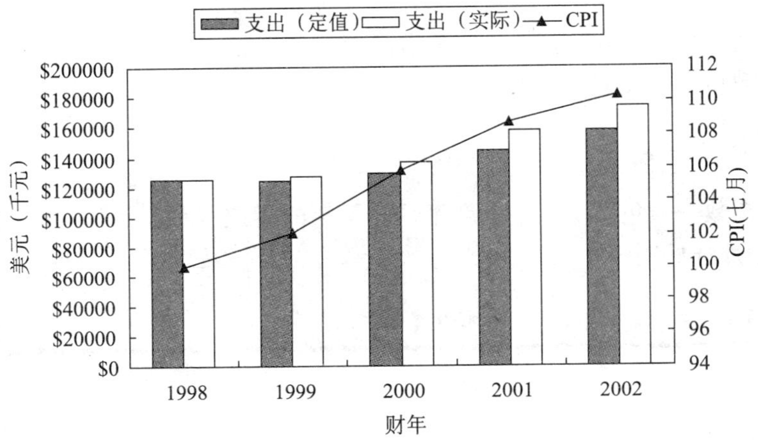

财　年	消费物价指数	实际支出	支出（定值）
1998	100. 0	$ 125555	$ 125555
1999	102. 1	$ 126960	$ 124349
2000	105. 8	$ 137066	$ 129552
2001	108. 7	$ 157111	$ 144536
2002	110. 3	$ 173275	$ 157094

从 1998 年 1 月开始发布的数据，CPI 的标准参考基础从 1967 = 100 变为 1982—1984 = 100。尽管指数可以以 1982—1984 为基准年那样应用，但比较今年成本同二十年之前的成本没有任何意义。为使数据更有效，需要建立一个新的基准年。例如，如果构建某段时间 1998—2002 年 5 年间的监控因子，就可能希望以 1998 年为基准年。使用 1998 年作为新基准年，可以按以下步骤进行计算：

（1）设 1998 年数据为 100；

（2）计算随后每一年的指数。前一年以 1998 年为基准年的价格指数乘以当前年以 1982—1984 年为基准年的价格指数，除以前一年以 1982—1984 年为基准年的价格指数。

例如，要计算 1999 年新价格指数：100 × 166. 7 ÷ 163. 2 = 102. 1，这就是 1999 年新的价格指数。附表 17 说明了这些计算例子。

附表 17　　1998 年为基准年价格指数计算过程

年份	1982—1984 基准年价格指数	计算过程	结果（1998 年为基准年指数）
1998	163. 2	设定基准 100	100
1999	166. 7	100 × 166. 7 ÷ 163. 2	102. 1
2000	172. 8	102. 1 × 172. 8 ÷ 166. 7	105. 8
2001	177. 5	105. 8 × 177. 5 ÷ 172. 8	108. 7
2002	180. 1	108. 7 × 180. 1 ÷ 177. 5	110. 3

3. 将每年数字转化为定值

在选定价格指数或调整价格指数并获得每年指数后，需要将当年年份数字转化为定值。如果联合财政趋势监控系统统一作调整，如何完成这些计算见趋势工作表。附表 15 表明了如何将净营运收入（如在监控因子 1，人均财政收入）转化为定值的例子。

附表 16 说明了从 1998 年到 2002 年通货膨胀对内华达州莱诺市支出的影响。注意本图是以 1998 年（7 月）为 CPI 基准年来完成的。

通货膨胀调整技术也可用于按定值或浮动值准备未来的支出计划。这需要推测未来通货膨胀率并分别按“最好情况”和“最坏情况”来推测价格指数。

二、收入和支出预测技术

地方官员可以在以下几个方面使用未来几年内推测的收入和支出数据：

• 在年度预算准备中，预测可以帮助揭示潜在收入差距，例如，收入和支出之间的短缺；

• 在资本预算计划过程中，预测可以区别潜在超收情况，这可以用于如资本工程或补偿购买资本设备借款的偿债支出等；

• 预测可以澄清不同财政决策对预算的影响，特别是长期决策的影响，如集体谈判协议、融资租赁协议以及资本项目计划等。

作为预算过程中一部分，大部分地方政府都会预测未来 12 个月内的收入和支出情况，而准备预测未来 3—5 年的收支情况可以提供更早的潜在赤字或盈余信息。当然，这些预测不会提供十分精确的数字，它只是表明一种趋势，但如果地方官员意识到政府未来可能出现的情况，他们就可以准备预算并设立相关财政政策，来应对收入和支出最有可能的变化情况。

有四种基本的预测办法：专家判断、趋势分析、确定性技术和计量经济技术。

1. 专家判断

专家判断也叫“最好猜测”，它依赖政府中能够进行相当准确预测的专家，他们的预测一般都建立在经验以及对政府收入和支出流的准确把握上。对如何进行此类预测我们很难给出任何建议，因为最关键的因素是专家，而不是任何方法。这种办法的主要优点是它非常迅速且廉价，主要缺点是它依赖于预测者的主观判断，例如，对预测者来说，可能很难解释为什么收入和支出就一定比以前年度高或低；另一个缺点是即使是专家预测得很准确，一旦他或她离开，政府同样也失去了预测“技术”。

2. 趋势分析

同专家预测不同，趋势分析是最简单也是最常用的预测办法，特别是对小的地方政府来说。当收入或支出相对稳定或可能发生缓慢变化时，它非常有效，因为趋势分析是单独建立在时间基础上的，也就是说，它假设未来收入和支出增长比率同当前是相同的。趋势分析预测步骤如下：

- 分析当前收入结构。按照自身情况将收入分为最有效的几类，有些主要收入，如财产税，可能保持相对稳定或以相对稳定的比率变化。其他如销售税或个人所得税可能随商业周期而波动。有些可能完全不相干，如从其他政府获得的补助。趋势分析主要集中在相对稳定或固定的来源；如果存在一些小的收入来源，把它们叠加在一起，它们的波动可能相互抵消。
- 分析当前支出概况。将支出划分为工资性支出——可能是最大的单项支出，以及非工资性支出。后者也可以进一步划分为物资、供应、设备等类别。对偿债支出要单独进行分析。
- 建立收入和支出的历史模型。对步骤 1 中的每一类收入，按过去 5 年内的变化作图，并对步骤 2 中的支出种类作同样的分析。确保数据“干净”，以消除任何地方政府可能对收入和支出数据的人为处理。例如，政府可能进行了一次重大的财产重新评估，这导致了财产税收入的突然大幅增加。但不要妄想该收入会持续以相同速率高速增长，与此相反，应像评估没有发生那样对收入增长率进行预测。
- 预测未来每一类收入和支出的变化情况。要达到这个目的，应当选择以下三种假设，看哪一个对每个收入和支出类别是最合理的：
  - → 变量是稳定的。例如，过去 5 年内，如果平均商业执照数量处于稳定数量收费水平，那么一个合理的假设就是：在未来 5 年内本项收费不会发生变化。
  - → 像过去几年一样，变量会按相同绝对值发生变化。例如，如果销售税收入在过去 5 年内以平均 100000 美元/年的速度增加，那么就可以假设这种增长模式将会在未来 5 年内持续发生。

→ 像过去几年一样，变量会在未来几年内按相同的速率进行变化。例如，如果以前年度财产税收入每年的增长速度为2.5%，就可以假设财产税会继续以相同的速率进行增长。

趋势分析的主要缺点是它不能预测拐点信息，换句话说，无论实际经济如何发展，在预测期限内它只能预测变量持续增长或降低。而且，对政策分析来说，该方法几乎是没有用的，因为它不能回答“如果……什么……”的问题。例如，如果经历重大人口和经济变化，未来将会发生什么？然而，趋势分析是相当便宜和快速的预测办法，特别是对于没有熟悉统计分析办法的专家的地方政府来说更是如此。

3. 确定性技术

对预测支出特别有效的确定性预测技术，其起始基础信息同趋势分析一样，但它考虑的不仅仅包括时间，还包括以下因子：

- 内部变化：任何政府可能增加或降低税、费，可能改变服务种类和水平，以及可能开始新的资本设施建设的确定计划；
- 外部变化：环境变化，如通货膨胀、人口迁移、补助基金获取或缺失等。尽管这些变化超出地方政府的控制范围，在预测时我们依然审查和使用外部经济环境假设①。

尽管确定性技术需要比专家判断和趋势分析花费更多的时间和精力，但它可以获取更多的细节信息，考虑更多对地方政府未来财政状况有重大影响的因子。

4. 计量经济学技术

计量经济学技术，也即统计学预测分析，比确定性技术更进一步，考虑多个因素的多重效应。本质上讲，计量经济学办法假设收入和支出依赖于一个或多个因素，叫自变量（或随机变量），并通过收集过去几年内收入和支出的数据，经分析确定这些数据和自变量之间的关系。例如，通过审查过去数据，预测者就可以发现个人收入和销售税之间的统计数量关系，这种关系可以让预测者根据未来个人收入变化情况，来预测销售税变化情况。

总之，计量经济学技术需要一个在经济学和统计学上具有高度技巧的人，而且需要大量数据和专业统计分析软件，但它也不一定比优秀的确定性技术产生更多、更好的信息。

5. 自动化预测技术

除专家判断之外，以上几种预测技术均可以实现自动化以使它们更容易、更

---

① 在有些案例中，这些假设可以建立在本附录讨论的其他分析技术基础上。例如，通货膨胀调整可以帮助官员观察通货膨胀率的变化；财政影响分析可以帮助预测增长带来的成本和收入。

快速、更准确地应用。财政官员可以从不同来源（如州政府事务办公室、专家协会等）购买预测软件程序。然而，同财政趋势监控系统一样，需要花费大量人力和时间来构建、标准化以及集成一个有效的财政和非财政信息数据库。反复考虑这两种财政分析办法的地方官员可能希望将两种办法联合起来，以达到最小化重复劳动、最优化结果的目的。

三、财政影响分析

财政影响分析适用于估计地区发展对政府财政的影响作用。地方政府使用本法主要用于评估发展的影响、合并建议以及重新分区请求，在不同土地使用计划之间作出抉择，并有助于制定经济发展决策。通过区分这些决策中的财政成本及收益，财政影响分析可以帮助地方官员决定鼓励哪一种增长方式以及采取怎样的政策措施。

同长期计划一样，地区增长导致的成本和收入信息，也可用于短期预算决策。短期范围内，财政影响分析能够通过观察新的发展项目对税率和融资能力的影响，来测定地区增长对资本和营运预算的影响。从长期看，它有助于地区保持自我支持能力下的平衡发展。

预测希望从发展、合并及土地使用建议获得的收入，是一件相对比较容易的任务，只要专注于相对简单的收益增值系数或比率即可。例如，为估算地方政府可以从建议居住区发展计划中获得多少财产税收入，按以下步骤进行计算：

- 每单元平均市场价值乘以折算比率[①]；
- 乘以该类产品的地方财产税率或厘率；
- 乘以即将建设的单元数量。

计算地区增长对预算支出的影响经常会更困难。用于估计居民区发展相关成本最常用的三种方法是人均乘数技术、个案研究技术和服务定额技术。选择何种预测技术依赖于被评估的增长特征以及地区的自身条件。

1. 人均乘数技术

人均乘数技术是地方政府最常用的技术。该方法特别有效，因为它在当地可用数据基础上，提供了一种快速估计新发展成本的办法。它经常适用于在已建成完善服务设施的地区发展单个家庭或多家庭的小块土地。

要预测发展居住区而带来的成本，可以直接将当前人均市政居民服务成本乘以预计新居民数量。计算当前人均市政居民服务成本，遵循以下步骤：

- 将支出划分成类，如普通政府服务、火灾服务以及公共安全服务；
- 使用预算分析办法来判断政府每年在每类支出上花费多少；

---

① 折算比率是指房地产评估价值与真实市场价值的比率。

- 从以上数字中减去与非居住相关的成本，如工业园、购物中心等[①]；
- 余数除以当前人口。这个数字就是当前人均市政服务成本。

人均乘数技术的优点是它适用于多方面，容易理解并简单实用。最大的缺点是结果缺少细节。

2. 个案研究技术

在人均乘数技术之后，最常用的办法是个案研究技术。个案研究技术不是专注于人均乘数技术基础的平均成本，而是关注于边际成本。边际成本是指由于新发展项目而导致的服务增加成本。边际成本不同于平均成本，这是因为要么现有服务还有剩余能力，要么服务已经超越其能力。

如果有剩余服务能力可用，就不需要因增加居民而新增设施，这就是具体个案。例如，如果社区根据人口增长预测建有新的消防站，当人们开始居住进来，社区已建有相关设施，只要增加消防队员和设备即可；相反地，如果社区的消防能力早已远远超过负荷，将不得不花费大量资金来安置新居民，因为需要建新设施。这种情况是存在的，例如小的快速发展地区。在这两个例子中，实际附加成本同人均乘数技术中计算的平均成本不同，在第一种情况下，实际成本会低于平均成本；而在第二种情况下，它会高于平均成本。

在个案研究技术中，判断服务过剩或服务不足，需要访问熟悉未来服务扩张或紧缩情况的部门领导或管理人员。这种访问可以搞清未来营运和资本预算需求。未来营运成本计算建立在即将被雇用的雇员工资以及其物资成本基础上；适用新发展计划的资本费用支出计算要么建立在建设成本之上，要么建立在为资本设施提供资金而发行的债券的偿债支出之上。

个案研究技术要比人均乘数技术提供更多关于未来成本的细节信息，因为它不仅提供了增长带来的财政后果，而且通过服务分类对营运和资本设施费用成本也进行了分配。

3. 服务定额技术

服务定额技术使用城市、小规模校区和地理分区的平均人力和资本设施服务水平（该平均数字由美国联邦统计局提供）。本技术决定了由于增长而需要增加的不同服务功能（财政管理、普通服务、公共安全、火灾、高速公路、污水处理、垃圾处理、自来水供应、公园及娱乐、图书馆等）的雇员数量。分析专家决定了附加雇员成本以及按服务功能区分的地方人均附加营运费用（工资和设备），而资本费用支出则建立在统计处理获得的资本—营运服务比率基础之上。

类似于人均乘数技术，服务定额技术也是一种平均成本的办法，但它提供了更多的细节信息，并能反映出每个服务种类的特殊变化，它也是一种相对直接和

---

① 本数字可以建立在评估价值比率或其他措施基础上。

便宜的技术。然而，地方条件同平均条件存在不同程度的差异（由于地方财富不同、服务能力过剩或短缺、地方传统差异等），服务定额技术可能高估和低估真正的发展成本。

同以上三种办法相比，还有另外三种不太常用的财政分析技术。比较城市技术是一种边际成本方法，使用比较城市人口数量和增长率来进行长期财政预测或预测大规模发展的影响。比例价值技术和就业预测技术均用于决定未来非居住设施的市政服务成本。

4. 选择一种技术

大部分地方政府发现个案分析技术比较好，在数据不容易获得或很难按照真正边际成本来定义服务水平关系的地方，可以使用平均成本技术作为补充。

5. 使用财政影响分析数据

一旦完成财政影响分析，地方政府就会理解建议的财政影响。如果新发展或新土地使用替代方案出现预测赤字，地方官员可以考虑增加新收入来源（如使用费、影响费、系统发展费等）在管理和财政方面的可行性。

四、确定地方政府服务成本

确定地方政府服务成本可以帮助区分市政服务的全额成本。这项技术可以帮助回答关于市政服务的若干问题，例如：

- 如果对市政服务收费，它们补偿的相关服务成本比例有多大？在什么情况下可以增加这些收费？
- 增加服务水平花费多少成本？削减服务可以节约多少成本？
- 由私人公司提供某些市政服务能否更有效率？

确定成本不是精确的科学。它没有相关成熟的准则，也可能存在相当的调整误差。在这里，确定成本过程有 6 个主要步骤：

- 确定研究目的；
- 确定研究的时间区段；
- 区别提供服务的资源；
- 选择正确的计量单位；
- 收集成本信息；
- 使用成本信息。

1. 确定研究目的

明确研究目的是确定服务成本的第一步，因为目的影响收集数据的类型。附表 18 表明了 5 种类型的成本分析，每个都有不同的目的。

附表 18　　5 种不同类型的成本分析及其例子

分析目的	分析种类	例　子
确定提供服务的所有资源的成本	全部成本	提供土地填埋服务的所有部门的所有资源成本
使用者收费使用成本	平均单位成本	处理婚姻登记的镇雇员成本
分析某项工作的成本	工作成本	修理一件工具的成本
扩展某项服务的成本	渐进成本	每周增加 2 晚分支图书馆开放时间的额外成本
如果某项服务部分或全部取消，或使用不同的服务提供办法（如外包），可以节约的成本	可避免成本	如果现有的一座消防站关闭或取消救护车服务，可以节省多少成本

2. 确定研究的时间区段

正确的数据收集时间区段取决于研究目的。如果目标是确定提供服务的年度成本则需要一个完整的财年。有时，这些信息也可以由单个时间区段推断得出。例如，为发现道路修复成本，特别成本分析可以让雇员追踪 2 个星期内道路修复使用的劳动力、物资和设备数量。如果这 2 个星期内的活动代表了一整年的典型行为，那么年度成本就可以从该特定时间段内发生的成本推断而来。如果行为水平不是典型的，可以选择散布于全年的 4—5 个 2 个星期区段进行研究。

3. 区分提供服务使用的资源

提供服务使用的资源包括劳动力、物质、设备、设施以及购买服务。在这些分类中，有直接和间接资源之分。直接资源就是清楚的可辨别和归属于某一特殊服务的资源，如支付给营运项目人员的工资以及本项目使用的物资。非直接资源指那些没有直接归属到某一特殊服务或预算的资源，包括非直接营运和管理资源。一个非直接资源的例子就是项目管理人员使用的市政办公室，另一个例子是城市或县主管在政府范围内实行行政管理花费时间和精力。完整的成本研究包括所有直接资源和间接资源。

4. 选择正确的计量单位

选择正确计量单位需要先确定想要如何衡量产出及服务的单位成本。产出描述了提供服务的数量（如铺设道路公里数、完成检测数量等），如果所有情况都可以合理标准化，那么可以将所有提供服务的单位作为整体进行处理。单位产出就是提供的单位服务量，单位成本就是提供单位服务的平均成本。对于那些一次性服务或不同工作之间存在巨大差异的市政服务，单位产出不是标准化的且平均成本也不是最有效的衡量单位，其最有效的计算办法是确定每项工作的成本或每项工作的成本区间。

计算产出和单位成本的关键是选择可以为特定研究目的提供有效信息的计量标准。附表 19 列出了不同服务种类可能的产出和单位成本衡量标准。

附表 19　　服务、产出及成本单位样表

服　务	产　出	成本单位
道路铺设	铺设道路公里数	$ 每英里
道路修理	道路修理平方米数	$ 每平方米
自来水	提供自来水加仑数	$ 每加仑或每千加仑
娱乐	服务人员数量或提供娱乐项目数	$ 每人或每个项目
废弃物收集	废弃物收集吨数	$ 每吨
车队管理	管理车辆数	$ 每辆
公共安全	结案数	$ 每件

5. 收集成本信息

原始成本数据来源是支出记录：总账和辅助分类账、支付凭证、偿债支出记录和支出报告。信息也可以由预算或非财政记录中获得，如设备采购和维修记录、建设记录、英里数报告、工资单和人事记录。成本信息收集的难易取决于支出记录和预算的详细水平。

为确保列出所有正确的成本，这里给出两点建议：

● 包括所有费用而不单单是支出额。费用是指在给定时间内提供某项服务所使用资源的成本；支出额则是购买这些资源时的现金交易支出。这样，如果收集 2003 财年娱乐服务的成本信息，就要确保包含发生在 2003 年内的全部成本信息。如果在 2003 年为某一娱乐服务租赁了一栋建筑物，但账单在 2003 年未到并在 2004 年支付租赁款，那么它依然是 2003 年费用，并应包括在成本数据中。需注意的是费用也有可能晚于支出发生时间，例如，如果在 2001 年就购买了娱乐设备并预计能使用 5 年，那么在年度成本分析中使用的数据应当是设备使用年限中每年的分摊数。

● 要确保包括所有合适的直接和间接成本。例如，根据成本研究目的不同间接成本可能不同，因此，要包括所有适当的间接成本。如果研究目的是设立使用费来补偿所有服务成本，那么收集的数据应包括所有间接成本。如果研究目的是考虑扩大某项服务，例如每周额外开放娱乐设施几小时，那么大部分间接管理成本早已固定，并不会受到影响。这种情况下，只有间接营运成本（如设施维护费和费用收集成本）会增加，因此应包括在成本数据中。

6. 使用成本信息

成本数据的使用取决于研究目的以及数据收集种类和质量。正如本部分开头所言，成本数据可以区分政府提供或考虑提供的各种市政服务成本信息，这些信息对分析服务效率和制定预算是十分有用的。成本数据还可以区分单位服务成本，它可以帮助确定补偿服务成本的收费水平，而且还可以帮助地方官员来比较不同服务提供办法的优劣。

无论出于何种使用目的，确定成本都是地方经理和政策决策者的有效工具，但需要记住的是：它只代表了决策的一个方面，以下因子也必须考虑：

- 地方传统：过去服务是如何提供的？
- 政治接受程度：对服务提供者和使用者来说，改变能否被接受？
- 立法限制：州法律下，改变是否允许？
- 雇员关系：市政府劳工合同是否允许改变？

确定政府服务成本是一项复杂的工作。对于如何执行成本研究的步骤指南，见本附录末端列的参考书目。

五、分析储备

大部分地区在它们的年度预算中包括了多种类型的储备，以便能够对非预期事件、紧急情况以及收入—支出模式的不平衡性保持调整余地。有四种最基本的储备：

- 营运储备，也叫紧急情况基金，它通常由年度预算拨款形成。它的目的是应对意外、小规模的服务发行成本增加，如由意外大雪导致的支出增加。

- 大灾储备。该储备通常不是按年进行拨款，但通常保持在特别基金中或作为普通预算的一部分存在。它的主要目的是为大灾，如洪水或火灾，提供紧急资金支持。

- 替换性储备。该储备主要用于购买营运设备，如卡车或机器等。它可以作为基金余额一部分记录，也可以在特殊的设备替换基金中记录。替换储备通常每年进行补充以允许设备持续折旧或替换支出。

- 流动性（或现金流）储备。流动性是会计学名词，指现金和可在任何时间变现的银行存款、证券等现金等价物数量。流动性（或现金）储备是指政府用于调整收入和支出正常不平衡的现金和现金等价物。

没有任何规定决定政府可以保持哪些储备或这些储备应保持在何种水平，它主要取决于辖区可能遭受的自然灾害种类或强度、保险补偿水平、辖区收入基础流动性、地方政府的财政健康状况、州法律以及全国经济情况。

储备需求主要取决于收入以及和收入资源有关的风险程度，主要紧急情况的可能性以及对它们的反应所要求的资金数。地方政府主管可以提出以下问题，并由此可以判断出地区对抗风险能力以及满足特殊需求的流动性水平。

- 收入亏空的潜在可能性有多大？也就是说，面对不利经济环境时，其税收基础稳定性如何？

- 当前预算在多大程度上依赖于政府间收入？这些资金终止的可能性有多大？

- 当前的设备替换政策是什么？大件设备的替换，如消防车或铺路机，是否会严重影响预算或服务水平？

- 对法律诉讼或资产损坏而导致的损失，采取了何种保险进行防护？保险能够补偿所有损失还是部分损失？

- 政府可能因自然灾害遭受何种损失？联邦或州政府可以提供何种帮助？
- 万一出现问题，政府能够在多长时间内借到多少资金？
- 通常，政府账户能保持多大的流动性？

参考书目

预测收入和支出

Schroeder, Larry D. , Forecasting local revenues and expenditures, *Management Policies in Local Government Finance*, *4th edition.* Washington, DC: ICMA, 1996.

Vogt, A. John, *Capital Budgeting and Finance: A Guide for Local Governments*, Chapter 12, "Multi-Year Financial Forecasting" Washington, DC, 2003.

财政影响分析

Analyzing the Fiscal Impact of Development, *MIS Report*, Washington, DC: ICMA, July 1988.

Siegel, Michael L. and Susan Robinson, "Fiscal Impact Analysis: What It Is and How to Use It." *Government Finance Officers Association Research Bulletin*, September 1990. http://www.gfoa.org/services/dfl/budget/index.shtml

确定地方政府服务成本

Downing, Paul B. and Edward J. Bierhanzl, "User charges and special districts." *Management Policies in Local Government Finance*, 4th edition. Washington, DC: ICMA, 1996.

Establishing the Cost of Services, MIS Report, Washington, DC: ICMA, May 1990.

Introduction to Activity-Based Costing, IQ Report, Washington, DC: ICMA, February 1998.

User Fees: Current Practice, MIS Report, Washington, DC: ICMA, December 1992.

Valente, Carl F. , et al, *Costing Municipal Services: Workbook and Case Study*, Boston: Massachusetts Department of Revenue, Municipal Data Management and Technical Assistance Bureau, 1985.

附录 D

财政趋势分析和预测案例

本附录由威廉·S. 莫尔博士纂写，加州大学公共政策和管理研究中心，长滩，加利福尼亚州。威廉·S. 莫尔版权所有，2003 年。

一、简介

本附录的目的是给本书使用者提供运用趋势分析并使用 Microsoft® Excel 作一些简单预测的工具。这里提供的技术很简单，进行简单培训即可掌握。毫无疑问，预测是类似于艺术的科学，数量方法可以让我们触摸到事件的核心，但它们却永远不可能代替建立在自身或其他专家经验基础上的良好判断和敏锐直觉。

这里提供的方法最好用于预测距离实际可用数据 1—2 年内的数据，变量预测时间越远，其准确性就越低，同时，鼓励本书使用者追踪趋势工作表中超过 5 年的数据。尽管有些地方政府连 5 年内数据都没有，但每个地方政府都可以从现在开始准备收集数据，以便进行趋势分析。

二、数据随时间变化的来源

变量（如人均财政支出）和时间之间的关系可以分成以下几种类型，即循环变化、季节性变化、随机变化以及实际或潜在趋势。为判断变量的实际变化趋势，必须将所有变化调整为前三种变量类型，这是预测变量未来值所必需的。

循环变化经常渐进发生并随某些因素如商业循环而发生变化，例如，个人所得税收入随着经济扩张或衰退（以 GDP 为衡量标准），而发生周期性变化；

季节性变化，顾名思义，就是随季节作用而发生的变化，例如，停车或娱乐收费可能在夏季有显著增加；

随机变化是不可预测事件，且具有统计上的非规律性或随机误差。一个典型例子是特大自然灾害，它可以导致紧急情况支出模式发生急剧变化，且具有随机性。

三、简单趋势分析和预测步骤

简单趋势分析和预测有以下几个步骤：

1. 按时间顺序设置并检测数据；
2. 为趋势分析调整数据；
3. 建立预测模型；
4. 估计相互关系；
5. 解析结果；
6. 评估模型；
7. 计算预测结果。

本附录说明了如何使用 Microsoft® Excel 来完成以上 7 步。软件版本基于 Excel 2000。

第一步：按时间顺序设置并检测数据

趋势分析和预测的第一步就是按时间设置数据，并观测变量如何进行变化。

● 直接从趋势工作表对监控因子作图

为检测监控因子随时间变化趋势，如本书所示那样构建并填写趋势工作表。按住鼠标左键拖动，选中监控因子 1－5 年的数据值。见附图 1 例子“政府间营运收入占总营运收入比重”，然后点击 Excel“图表向导”按钮，或在“插入”菜单下选择“图表（H）……”项。

接下来将会见到“图表向导－4 步骤 1－图表选项”窗口。点击鼠标左键选择“折线图”。接下来就会看到“子图标类型”选项，通过鼠标左键点击选择“数据点折线图”。本步骤见附图 2。完成后，点击“下一步”按钮。

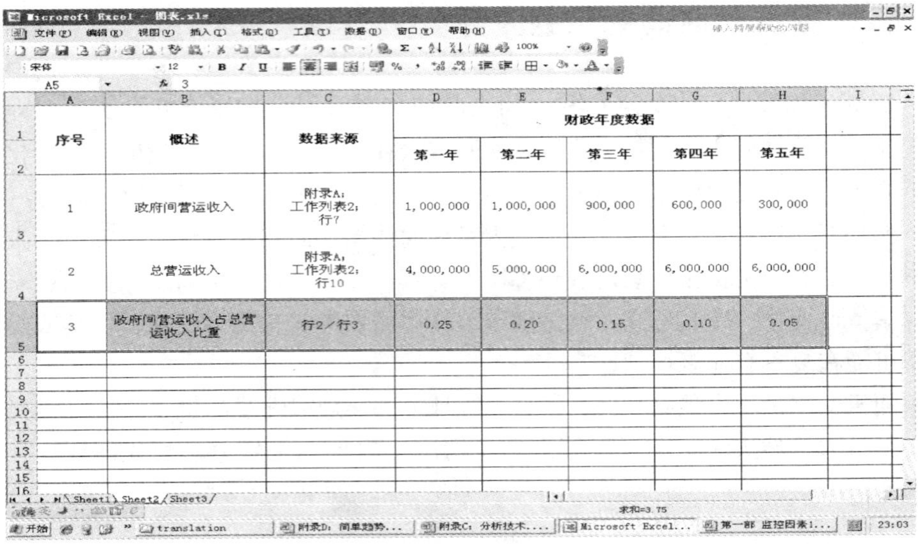

序号	概述	数据来源	财政年度数据				
			第一年	第二年	第三年	第四年	第五年
1	政府间营运收入	附录A；工作列表2；行7	1, 000, 000	1, 000, 000	900, 000	600, 000	300, 000
2	总营运收入	附录A；工作列表2；行10	4, 000, 000	5, 000, 000	6, 000, 000	6, 000, 000	6, 000, 000
3	政府间营运收入占总营运收入比重	行2／行3	0.25	0.20	0.15	0.10	0.05

附图 1　选中数据

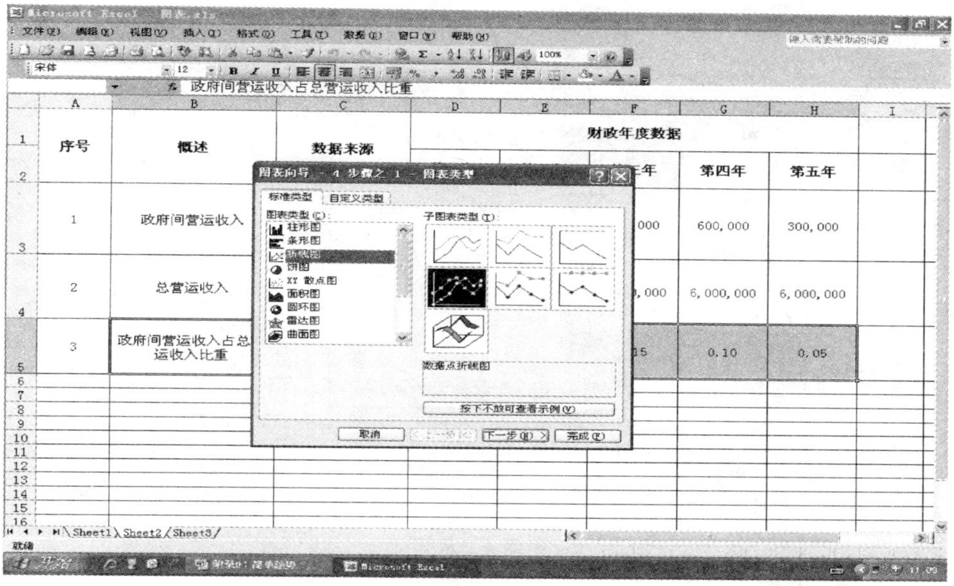

附图 2　图表类型

现在可以看到“图表向导 -4 步骤 2 - 图表源数据”窗口。注意 Excel 已标明了数据表格范围，数据范围见附图 3 数据区域行。

如果选择“图表向导 -4 步骤 2 - 图表源数据”顶端的“系列”键，可以见到附图 4。这里可以给出数据系列和 X 轴标志。一旦完成这些编辑，点击“下一步”按钮。

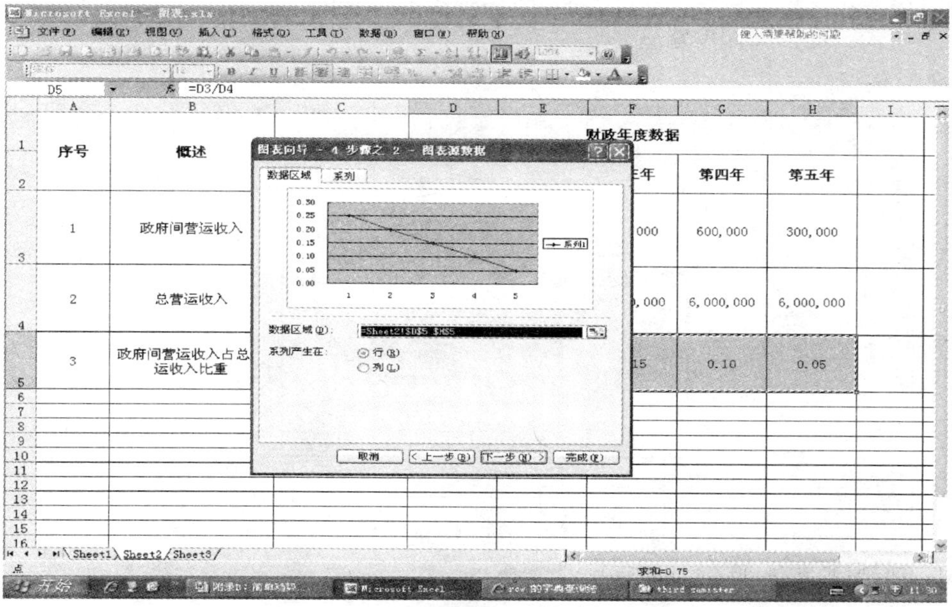

附图 3　图表源数据

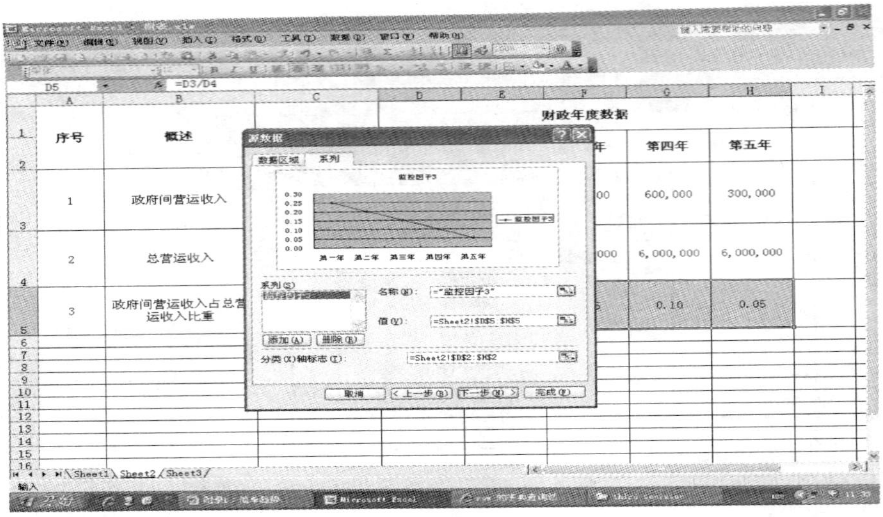

附图 4　系列

现在可以看到“图表向导－4 步骤 3－图表选项”窗口附图 5。这里可以标出图的标题以及每个轴标题，其他图标选项，可以根据个人喜好进行编辑。完成后，点击“下一步”按钮。

现在可以看到创建图表的最后一步“图表向导－4 步骤 4－图表位置”窗口。强烈建议选择“作为新工作表插入”选项，选择这个选项将会在同一文件中产生一个新的工作表，并将生成的图插入其中。另一个选项“作为其中对象插入”，将会把图放到当前数据工作表或选定的其他工作表中。保持图跟源数据分离可以简化分析，也可以允许单独打印或复制图。也可以复制和粘贴图到原始数据工作表。选择图标位置后，点击“完成”按钮。

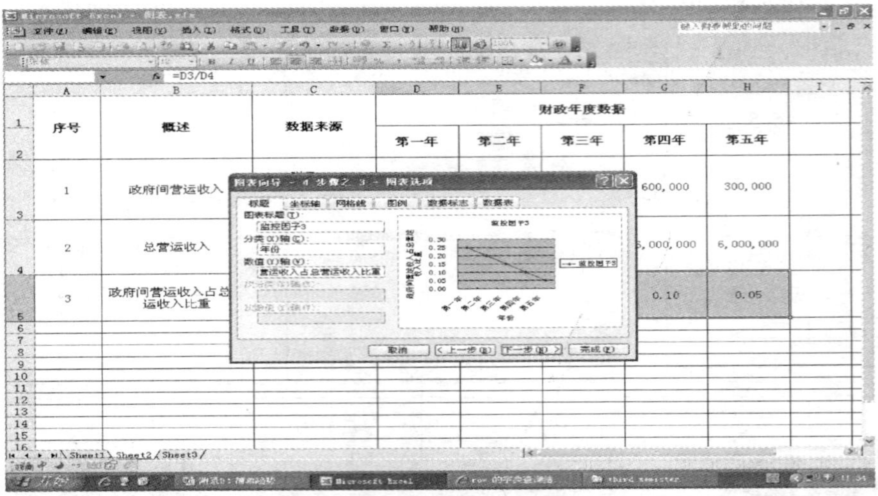

附图 5　图表选项

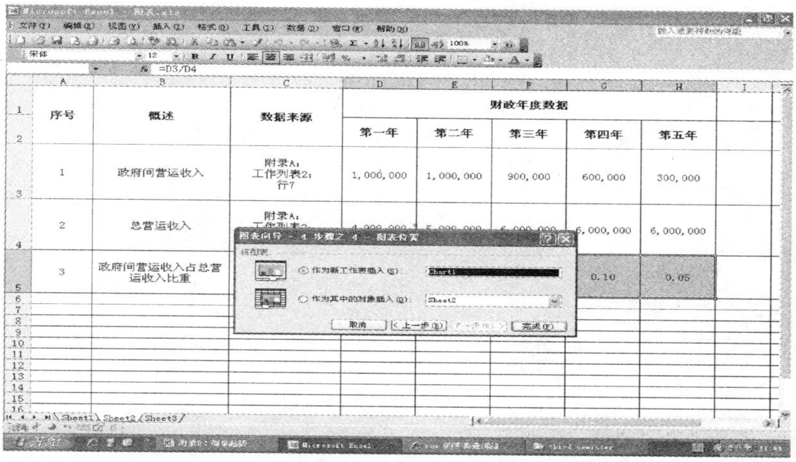

附图 6　图表位置

点击“完成”按钮后，可以得到一幅插入邻近工作表的图，见附图 7 中所示。

下一步是分析趋势，可以看到趋势是消极的（对本监控因子来说，事实上可能是一件好事）。换句话说，可以看到随时间进行，值不断变低。同时要注意，为直观目的这里的趋势是一条完美直线，而这在使用实际数据时是不可能的。检测实际数据会需要更多分析。

- 为趋势分析对数据作图

为使用 Microsoft® Excel 的分析功能，再次输入工作表监控因子数据。为简化分析，本附录剩余例子使用简化工作表来表明需要分析的 10 年数据。一般将年份输入到工作表第一列；第二列输入时间顺序变量值，第一年设定数据值为“1”，第二年为“2”，依此类推；第三列输入想要分析和预测的变量值（数据从本书趋势工作表中获得）。在本案例中，数据简化标记为“收入”，附图 8 表明了工作表外观。

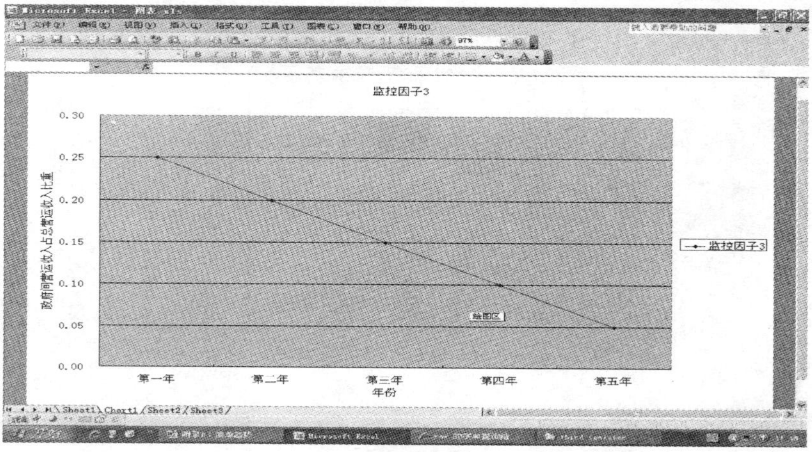

附图 7　图

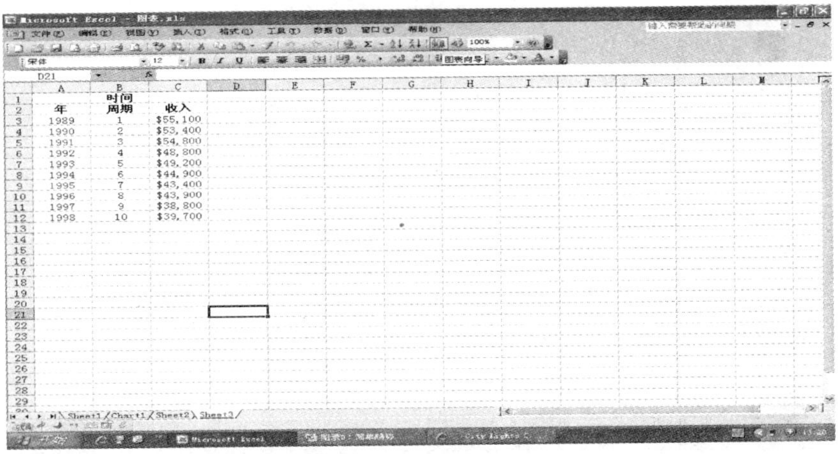

附图 8　收入分析

来源：Barry Blom 和 Salomon A. Guajardo：收入分析和预测（芝加哥：GFOA，2001）. 表 5－2。

附图 8 表明了 10 年数据期限，只有有很多年数据需要分析时，以下描述的模型才最有效，且包含的数据越多则预测的准确性越大。然而，在“评价财政状况”中的财政趋势监控系统一般都建立在 5 年数据基础上，且讨论部分也适应于 5 年期限。因此当从本书趋势工作表分析数据时，简单使用时间顺序变量 1—5，并按以下进程进行。

如同以上（附图 1 至附图 7）简单作图例子一样，我们创建图来说明收入随时间变化情况。用鼠标左键点击“图表向导”按钮（附图 8 中的鼠标箭头就指向“图表向导”按钮）。

可以看到“图表向导－4 步骤 1－图表类型”窗口弹出到工作表，鼠标左键点击并选择“XY 散点图”类型，然后通过点击鼠标左键选择子图标类型，如附图 9。

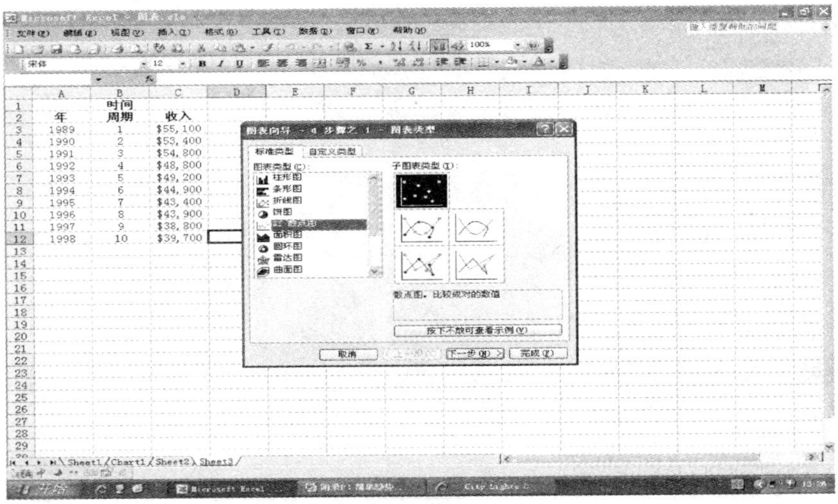

附图 9　选择图表类型

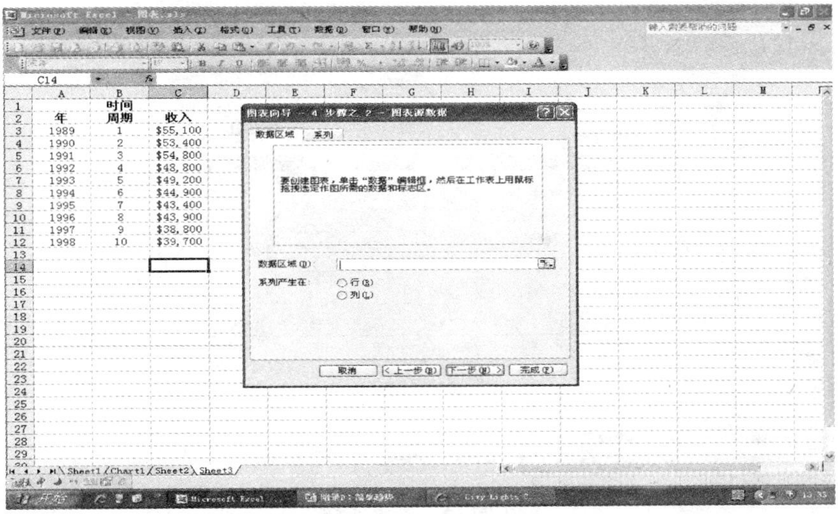

附图 10　图表源数据选择

点击“下一步”按钮，就可以看到“图表向导－4 步骤 2－图表源数据”窗口，如附图 10。使用鼠标箭头点击“数据区域”空白框后活动按钮，点击鼠标左键并按住不放，拖动选择“周期”和“收入”列，不要包括标示外的单元。

此时可以再次看到“图表向导－4 步骤 2－图表源数据”窗口，其中，“数据范围”框表明所选择的数据范围；点击“列”选项，如附图 11 所示。数据范围应有破折线框住，如果需要再次调整，点击并拖动鼠标左键进行选择即可。

点击“下一步”按钮。可以看到如附图 12 的“图表向导－4 步骤 3－图表选项”窗口。这里可以键入图标题，标记坐标轴。其他选项可以根据读者个人喜好进行选择。

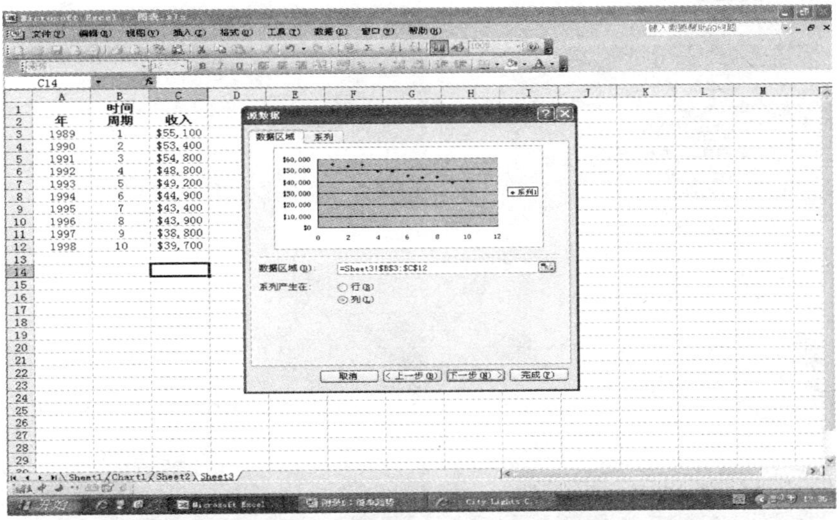

附图 11　源数据

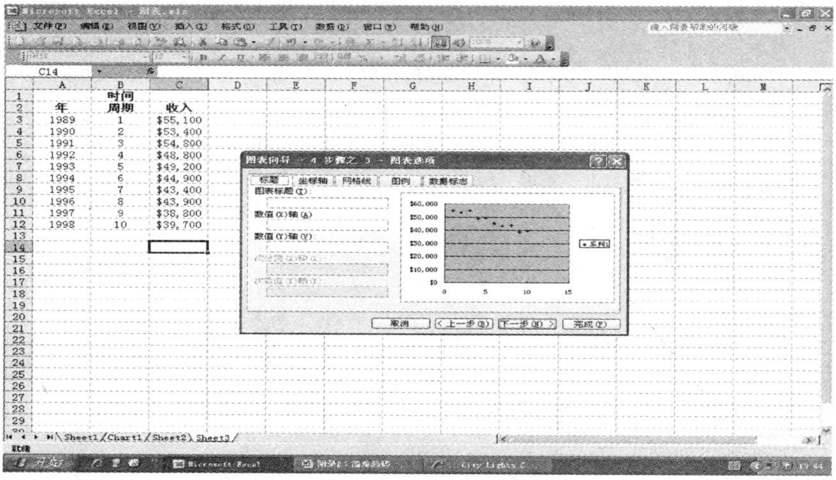

附图 12　图表选项

点击“下一步”按钮，可以看到“图表向导 – 4 步骤 4 – 图表位置”窗口。这里可以选择将图放到当前工作表，也可以像简单作图例子那样放到新工作表中。

最后点击“完成”按钮，结果类似于附图 13。

作完图后，就可以按时间顺序检测数据模型。附图 13 表明收入是随时间不断下降的，没有尖峰或波谷，因此它表明变量来源是简单的时间变量曲线。同时，没有任何明显循环或随机效应。由于数据为年度收入，因此，也没有季节性因素影响。既然没有季节性或循环作用，则该趋势是线性的，也就是说，数据点是非常有规律性的，如果按点作一条直线，它们全在直线上或距离直线非常近的位置上，因此，我们不需要对数据进行任何调整，并可以直接进入第三步：建立预测和预计模型。

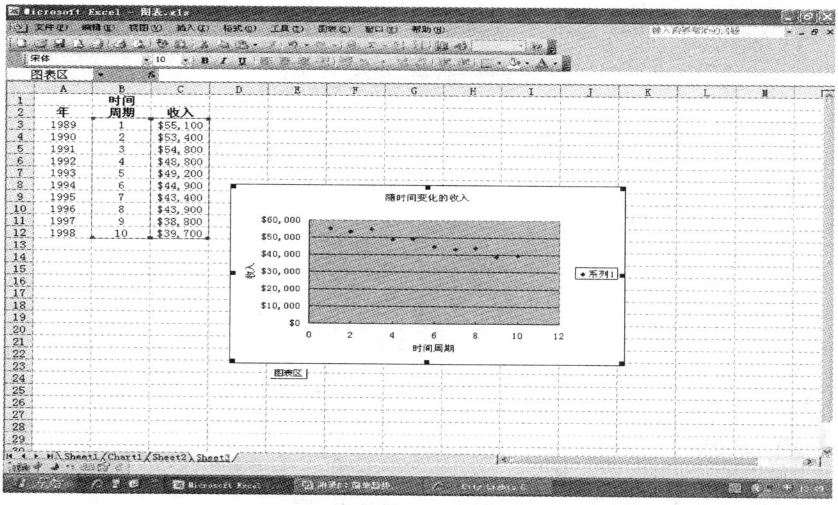

附图 13　作图

第二步：调整数据

如果没有预测到合理的时间平滑线性图，那么可能不得不调整部分数据来观测实际趋势或重新评估统计过程来提供合理的预测值。具有尖峰或深谷、上下起伏很大的数据模式必须变得平缓才可以反映真实的趋势，在 Excel 中，可以使用诸如“移动平均”或“指数方程”来进行处理。然而，当使用移动平均方法时，根据选择移动的间距可能会丢失一个或更多数据点。这样，如果只有 5 个周期的数据，这种方法是不可行的。因此，在使用本办法之前，最好咨询一下专家或参考相关数据自由度及预测材料。

当数据趋势曲线平滑但有波峰或波谷时，也就是说，它是非线性的或曲线的，我们将不得不改变原始的 X 变量。两种最常用的转化办法是指数平方化 X 变量或对数化 X 变量。无论哪种办法，都要求用户产生一个新的 X 变量，这样就有两个 X 变量：原始的和转化的。此时也可以考虑咨询一下专家或参考非线性及错误估算问题的材料，一个关于上述 2 类问题及概括预测的很好的信息来源是：Dipak K. Gupta，*Analyzing Public Policy*：*Concepts*，*Tools and Techniques*，（Washington，DC：CQ Press：2001）。

第三步：建立预测和预计模型

最基本也可能是最常用的模型是简单线性时间趋势模型，模型公式：

$Y_t = \alpha + \beta X_t + \varepsilon_t$

其中：

Y_t 是指给定时间区间内的因变量或预测变量值；

α 是指估计的因变量截距值；

β 是指估计斜率；

X_t 是指给定时间区间内的自变量或时间序号值；

ε_t 是指给定时间区间内的随机误差。

这个模式多少有些熟悉，如果去掉随机变量，模型变成简单线性方程，这很像代数中的公式 $Y = mX + b$，这里只是进行了很小的重新设定和改变。本模型常用于估算直线 Y 的截距 b 和斜率 m，最“适合”最小二次回归法计算数据。一旦计算出截距和斜率后，就可以估算或预测因变量值。换句话说，最小二乘法（OLS）产生已知数据的回归直线，这是一种历史趋势线。可以将直线延长到未来以决定将来趋势。Microsoft® Excel 可以直接进行估算并计算斜率和截距值，下一步进行说明。

这里需要注意的是：为使最小二乘法最有效，有一系列假设条件需要满足。区别和讨论这些假设条件不在本附录讨论范围之内，但鼓励对该问题有关资料进行讨论。几乎所有关于最小二乘法的文章都包括了这些假设以及偏离这些假设会导致的问题，然而对偏离这些假设的时候应如何处理却只有在更高级别的文章中才能找到。如果感觉自己偏离了一个或几个假设，可以参考这些文章或请教专家。

第四步：估算公式

为计算 Microsoft® Excel 最小二乘法模型，需要安装“分析工具”按钮。这是 Excel 标准配置，但当安装 Excel 时，不会自动激活，需要原始程序 CD 来激活该设置。为激活该工具，点击 Excel “工具”档，就可以看到“添加”选项，点击“分析工具”添加到空白处，然后点击“O. K.”。返回点击“工具”按钮，就可以看到“数据分析…”选项可用。如果 Excel 不能从硬盘中获取必要文件，会看到“需要插入 CD”信息来完成“分析工具”安装。按照屏幕提示来进行操作即可。一旦完成，则“工具”栏“数据分析…”选项可用。

现在，使用以前完成 XY 散点图的数据，到 Excel 进行 OLS 回归分析。首先，点击“工具”栏选择“数据分析…”选项，然后可以看到如附图 14 的“数据分析”对话框。下拉右边活动按钮，找到“回归”分析选项，可以双击“回归”选项或单击选项，再点击“O. K.”开始程序。

现在可以看到如附图 15 所示的回归分析窗口。

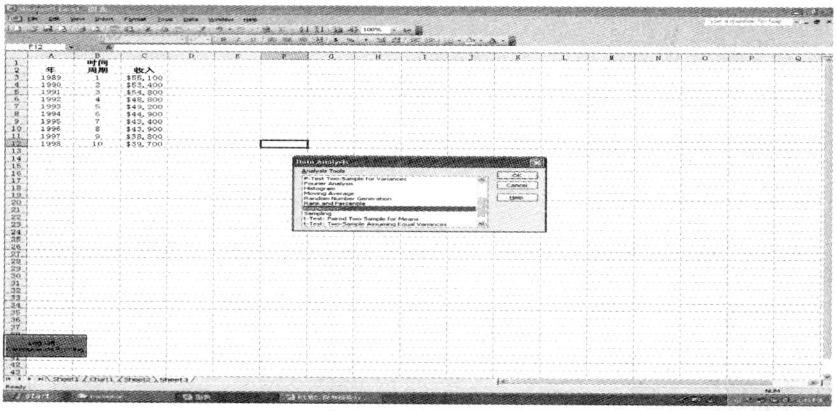

附图 14　数据分析

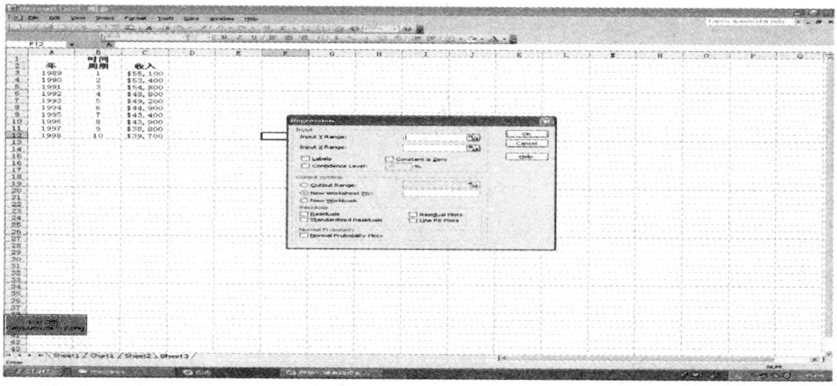

附图 15　回归分析

输入选项

接下来需要表明Y值地址或因变量值。点击鼠标左键，按住不放并拖动选择Y值范围。本案例中，收入值的表格范围是C2到C12，在“输入Y值范围”对话框内表现为C2:C12。注意：C2也包括在内，尽管很明显C2只是“收入”标示，并没有数字。如果输入包括C2，输出也应包括该标示；但如果不想，也可以不含该标示。通过点击“输入Y值范围”右侧“编辑”按钮，可以修改选择数据范围。

下一步选择X值或自变量值数据。本例子中的自变量是时间周期，同样选择希望包括的单元，本例子X值范围包括B2到B12，同样“周期”也包括在内。

下一步点击“标签”选项。这表明标签位于数据列的前2行，如果数据选择范围中没有标签，那么就不要点击“标签”选项。

在“输入选项”下的其他两个选项“常数是0”和“水平”应当是灰白。

输出选项

有三个输出选项，Excel默认的选项是“新工作表”，在本选项下，Excel在当前文件中插入一个新的工作表并将结果输入在此，并不会产生新文件。如果希望产生新文件，选择“新文件”选项。“输出范围”选项允许将计算结果放到数据窗口。一般来说，最好使用“新工作表”选项将结果放到同一文件名下的新工作表中，如果需要，也可以将结果“剪切”、“复制”并“粘贴”到其他工作表中。

余数

在余数选项下，最常用的2个选项可能是“余数”和“散点线”。当点击“余数”选项时，Excel会对每个自变量产生一个分数，在本例中为时间周期。余数本质上是实际Y值同趋势线预测Y值之间的差额，而在趋势线上的Y值也是每个自变量的预测值。就像随后看到的那样，Excel产生这些余数并将它们放到预测结果后的单元中。

“散点线”选项输出实际Y值和余数值，也就是预测值的图像。对本图需仔细进行检查。如果实际Y值看起来同预测值之间相差很远，那么说明回归分析模型可能存在很大问题，若出现这种情况，最好咨询专家或参考线性回归诊断方面的论文。

其他选项空白。

现在可以准备进行回归并看一下结果。附图16标明了以上已选择的“输入”、“输出”选项。一旦完成这些选择，点击“O. K.”。Excel会产生结果并将它们放到新工作表中。

结果见附图17。可以发现当运行回归运算时，Excel会产生比附图12更多的信息。其实，不必要的信息已经删除了，且“输出概要”表已经被重新编辑或进行轻微格式调整了，但可以在普通状态下得到相同结果。现在必须解释“输出概要”表中的内容。

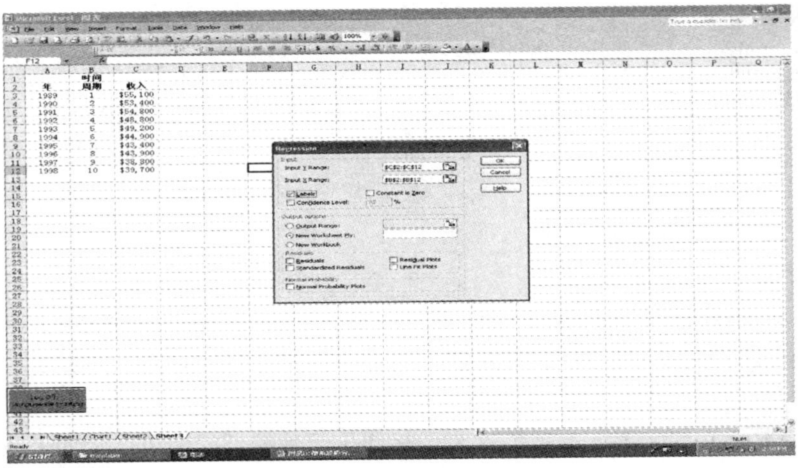

附图 16　回归选项

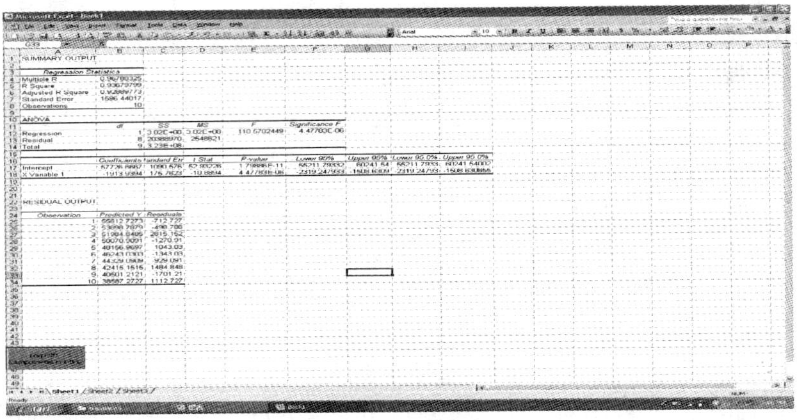

附图 17　输出概要

第五步：解释结果

在附图 17 中，单元 B9 中的“系数”就是 Y 截距的估计值或回归直线的截距；单元 B10 中标记为“周期”的“系数”值就是回归直线斜率的估计值。截距估计值表明当日期为“0”（或第 1 年以前，实际收入数字开始之前的年份）时，收入等于 57726. 67 美元。斜率估计值表明在随后几年内，收入逐年按 1913. 94 美元递减。总之，斜率估计值是当 X 值或自变量改变一个单位（本例中为 1 年）时 Y 值或因变量变化值。然而，须牢记的是，X、Y 变量可以是任何间隔和任何衡量单位，如时间、美元、人数等等。

解析结果看似简单，实际上仍需要评估预测是否显著，以及回归直线适合实际数据的程度。

第六步：评估模型

为评估回归模型，需要使用部分“输出概要”表中的一些信息。

重新查看附图17，我们会注意到表格B14中是R平方值。这是一个回归模型“适合程度”衡量标准。本例中，R平方值为0.94，这表明94%的Y变量（收入）变化是由X变量（时间）引起的。这看起来是一个很好的结果，然而，它可能会误导我们，因为我们必须确定多大的R值是可以接受的。

要做到这个，必须决定截距和斜率在统计学上是否是显著的。统计学上的显著是指“评估结果是由于完全偶然性因素还是某些系统性作用的结果?”要进行这个判断，需要检测E9和E10的P_ 值。这个统计值会告诉我们估计结果的显著性水平。

例如，如果P_ 值是0.05，就说明估计结果有不高于5%的显著性水平，这也意味着，在变量Y和X之间，只有不高于5%的出错几率是由随机因素而不是系统因素导致的，或者说，变量Y和变量X之间不存在实质联系的几率不大于5%。所以，如果检查本例子中P_ 值，会发现它们远远小于5%。事实上它们非常小，这样，收入和时间之间没有系统关系或只说没有统计关系的几率就非常小，模型的结果非常好。5%的显著性水平是习惯水平，当然，分析师也经常使用其他显著性水平。

另外一个评估回归模型的不太科学的方法是查看“散点线”图。如果在“余数”选项中选择“散点线”项，Excel会产生一个散点图。选中后，运行，结果见附图18。

附图18表明了Y变量的实际值（收入）以及对应自变量X（时间）的Y预测值，可以看出它们显现了一条完美的直线。如果实际Y值截距距离预测Y值很远，那么模型会吻合不好，且不可能具有很高的显著性。最后，如果检测Y预测值并将每个点相连，就会发现“趋势线”。这是收入随时间变化趋势的描述图，它呈线性模式并是预测未来数值的基础。

最终结论是该回归模型具有很高的R值，具有统计上的显著性。因此，它是一个相当好的模型，并可以确信它能在未来1—2年内提供合理的预测值。

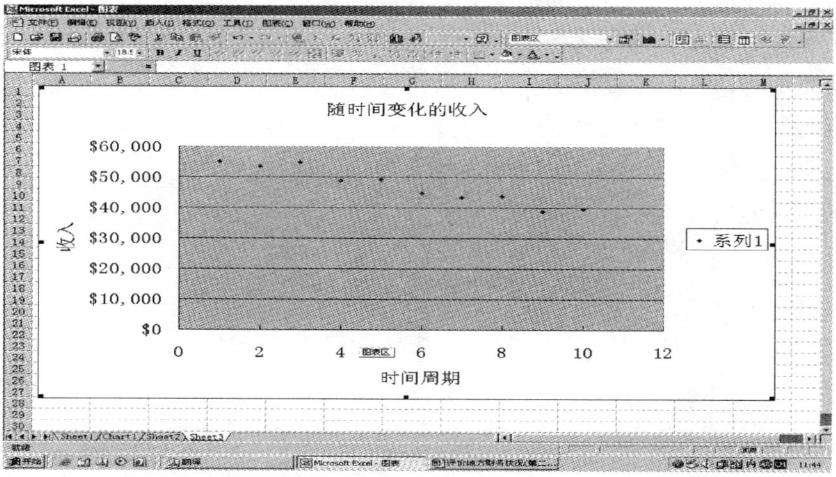

附图18　散点线

第七步：预测未来或推测数据

最后一步是在回归模型基础上计算预测值，要做到这一步相当简单。预测下一时间段内变量值基本公式如下：

$Y_{t+1} = a + b \times X_{t+1}$

其中：

Y_{t+1}指未来$_{t+1}$时间段内 Y 预测值；

a 指截距值；

b 指斜率值；

X_{t+1}指未来$_{t+1}$时间段内 X 的值。

在本例中，可用数据时间期为 10 年，$t = 10$。因此，预测或推测第十一年收入数据或其后任何一年数据，代入 a、b、X_{t+1}的值，计算即可。由附图 17 可知，a 的估算值为 57726 美元，b 为 −1913 美元，X_{10+1}为 11。现在，代入值并简单计算如下：

$Y_{11} = 57726 - 1913 \times 11 = 36683$

这样，第十一年或 1999 年的收入预测值是 36683 美元。要计算第十二年数据，简单将 11 替换为 12，使用同样的截距和斜率值，计算即可得预测值。如果模型建立在 5 年期上，那么预测的第一年将会是第六年，其代入值将是 6。

结论

当准备预测的数据是合理平滑且是线性的，也就是说，当历史趋势没有上下不平或大的波峰波谷时，简单时间序列或趋势模型运行最好，但模型假设过去趋势是持续的，而这可能不是一个合理假设。当然，当预测未来几年数据时，这个假设更是不可能的。这种方法只能用来预测近 1—2 年内数据。

最后，在这样一个简单的报告中不需要太多说明。对长期预测以及数据非线性和不平滑的情况，需要考察任何可能随时间变化的因素，就如同专家分析那样。毫无疑问，本附录提供的技术可以让我们很好地学会本书中多个监控因子的“可量范围”。一旦进入因子的“可量范围”，就必须依赖于自身的良好判断力，或许还有一点运气。

祝您好运！

精选参考书目

编者注：除了更多的一些近期书刊外，本书目还包括了一些较难查到的老参考资料。之所以包括它们，是因为它们对本书以前的版本作出了杰出的贡献。

Anmar, Salwa, William Duncombe, Bernard Jumpe and Ronald Wright. "A Symposium on Evaluating Financial Management of Fuzzy Rule-Based Systems." *Public Budgeting Finance* 21 (4), pp. 44 – 110.

Advisory Commission on Intergovernmental Relations. *City Financial Emergencies: The Intergovernmental Dimension.* Washington, DC: GPO, March 1985.

Aronson, J. Richard. *Municipal Fiscal Indicators.* An Information Bulletin of the Management, Finance, and Personal Task Force of the Urban Consortium. Washington, DC: U. S. Department of Housing and Urban Development, June 1979.

Aronson, J. Richard, and Eli Schwartz, eds. *Management Policies in Local Government Finance*, 4th ed. Washington, DC: ICMA, 1996.

Bahl, Roy W., ed. *The Fiscal Outlook for Cities.* Syracuse, NY: Syracuse University Press, 1978.

Berne, Robert, and Richard Schramm. *The Financial Analysis of Governments.* Englewood Cliffs, NJ: Prentice-Hall, 1986.

Bland, Robert L., and Irene S. Rubin. *Budgeting: A Guide for Local Governments.* Washington, DC: ICMA, 1997.

Bownman, Woods, Roland Calia, and Judd Metzgar. *Evaluating Local Government Financial Health: Financial Indicators for Major Municipalities in Northeastern Illinois.* Chicago: The Civic Federation, 1999.

Brown, Ken W. "The 10-Point Test of Financial Condition: Toward an Easy-to-Use Assessment Tool for Smaller Cities." *Government Finance Review*, December 1993, pp. 21 – 26.

Burchell, Robert W., et al. *New Reality of Municipal Finance: The Rise and Fall of the Intergovernmental City.* New Brunswick, NJ: Rutgers University, Center for Urban Policy Research, 1984.

Burchell, Robert, and David Lisotkin, eds. Cities Under Stress: The Fiscal Crisis of Urban America. New Brunswick, NJ: Rutgers University, Center for Urban Policy Research, 1981.

Clark, Terry. "Municipal Fiscal Strain: Indictors and Causes." Government Finance Review 10 (June 1994), pp. 27 – 29.

____. "Innovations That Work: A Menu of Strategies." In *Urban Innovation*: Creative

Strategies for Turbulent Times, Terry Clark, ed. Thousand Oaks, CA: Sage, 1994.

____. and James L. Chain, "Monitoring Cities: Building an Indictors System for Municipal Analysis" In *Monitoring Local Governments*, Terry Nichols Clark, ed. Kendall/Hunt for Urban Innovation Analysis, Inc. , 1990.

____. and Lorna C. Ferguson. *City Money: Political Processes, Fiscal Strain, and Retrenchment.* New York: Columbia University Press, 1983.

Coopers and Lybrand. *Financial Disclosure Practices of American Cities: Closing the Communications Gap.* Boston: Coopers and Lybrand, 1978.

Dearborn, Philip M. *Elements of Municipal Financial Analysis.* Special Report parts 1 - 4. Boston: First Boston Corporation, 1977.

Ferguson, Ronald, and Helen F. Ladd. "Measuring the Fiscal Capacity of U. S. Cities." In *Measuring Fiscal Capacity*, H. Clyde Reeves, ed. Boston: 1986.

Galambos, Eva C. , and Arthur L. Schreiber. *Making Sense of Dollars: Economic Analysis for Local Government.* Washington, DC: National League of Cities, November 1978.

Gold, Steven D. , and Sarah Ritchie. "State Actions Affecting Cities and Counties, 1990 - 93: De Facto Federalism" *Public Budgeting and Finance* 14 (2), 1994, pp. 26 - 53.

Harry, Harry P. , and George Petersen. *Guides to Managing Urban Capital.* Washington, DC: The Urban Institute, 1984.

Hayes, Frederick O'K, David A. Grossman, Jerry E. Mechling, John S. Thomas, and Steven J. Rosenbloom. *Linkages: Improving Financial Management in Local Government.* Washington, DC: The Urban Institute, 1982.

Jones, Garner M. , and David R. Gabhart. "Danger: This City Is in Financial Trouble." *Management Accounting*, Vol. 61, No. 4 (October 1979), pp. 19 - 22.

Levine, Charles H. *Managing Fiscal Stress: The Crisis in the Public Sector.* Chatham, NJ: Chatham House Publishers, 1980.

Luo, Huaping, and James W. Douglas. "Revenue Effort of Local Government: Determinants, Impacts, and Policy Implementations." *Public Budgeting and Financial Management* 8 (1), 1996, pp. 47 - 68.

Mansfield, Roger. "The Financial Reporting Practices of Government: A Time for Reflection." *Public Administration Review* (March/April 1979).

Mattson, Gray A. "Retrenchment and Fiscal Policy Planning: The Political Culture of Small Southern Towns." *Public Productivity and Management Review* 17 (3), 1994, pp. 265 - 279.

Moody's Investors Service. *An Issuer's Guide to the Rating Process.* New York: Moody's Investors Service, 1993.

Morgan, W. Douglas. "The Measurement of Fiscal Crisis: Another Procedure." *Nation-*

al Tax Journal, Vol. 33, No. 4 (December 1980), pp. 489 – 491.

Petersen, George. "Finance." In *Urban Predicament*, William Gorham and Nathan Blazer, eds. Washington DC: The Urban Institute, 1976.

Petersen, George, et al. *Urban Fiscal Monitoring.* Washington DC: The Urban Institute, August 1978.

Ramsey, James R., and Merlin M. Hackbart. "State and Local Debt Capacity: An Index Measure." *Municipal Finance Journal*, Vol. 9, No. 1 (Winter 1988), pp. 7 – 18.

Ross, John, and James Greenfield. "Measuring the Health of Cities." Vol. 9 of *Fiscal Stress and Public Policy.* Beverly Hills, CA: Sage Publications, 1980.

Sherwood, Hugh. *How Corporate and Municipal Debt Is Rated: An Inside Look at Standard and Poor's Rating System.* New York: John Wiley, 1976.

Sobel, Russell S. and Russell G. Holcombe. "The Impact of State Rainy Day Funds in Easing State Fiscal Crises During the 1990 – 91 Recession" *Public Budgeting and Finance* 16 (3), 1996, pp. 28 – 48.

Standard & Poor's. *Public Finance Criteria.* New York City: McGraw-Hill, 2003.

Stonecash, Jeff, and Patrick McAfee. "The Ambiguities and Limits of Fiscal Strain Indictors." *Policy Studies Journal*, Vol. 10, No. 2, (December 1981), pp. 379 – 395.

Suyderboud, Jack P. "State-Local Revenue Diversification, Balance, and Fiscal Performance." *Public Finance Quarterly* 22 (2), 1994, pp. 168 – 194.

U. S. Environmental Protection Agency. *Financial Capability Guidebook.* Washington, DC: March 1984.